JN069249

哲学の目で歴史を読む

歴史を知ることの無力感、それでも歴史を通じて知りたいこと

松永澄夫 著

東信堂

はしがき

本書を書き上げ、最終チェックとして、文章の意味がスーッと通りにくいところはないか、パソコンのワードソフトとユーザー辞書を使用しているゆえに変換ミスがないかなどを確認しているとき、ハマスのイスラエルへの攻撃とそれを受けてのイスラエルの軍事行動という事件勃発のニュースが飛び込んできた。連日、どのようなことが生じているのか、今後の見通しはどうなのかなどが、さまざまな映像や人々の声の紹介を伴って報道されている。

私はこの事件では、本書第４章第３節で、それまでの考察（特に「政治的なもの」の出現について考察している第１章第３節）を踏まえて、カナダのピエール・トルドー首相（現ジャスティン・トルドー首相の父）の権利革命を踏まえて論じた「権利概念」についての考察によって明確にした事柄の或る形が生じていると思った。その事柄とは、以下のような複雑な構造を持っている。①集団で社会生活を送る人間にとっては或る秩序が必要であり、その秩序の大枠を構築し維持することは、歴史を振り返れば、個々人の集合によって成立している集団が或る大きさを超えると政治的なものによってなされてき、②人はその大枠の中で生きざるを得ないゆえに、しばしば政治によって翻弄もされたこと、③しかし今日では、何より個々人がそれぞれに生きていくその仕方を尊重すべきで、それゆえにいろいろな事柄に関する個人の権利を認めなければならないという意識が広まっていること、④では、どのような事柄に関して個人は権利を主張してよいのか、かつその権利を認め、保証するのは何かと言えば、人々の合意（と見なされるもの――あとで言及するように、不満を持つ人々、あるいはその合意とやらに苦しむ人々もいる――）を背景として、まさに秩序構築の責任を持っている政治機構であること、⑤しかるに政治機構が機能するということはまさに機構自身が或る範囲の事柄に関しては権利を持たないわけにはゆかず、その権利は「集団」の権利という性格を持つこと、⑥だが、今日では政治機構は主権国家として相互に認め合うものが中心ではあるものの、その国家内部には大小のさまざまな集団があり、それら集団それぞれの或る種の事柄に関する権利というものもあり、その権利も個人の権利と同様に、権利の適切さの判断（ないし関係する人々や集団の合意と見なされるもの）を踏まえて上位機構としての国家が認めるしかないこと、⑦そして個人がその集団に属する場合には、その集団内での個人の権利が問題となる場合もあり、その権利を認め、保証するものとして政治機構が力を及ぼさざるを得ないこと、以上である。

さて、国家としてのイスラエルが、ハマスという政治的集団による自国への攻撃と人質の連れ去りという事件を受けて、ガザ地区でハマス殲滅のため軍事的行動を進めていることを「報復という権利を持つ」と主張するとき、それは国家という格別に力を有する集団の権利という性格を持っている。他方、一つには、Aガザに住んでいる個々人が当然に持っているはずの③で言う権利は踏みにじられている。「人道」という言葉で表現されるたぐいの諸権利である。二つには、Bイスラエル国家が主張する権利の行使ゆえにイスラエルの人々の個人の権利はどうなっているのかという問題が露呈している。これら二つは、ロシアとウクライナとの間でも見られることではあるが、イスラエル国家の行動において、ずっと鮮明に浮き上がっていると思われる。

Aに関しては、次のことを指摘したい。「イスラエル国家という・集団の権利」というものは「ハマス」

という政治的集団（国家という形態を取っていない集団）を相手に主張されている[1]。けれどもその現実においては「イスラエル国家」は、イスラエル国家外の人々の個人の権利、具体的にはガザ地区で暮らし、かつハマスという政治集団に属してるわけではないパレスチナの人々一人ひとりが（およびその地でさまざまな支援を行っているさまざまな国籍の人々も）持つはずの権利」を無視し、踏みにじることを躊躇せずにいる。ハマスが現実にガザ地区を政治的に支配している面があるとしても、その地区を領域とした国家という形態を有していないのに、そうであるかのようにイスラエル国家は振舞っている。ただし、仮にハマスが領域国家である場合であっても、その（仮想の）国土と域内で暮らす人々に対する攻撃が正当化されるかどうかは別問題である。学校や医療施設への攻撃や民間人の殺傷はすべきではない等々のことがある。

次にBについて。イスラエルの現状では、イスラエルという国家のハマスの攻撃に対する軍事行動をほとんどのイスラエルの人々が支持している。なぜだろうか。それは人々が、イスラエル国家があるゆえに自分たち一人ひとりも或る望ましいと思われる生きる仕方ができているという想いからきているのだろう。それは彼らの苦難の歴史の伝承された想い出に基づいているに違いない。軍事行動をしなければその生き方を保証しているイスラエル国家、やっと手に入れた国家の存在さえ危うくなるとの考えが心の底にあるのではないか[2]。そこで、「イスラエル国民個々人の権利」の問題は「イスラエル国家という集団の権利」と称するものの陰に隠れてしまっている。どういうことかというと、たとえば、自分が属する国家が敵と認定する人[3]であっても自分は殺したくない、まして攻撃によって戦闘員ではない人々、子供などの殺傷が不可避ゆえに、その攻撃には加わりたくないと思う人が国家の命令によって兵士として戦場に送られようとするとき、その人には戦闘に加わることから逃れるという権利はないのかという問題がある。「兵士として敵と定義された人を殺すべし、付随的に民間人を殺してしまうことも躊躇ってはいけない」、また「兵士自身が戦場で死ぬかも知れないことも受け入れるべきだ」という国家の命令は、兵士と沢山の個人の生きる権利という根本的な事柄を否定することだ[4]。だが、そのような問題は表面に出ることができないかのようなのである。イスラエルでは徴兵制度があるが、その制度に従って平時に二年間を過ごすことと、戦争の際に戦場に送られて兵役に服し戦闘の一員となるということの間には大きな違いがある。

それからまた、まずは人質の解放のためにという理由を叫ぶ人々がいるが、その人たちがイスラエル国家の軍事行動を支持しているのは、その行動によってしか人質の解放はなされないと考えているからに違いない。だが、仮に解放がなされたならイスラエルは軍事行動をやめるのだろうか。少なくともネタニヤフ首相はやめないように思える。（ここでネタニヤフの名を出したのは、国家という集団の権利をどのように行使するかを決めるのは、政治に携わる人々の上層部集団の意見と意志とを取りまとめ決断する代表者であり、その代表者がネタニヤフであるという事情による。一般に集団の権利を云々するときでも、結局は人が問題である。なお、人質が解放された後でもネタニヤフが軍事行動をやめない場合に、イスラエル国家の存亡ではなく専ら人質解放の方に関心を持つ人々はどのように考えるだろうか。）

ところで、イスラエルが主張している「国家という集団の・権利」は、元々は、イスラエルという集団内部にいて（国家の領土内に留まっていて）国家を支持ないし是認する、ないし一応は是認するしかない人々がいることのうちに根拠を持っているに過ぎない[5]。そして国家が国家集団内部にいる人々に対して持つ権利とは、まさに国内に諸々の制度を、国民大多数が反対しない場合に制定し、制度が制定されたなら「国民に従わせるという権利」でしかない。それを普通、私たちは「（国家）権力」と呼ぶが、権力とは正確には権利の一つの形態でしかない。なぜ権力が権利の一形態であるかというと、人々が権力を是認することでのみ、言い換えれば権力に権利を与えることでのみ、権力は安定して働くことができるゆえである。そして、安定しない権力はいずれ瓦解する運命にある。この「権力に権利を与える」という言い方は奇妙なものだと思われるかも知れないが、平時での実情を捉えている。実際、私たちは権力の具体的な執行（たとえば税の徴収）は権力が持つ権利の行使であるかのように捉えていて、その限りで権力の行使は円滑にゆく。

以上に述べた事情は、国家という枠組（ないしは今日的な国家という形態を取らないが政治が一つに纏めようとする集団という枠組み）は、元々どうしてできたのかを考えることによって理解できる。大きな集団を一つに纏めるためにもはや慣例では足りずに、慣例を破るダイナミックな仕方で集団の統合ができるものとして「政治的なもの」とその権力は出現した。そして政治的なものはそれが纏める集団内部で次のような構造を生まれさせた。すなわち集団内部の人々が、「さまざまな制度を定める側の人々」と「その制度に従う側、従わざるを得ない側の人々」という二つに分かれた構造である[6]。しかし、制度によって或る秩序が生まれ、秩序ゆえに見通しがきき、そのことで人々は恩恵を被るという面もある。ただ、個人の立場からすれば諸制度の中には自分にとっては不都合な制度、あるいは自分たちを苦しめる制度というものもあり、そこで人が大きな不満を持つことも多いだろう。それでも普通は従う、集団の中で暮らす以上は従わざるを得ないという面がある。

そして、この従わざるを得ないという面に潜んでいる、全体構造の忌まわしく怪物的な顔が突出して現われることがある。それが先に述べた、集団が外部集団と戦争を行う場合などで、この場合には、「制度に従う側の人々」が徴兵され、戦争に従事しなければならない。権力の執行は集団の成員の是認によって機能するものなのだが、権力を持つ側が無慈悲で理不尽な行動をするのである。そのとき、権力は権利の一形態としてではなく、剥き出しの権力として感じられる。国家反逆罪のようなものが制度として設けられ、国家の判断によってその罪に問われるような場合だ。だが、今日、このような権力は長く持ちこたえないと私は信じる。あるいは、これまでの世界の歴史の歩みから判断するに、そのように希望を持つことができると考えている。ただ、この長さがどの程度のものか。個々人の時間尺度からすると長すぎるということはしょっちゅうあるという現実が今でもある。

なお、注意したいが、現代の国家という集団の形態が生まれたのはけっこう新しい。政治が纏める集団の形態はさまざまである。そして国際社会で互いに国家として承認しあうことで沢山の国家集団があるとされているが、国家と見なされている集団内部の体制はさまざまだ。そのさまざまのうちには、内部集団を抑圧したり、内戦とでも言えるような事柄を抱えていたりする国家体制もある。そのことに目をつぶって国家として認める方が、世界秩序を生み出すために各国政府の外交上は得策ということがあるからだ。

さて、以上に述べた人の社会の有りようの一部を如実に示す事態が現在進行しているゆえが一つの理由で、けれども二つ目の理由として、そのような進行が一つの新しい歴史として刻まれるのだとしても、本書の第二部で示すような仕方で人は生きてゆくものだということを納得してくださることを願って、私は本書が多くの人々に読んでいただけることを切に望んでいる。（最初の草稿二〇二三年一〇月二七日作成）

目次／哲学の目で歴史を読む——歴史を知ることの無力感、それでも歴史を通じて知りたいこと——

第2章　私が歴史に興味を持つ理由……35

第5章　合衆国とルイジアナ …… 140

哲学の目で歴史を読む――歴史を知ることの無力感、それでも歴史を通じて知りたいこと――

序 ——本書の趣旨・哲学の目で歴史を読む

歴史を知ることによって知りたいこと

私は、人々が現在あるいは過去に、また自分が知らない地域で、どのようにして生きている、ないし生きていたかに興味を持って数多くの書物を読んできた。その中にはもちろん歴史書もある。しかし歴史書も含め、それらの本の内容はばらばらだ。が、私はそれらを通して、人々の生の有りようが実に多様であることと、にも拘わらず、当たり前ではあるが生き方には共通の構造があるということを見いだしてきた。そしてその共通の構造は普通の人々の日常の暮らしがどのようであったかということのうちに見えると確信している。だが、「普通」とは何かという問題がある。本書で私は、その「普通の暮らしの基本的有り方」を或る歴史において炙り出したい。そこで当然に歴史家による本格的な歴史書に頼るのだが、その手の歴史書も実にさまざまだ。

第一に、或る地域の或る時代のことに特化した書物の方が多数派だ。第二に、何についての歴史かという問題があり、その主題に集中するゆえに、人の日常の暮らしの具体的な有り方の方は余り見えない場合がとても多い。第三に、歴史の動きがどのような理由で生じたのかの記述が十分だと思えるものは案外と多くはないように思う。歴史の動きを政治史によって説明するものが最も多く、しかし、それは確かに重要ではあるが、人々の日常の暮らし方の変化を促したものを捉えてはいないと思える。そこで次に、或る時期からマルクス史観のように、人間の生産様式や共同体の形態の諸段階というような図式で説明するものが現われてきたが、それは「段階」という言葉が示すように変化の仕方を大雑把に捉えようとするものだと受け取るほかない。また、人々の精神上の変化、すなわち宗教の勃興や変様、新しい信条やイデオロギーの登場などによって理解しようとする歴史観も盛んだが、それは成る程と思わせるが、事柄間の因果関係がよく分からない。また、主題を限定し、何かに対して取る人々の態度の変化というものに注目する興味深い歴史書と同様、特定の地域、時期に偏り、人間の生き方の一般的有り方の中で変化を促すものを掴んでいるとは思えない。私自身はと言えば、さまざまな技術の漸進的な誕生というものに注目すべきかと考えている。このことは本書のあちこちで顔を出すだろう。だが、いずれ、技術の歴史に特化して考えることはしたいと、本書の後なる課題としておきたい。

さて、第一の特化ということは受け入れるしかない。第二の事柄に関する不満の解消は、一つには、人々の具体的な生き方のイメージを与えてくれるさまざまな文芸作品に求めることができる。ただし、その信憑性については用心しなければならない。史実をきちんと踏まえているかという問題があるからである。また二つ目として、宗教や美術などの主題が限定されている書物も、或る人々の暮らしの或る面をそれぞれ教えてくれた気がする。それから、第三の事柄に関しては、高く評価できる歴史書を注33で幾つか紹介することにする。しかるに、それらのどれかに依拠するなら、それは私自身の考察にはならず、単なる紹介ないしは受け売りになってしまう。言い換えれば、それら優れた歴史書は生憎(あいにく)、私の目論みにとっては参考にはなっても使えないということだ。

　ところで、結局のところ私が望んでいた(いる)ことは何かというと、それは人間の生活というものには、歴史的・地域的な多様性が沢山あるにも拘わらず共通な事柄があるはずで、それを見いだしたい、あるいは確かめたいということであった。「確かめ」というのは次のことを踏まえて言っている。人間が生きている際の条件を押さえてゆくと、人が生きるということにはこれこれの構造があるはずだ、というのが見えてくるわけで、私はその構造を複雑なままに順序よく丹念に考察し、叙述するということを長年やってきたから、その構造があることを確かめるということである。

　では、どのような構造か。ごく簡単にだけ述べておく方がいいだろう。まず、動物の一種としての人間という条件からくるもの。人は自然環境の中で環境中のさまざまなもの・事象と関わって生きる。地面に立ち、大気の温度に合わせて発熱等を調整し、食べ物を探して食べる、怪我をしたり、病気をしたりする等々。そのために環境内のさまざまな事柄(と自分の体の姿のおおよそと表面の一部と)を知覚し、運動し、体の状態を感覚する。

　けれども他方、人間は意味世界を生きる唯一の生き物である。人各自において意味世界がどのようにして生まれ変容するか、他の人が携える意味世界とは異なるのになぜ互いに諸々の意味を介して理解し合ったり働きかけたりできるかの詳細はここでは措く[7]。意味の最も基礎的な担い手としての言葉が既に流通し、人はそれを学んでゆく、その次第を考えれば、ほぼ想像がつくだろう。ただ、このことから、人はこのような理解や働きかけが容易にできる人々と集団を成すものであることは言わねばならない。また、ここで重要なこととして指摘したいのは、さまざまな意味がそれぞれに或る価値と結びついていることである。或る人と「親しい」という意味はプラスの価値と不可分だし、「疎（うと）ましい」というのは負の価値を帯びているように。親しいとか疎ましいとかは意味とは無関係の事柄としてあるのではないかと思う人もいるかも知れないが、人は具体的なものを離れて「親しい」というのを一般的に好ましいことだと考えることができる――この「好ましい」も意味の事柄だ――。だから、あの人と親しくなりたいと、現実から離れて考えたりする。親しくなるかも知れない未来をも想像する。しかるに、このように考えたり想像したりができるのは、「親しい」という事柄が意味としてあるから、意味事象であるからである。なお、未来を展望し過去を想い起こすというような時間との関わりをするのは人間だけである。

　そして意味は自然環境中の物的なものにも被（かぶ）さって或る価値を与え、その価値は人が体として生きることを尺度にする場合のその価値を押しのけることもする。たとえば、空腹時に目の前にある食べ物は体にとってプラスの価値があるはずで、人間以外の動物は危険が伴わないなら食べるだろう。しかし人は、その食べ物が自分ではない誰かの所有物だと知っていると食べはしない。所有物だということは、その食べ物に付与されている意味に他ならない。或る古びた木の実が誰かからの愛情のしるしという意味をもたらされるなら、それはとても大切なものになる。また、或る自然物に関わる技術も、その自然物に或る意味を見いだすことによって生まれる場合がほとんどである。そして更に、人は或る信仰のために命を捨てることもある。信仰とは或る意味体系を信仰することとしてしかあり得ない。

　ところで、本書で確かめるのは以上で説明した人間の生き方の構造、体を持つ身として自然環境の中で生き、人々と一緒に意味が力を持つ世界を生きるという構造そのものではない。本書で私は、その構造から生まれる事柄を具体相においてみることを主眼にする。そしてこの作業を私は、三つの地域の或る時代の歴史を材料に本書の第二部で行う。

歴史を知ることに伴う無力感

では、第一部では何をするのか。歴史を知るにつけ私には、肝心の歴史がどのように動いてゆくのか、その動きを自分は受け入れないわけにはゆかないだけで、積極的に歴史の動きをつくりだすことには参与していない、できないという思いが生じている。この参与という一点に関しては「歴史を知ること」の無力感を覚えるということである。そこで、どうしてこうなるのかの事情を予め考察しておきたく、この事情を考察することに第一部を当てたい。事情の考察とは、歴史の大きな枠組みをなすのは何なのかを考え、その枠組みとの関係での自分の立場を、歴史家の立場とともに考えるということである。

歴史を叙述する哲学の遣り方

ところで第二部では、かなり詳しく、ないし詳しすぎるくらいに三つの歴史を辿る。だから第一部とは不釣り合いになる。本書は歴史書ではないのに、しかも私は歴史学者ではなく、さまざまな書籍等から学ぶだけでしかないのに、どうしてか。一つには、私が知り得た史実の中で、重要なトピックと思うものを、また、エピソードとして読者の方々の興味を惹くのではないかと私に思えるものを沢山盛り込むことにするからである。そうすることで、それらのトピック、エピソードが語る歴史的・社会的様相ないし文脈の中で、さまざまな人々がそれぞれにどのような暮らしをすることになったのかを理解したい。それからもう一つ、これは私の哲学のスタイルに関係する。本書は「歴史について知ること」を論じるが、歴史書ではない。歴史書なら歴史学に任せるしかない。繰り返すが私は歴史を他の人々から教えてもらうだけだから、歴史書を書く資格はない。ただ、自分なりに並べ直して、よりよく理解しようと努力できるだけである。もし、そのような並べ直しを一つの著作として出版するなら、それはとんでもないことだ。私は本書の原稿を書きながら、やはり人はどのように生きるものかを探求する哲学的思索を実践している。

哲学のあるべき姿

哲学と称する極めて多くのものが、抽象のレベルで、言い換えればさまざまな概念を、それらが多くの互いに異なる事柄を一括して抱え込んでいることに気づかずに操って論じている。それはその主題に関し、大雑把に何かを述べて、何となく分からせた気分にするだけでしかない。「快・不快」「真」「良い」「善」「理性(的)」「合理・不合理」「感情」「欲望」「社会」「上級・下級」「美」……。「存在する」という一見は単純そうに見える概念ですら、日常の具体的生活ではその場に応じて異なる存在の仕方を言い表すものとして全く問題なく使えているのに、哲学者たちが抽象のレベルで不用意に使うと馬鹿馬鹿しい混乱を引き起こす。掌に載るような大きさの林檎がある(存在する)が、並の西瓜ほどの大きさの林檎は存在しない。けれども或る林檎農家の方が西瓜の大きさの林檎を作り出すことを夢みるとき、その林檎は全くの無ではなく、夢みられるものとしては存在する。また、林檎の赤さは当然に現実の事柄としてあるが、その「ある(存在する)」仕方は林檎があるありかたとは違う。あるいは、昨夜野球の試合があった(あることをした)というのはどういうことか。ボールが飛んだということや人が走ったということの集まりがあったこととは違う。秘密があるとき、条約があるというとき、それらはどういうありかたをしているのか。このように考えると、それぞれに特徴がある具体的な事柄に即して物事を考えねばならないことが分かるだろう。

具体的な事柄は実に多様で、その細部をきちんと見るなら、言い換えればその細部の生まれ具合を見るなら、次のような仕方で考察しなければならない。幾つもの細部はどういう点で似ている――従って同じ概念で捉えてもよい――かを確認しつつ、他方ではその違いを尊重して、互いの位置関係を確かめねばならないのである。たとえば、敢えてややこしい例を挙げると、根本にある概念とそれから派生しつつ根本のものと或る共通性を持つ概念、それから、後者の概念が元となったものへと被さって新たに生まれて、先立って生まれた概念と共通性を保つ概念というような位置関係である。このような位置関係の例は次のようなものだ。「現実(A)」と「想像(B)」とは対になって生まれる概念だが、私たちは人が想像すること、および想像内容も一つの「現実(C)」であると気づく。だからCはBを材料としつつAから派生した概念である。そして、このCという概念がAの概念を覆うことで、概念Bと対立する現実の概念Aの代わりに、より広範でより適切な現実概念(D)が生まれる。このときもちろん、概念Aと概念Dとは共通性を保っている。それから、Dという概念の適切さは、現実というものは時間的なもので変化してゆくものだが、その動きに、人が想像するということが寄与することを示している点で明らかである。しかしまた、だからといって想像と対立する現実の概念Aは消えるわけではない。相変わらず根本の概念として働くものとして残っている。

そこで私は本書でも、史実のうち細部の事柄で興味深いと思われるものをピックアップし、その細部を知ることによって或るまともな理解が生まれることを期待するわけである。この書の趣旨においてのまともな理解とは、第二部で扱うことで言えばこうだ。人々の具体的な暮らしの有りようを、移民だ、黒人だ、ケベック人だ、合衆国の南部人、自由州の人々だというふうに、あるいは子どもだというふうに、一括して理解した気になるのではなく、一人ひとりに違った生活があり、なぜそのような生活をしたのかに共感することだ。移民でもさまざまだ。夢を懐くにしてもどういう夢だったのか。無理やりに連れてこられた人、わけが分からぬまま気づいたら見知らぬ土地にいた人、せっぱ詰まって何とかなるだろうと移住した人、今よりはましな暮らしができるだろうと淡い期待を持って移ってきた人、いろいろあるのは当然だ。そして移住して、こんなはずではなかったと思う人も当然いた。移住してからの仕事もさまざま。農業に従事するにしても、干拓するか、森を切り開くか。穀類栽培か牧畜も行うか。藍や綿花のような換金作物に特化するか。職人の道、港湾労働、工場労働、鉄道建設に従事。奴隷同様に働かされた人たちもいる。黒人奴隷については取り上げないつもりだが、境遇がさまざまだったことは知られている。裕福な自由黒人のことには少し触れよう。そして、最初の移住者のあとの世代は世代で、それぞれに生き方を選んでゆく。ケベック人でも事情によって別の州に移る人、合衆国に向かう人もいる。フランス語よりも英語を使用する場面が圧倒的に多い人も出てくる。どうしてそうなのか。どのようなグループにであれ、人々をグループ化して一括で理解できるとは思わないことが必要である。ただ、ケベック人であれ黒人であれ、商人であれ農業者であれ、また子どもであれ、具体的な個々の人が或る生き方をする、その根底にあるだろう事柄を理解したい。さまざまなカテゴリー分けをしようと、個々の人だけがいる。ただし、誰もが人間であり、また、かつては子どもであった。この点に関してだけは、つまり「人間」というカテゴリーだけは特別なものとして手放すわけにはゆかない。

第一部　歴史に関心を持つこと

第1章　歴史への関心と無力感

第1節　存続した何かとその変容——何かを地理的に限定する仕方——

(1)自然地理と地名・国の名の流用

現実というものはさまざまな要素から成り、かつ時間的なものであるゆえ、人はさまざまなものの歴史を無数に語り得る。そこで私は聞く(読む)側として多様なジャンルの歴史書を大量に持っている。何かの歴史に興味を持つには好奇心だけでも十分だ。ところで、人は何の歴史かの「何」を無造作に決めるが、加えて「何処」での何かという場所の限定という要件もある。具体的な事柄は時間におけるだけでなく空間的にも位置確定しているものだからだ。この何かの位置が時の推移の中で変化する場合でも、つまり移動したり、もしくは集合である場合には移動するだけでなく拡散・縮小したりする場合でも、それを人は空間の広がりの中で限定せねばならない。たとえば或る人々のグループがその活動領域を広げる、あるいは一緒に移動するか、もしくは一部の人たちは別の場所へ移動する。或る技術が何処かで生まれ、それが幾つかの場所に伝播してゆく。美術や工芸品の或る様式が伝わってゆく等々。浮世絵の技法のように、地理的には空間的に連続せずとも、それが用いられる仕方への注目によって、離れた地域での絵画における新たな動き、新たな技術でもあるが技術の継承と言えるものを言うことができる場合もある。そしてこのような移動や動きもその事柄の歴史的過程だということになる。

しかるにこの空間的限定を人は、歴史が問題ではない場合も含めて、宇宙は別にして地球上の何処かを話題にするとき、地名でなすしかない。たとえば「アフリカ大陸」や「地中海」、「ピレネー山脈西側の半島」や「庄内平野」のように。これらの限定は自然地理に依拠していて、ほぼ満足できる程度で容易だし（「緯度・経度」を言うときっぱりと限定できるかも知れないが、よほど習熟していないとどの辺りか直ぐには分かるまい）、人間の時間尺度では固定的なものである点で、つまり大きな変化無き存続を前提とすることがほぼできる点で、安心して空間的限定に利用できる。

だが、地名という場所の呼び名は人間が決めるのだから既に人の或る歴史（自然的地理の変化の歴史に比べれば非常に短い歴史）を物語っている[8]。普段は気に留めないが、地名が地理的特徴とその地における人の活動とを言い表している場合は多い。たとえば沢山ある「崎」が付いた地名は地形を表しているのは間違いないが、それだけでなく、沼か海かの入り江として重要だったから、あるいは高台で突き出ている箇所で遠くを見晴るかすことができ、そのことは有用であったから、特に名前を付けるということがあったのだろうという或る過去を示唆する。同じようなことは、次の地名群に関しても言えよう。「狸穴（まみあな）」は狸などが出没する地域で、狸という獣は他の諸々の生物と違って特に生活の上で気にしなければならなかった頃のことを表しているだろう。北海道の地名だと、アイヌ由来の地名が多い。「留萌（るもい）」は「潮汐が・静かで・いつもある・もの（川）」、すなわち「汐が奥深く入る川」を表す「ルルモオッペ（rur-mo-ot-pe）」という留萌川から来ているという説が、「夕張（ゆうばり）」という地名は「ユーパロ（鉱泉の湧き出る所）」からという説があるとのこと。ニュージーランド南島のカンタベリー地区の東海岸の港町「カイコウラkaikoura」という名の由来は、先住民マオリ族の言葉で「カイ」は食べ物、「コウラ」は伊勢エビを意味するそうだ。そして実際、豊かな海で伊勢エビが獲れるそうだ。いずれにしても、現在ではほとんど地球上隈無くと言ってよいくらいに地名が張り巡らされているが、古い時代であればあるほど、名無しの土地、川、沼、海などが多かったはずだ。土地に名前があるということ自体が人々の或る営みを言い表す。「福田坪」というのは開拓した田ということを表している。また、地名がいつ頃から使われたかが分かる場合だと、他の事柄の歴史と結びつく。霞ヶ浦の南岸に「信太（しだ）」という地名があるが、この地については、八世紀前半の『常陸国風土記』に、七世紀に常陸国に置かれた一の郡の一つだという記載がある。その後もあれこれの平安時代中期に律令の施行細則をまとめた法典である延喜式や言い伝え、文学に「信太」（それから「信太の流れ」「信太郎」）という名が出ているそうで、この名によってその地での幾つもの歴史的に重要だと思われる出来事（平将門の乱など）を知ること、想い起こすことができる。

最後に、本書第二部に関連する地名の例。「ルイジアナ」はその地を探検した者が自国の国王ルイ一四世の名前に因んで付けたものだ。そして、その名が示す地域が最初は広大で幾つかの段階で縮小されたという変遷には、英仏、更に合衆国の歴史が反映されている。また、ニーウ・アムステルダム（ニュー・アムステルダム）からニューヨークへの地名の変更は、その地域で活動する人々が交替した（出身国が違う人々に入れ替わった――オランダ人からイギリス人へ――）という歴史を表している。

ところで今日、世界的規模で空間的限定をなすときには、今日の国の名前から始めて地理的限定をすることが多い。つまり国名を言えば国の領土として示される場所が分かり、そこでこの場所との関係でさまざまな場所を示すのが便利なのである。たとえば「インドの直ぐ南の海上で船が沈没した」と言うと何処での出来事か分かる。或る場所を確かめるために地図を見る場合、インド等、現在の諸国それぞれの領土を示している地図は最も使いやすいから、このようなことができる。また翻るに、アフリカ大陸や地中海のような数少ない大きな単位名の場合は別にして、ピレネー山脈や庄内平野のように小さな単位の場合、それが何処にあるかは、フランスとスペインの国境、日本の東北部の日本海側と、国を言うことで理解しやすくなる。

（国という概念は必ずや領土の概念を伴わせる。中印間のように国境に関する争いがあって領土範囲に関して確定的なことが言えないという事情は幾らでもあるし、台湾のように「国」と呼ばずに特殊な意味で「地域」として扱うものもあるが、それらは副次的なこととして処理できる。）

そこでまた、「日本列島とその近海における地震の歴史」と言われると地球上のどの範囲の地域における地震が問題なのかが分かる。けれども注意すべきだが、この範囲とは自然的地理によって限定されたものではない。分かるのは現在の日本という国の地理的範囲を想い浮かべるからなのである。この想い浮かべ無しでは、沢山の島々を引っくるめて列島として一つの単位に纏めることはできはしない。しかるに、国名とは歴史の現時点での政治単位の名前であり、私たちはその名を或る土地の範囲の名として流用しているだけなのである。それゆえ、国名の地名への流用は現時点で可能なのでしかない。歴史の別の時点では、別の地名の方が有効なはずである。

⑵政治的単位それぞれの歴史と錯誤

そこで、私たちが「日本という国の歴史」も「日本列島における地震」の歴史と同じように、「日本列島において歩まれた歴史」として、つまり「日本史」というものを現在の地図で「日本」と呼ばれている或る地理的広がりにおいて生じてきたさまざまな事柄すべてから成り立っていると考えるなら、それは錯誤を含む。一般に現在の国々の一つひとつを単位とした歴史を言うことが古い時代まで遡って言えるわけではないからだ。ガーナなどの新しい国と比べて日本という国はずっと古くからあると考えられているが、その古い時代にも今日で言う日本列島を地理的単位とした日本という国があったわけではない。蝦夷や琉球のことを考えるだけで分かる。

アナル学派でヨーロッパ中世史家のマルク・ブロックは錯誤の例として、『フランス農村史の基本性格』で次のものを挙げている。「プロヴァンスについては一三世紀に関する史実でさえも、それを〈フランス的〉として扱うことは［中略］馬鹿げたことになる[9]。」ブロックの同志リュシアン・フェーヴルも『フランス・ルネサンスの文明』の中で、「近代的に定義された〈国〉を、当時［一四七六年、一六一〇年、一六四八年の歴史地図が示す時代］の国に適用できない[10]」と指摘している。

なのに私たちは、事が人の世の歴史となると、現在の国々を前提し、その国という単位を尊重してそれぞれの歴史を語りがちになる。なぜだろうか。

これには既に述べた地理限定の便利さという単純な理由とは別の、もっと大きな理由がある。国とは今日の（或る時代以降の新しい）最も重要な（だが最強とは限らない）政治的単位であり、一般に政治的なものこそ大集団で暮らすようになった人々の生き方を決めてきた大きな要素だから、現在の各国の有りようがどのようにして生まれてきたのかを中心にその歴史に目を注ぐのは自然なのである。今日、経済的な事柄も大きく力を揮っている要素だが、たとえばそのグローバル化を人が言うとき、そのグローバル化という概念は国という単位が幾つもあることを前提にした考え方だ。このことを押さえた上で私は、歴史を知り理解することの無力感を述べ、次いで、にも拘わらず歴史を知ることで私は何に興味を持つか述べたい。なお、国家が最も重要な、だが最強とは限らない政治単位である理由については、第二部で具体例に即して述べる。

第2節　現在の自国（各国）の歴史とは

(1)歴史捏造の誘惑と歴史家の役割？

人が自分の現在の国の有りようがどのようにして生まれてきたのかの歴史に目を注ぐこと、これは望ましい。歴史というと、学校教育での日本史や世界史という科目を真っ先に想い浮かべる人々は多いに違いないが、この二本立てということには日本（すなわち自国）の歴史が重要だという考えが底にあり、世界史の方も、国成立の新しい古いの違いがあろうと「ガーナ」や「エチオピア」等の「国」を単位に立てる仕方となりがちである。このような事情はどの国でもあるだろう。

しかるに自国の歴史をどう捉えるかに関して、英国の歴史家ホブズボームの『歴史論』の中の二つの言葉に耳を傾けよう[11]。

「歴史は国家主義的イデオロギーや民族主義的イデオロギーや原理主義的イデオロギーの材料になる。これらのイデオロギーにおいて過去は一つの基本的要素、いな唯一の基本的要素である。もし適当な過去がないならば、必ずそれが創作される。

［中略］

この状況の中で、歴史家は自分が思いがけず、政治的役割を演じる立場におかれているのを知る。私たちは歴史を政治的イデオロギーのために悪用することを批判する責任を負わなければならない」（六〜八頁）。

「私たちは国家の作り話や民族の作り話やその他の作り話が形成されつつあるとき、その形成に抵抗しなければならない」（一二頁）。

前の引用文では国家主義と並べて民族主義、原理主義も挙げられているが、どれも政治的なものと考えていいだろう。民族の一体性を主張する民族主義も、宗教などの原理主義も政治運動を行うし、場合によっては或る制度制定を望むからだ。（制度を制定する力を持つということが政治的なものであるということについては本章第3節⑴で述べる。それから「＊＊主義」という語は、＊＊を人が自覚しているという事態を表している。）

ホブズボームは、後者の引用文で指摘している作り話としては他の論稿におけるものも含めると多数の例を挙げているが、一つだけ紹介する。ギリシアが、アレキサンダーの父のマケドニア国王がバルカン半島の支配者になった大昔のことを理由に、マケドニア全部が元々ギリシア国家の一部だったとし、マケドニアに対してその国名を名乗る権利を否定したという例（一二頁）。この問題はやっと二〇一九年に、マケドニアが「北マケドニア」と国名を変更することで決着がついた。因みに『日本書紀』は建国の日付をできるだけ古く見せかけるための無理な操作をしている。実在したか分からない天皇の即位を認めるだけでなく、在位が一〇二年の天皇や、没年齢が一四〇歳の天皇を始め百歳以上の天皇が多数いたことになっている（遠藤慶太『六国史　日本書紀に始まる古代の「正史」』中央公論新社二〇一六年、三六〜三八頁）。長い歴史を持つほど誇れるということに違いない。パキスタンがモヘンジョダロの文明を自国に結びつけて「パキスタンの五千年」を言って自国に輝かしい背景を与えることと同様のことだろう。日本とパキスタン、二つの歴史の捉え方がなされたのは遙か昔とついこの前と異なるのに、同じ発想を持つというのは面白い。

一般に、公教育で用いられる歴史の教科書には、彼が言うように政治的なものの力が働くのは必定である。そしてそのような教科書で歴史を教え込まれる人々が大多数になるとき、いわゆる「国民」の大多数も或る傾向の歴史表象のもとで事柄を考えるようになるだろうし、その表象が或る仕方で政治を動かすかも知れない。歴史の事実から離れたとんちんかんな歴史表象の方が力を持ってしまうわけだ。

そこで引用したホブズボームの二つの文章に戻って、それらで彼が表明している、歴史家が「思いがけず政治的役割を演じる立場におかれて、間違った歴史の形成に対する抵抗や、捏造された歴史の悪用を批判する責任を負う」ということについて考える。そのような形成や悪用があるとき、まず、歴史家ならざる者、たとえば私は、信頼できる歴史家の抵抗や批判を知って、彼を応援する仕方で抵抗や批判に参加できるのか。懐疑的である。いや、無理だと思っている。どの歴史家が信頼できるか見極めることから始めなければならないが、それはクリアーするとして、具体的には何をすればいいのか。自分の声がどのような力を持つのだろうか。

そして歴史家でさえ、よほど運よく好ポジションに就くことができるのでなければ、批判する仕方での発言力を持つことはなかなかできないのではないか。実はホブズボームもこのことを弁えている。曰く、

「作り話の撲滅者としての歴史家の機能の第三の限界はもっと明白である。短期的には、歴史家は歴史の作り話を意図的に信じる人々に対して無力である。特にその人たちが政治的な権力者である場合にはそうである。〔中略〕ヒンズー教の狂信的な歴史の作り話に対するインド人の歴史家の批判は、同僚の学者たちを説得することはできるかも知れないが、BJP［インド人民党］の熱烈な党員を説得することはできない[12]」。

しかも彼は他方で、一般に「諸科学の発展が党派性から切り離せないことを本気で否定することはできない[13]」とも述べていることも見逃せない。この引用文でホブズボームが念頭に置いているのは、アヨーディヤーという都市がラーマ神の生誕地であり、かつてラーマ寺院があったとする主張、それから、この地（ヒンズー教にとっては聖地）にあるモスクはムガール帝国の皇帝バーブルが建立したのだという主張（それゆえそれはヒンズー教への侮辱であるという主張）は、どちらも実際の歴史に反するというものである。しかし、これらの主張のもとでBJPは一九九二年に反イスラム運動を展開、大規模な虐殺を引き起こしたし、そのモスクを破壊した[14]。

因みに、アメリカ・ケイトー研究所リサーチフェローのスワミナサン・アイヤールはBJPの、「ヒンズ

ー教が支配した時期に、インドは世界で最も豊かな地域だった」「豊かだったヒンズー教のインドが外国［一一世紀にイスラム教徒、一八世紀以降に英国］の侵略によって貧しくなった」という主張は架空の歴史の作り上げだと批判している（日経新聞、二〇二三年八月五日朝刊）。

ホブズボームの認識の一方、二次世界大戦後まもなくの頃という状況においてではあるが、フェーヴルは次のように言った。

「歴史とは、今日の人々がぜひ提起せねばならぬ問題に対しての回答である。起源さえ分かればそれだけ右往左往せずにすむ。複雑な状況の説明である。更には、過去の解決策の、従って現在の解決策とは決してなりえない解決策の想起である。［中略］こうして歴史家たちは自分自身の時代に対して働きかけるだろう。同時代人、同胞に、彼ら自身が将来、否、現在、既に役者であり観客であるドラマをよりよく理解させるばかりか、彼らを悩ませている諸問題の解決の糸口を与えることができるだろう[15]。」

この発言は、人々が諸問題がある時代に生きているという彼の認識と危機意識からきている。そしてその諸問題の根源は「絶えず地滑りする世界[16]」（論稿表題にある「嵐」が吹き荒れる世界）にあり、それゆえ人はその世界に何とか適応しつつ望ましい未来（新しい歴史）を作らねばならないが、その仕方を歴史家は示唆すると彼は考えているわけだ。また三年後には次のようにも書く。

「歴史をすべての人びとの日常生活の中に定着させ」

「有効な歴史、そして万人の意識にしっかりと根を下ろすような歴史を、同時代人に繰り返し突きつけ苛立たせる[17]。」

そして以上のような仕事をする限りで自分や彼の教え子たちは歴史家でいる権利を持つと彼は言う。（この態度に比べると、彼がずっと前の一九三三年に歴史家の任務について記していることは穏やかだ。

「〈歴史〉とは〈人間〉を対象とする学問、人間の過去を対象とする学問である。［中略］取り扱う事実はもちろん人間的な事実。そこで歴史家の任務は、これらの事実を生きた人々、および、のちにこれらの事実を解釈するために自らの観念を頼りに、その中に分け入った人々を見いだすことだと言ってよい[18]。」

このあと彼がドイツのフランス侵攻と第二次世界大戦を経験したことが、ほかの仕事をせずに歴史家であることの権利とそれに伴う義務との強い自覚をもたらしたのか。）

だが、万人とさえ名指される人々はどのようにして問題を解決する仕方で歴史を変化させ得るというのか。フェーヴルは歴史研究家としての自負こそあれ歴史学の無力さは感じなかったのか。歴史家でもなく政治に携わる人間でもない私はと言えば、歴史を動かすさまざまな諸要因のいずれにも自分は参与できていない、眺めているだけという思いで、歴史を知ることの無力感を覚える。

いや、今日では誰でもSNSなどで自分の考えを発信することができ、多くの人々を巻き込めば歴史の動きに影響を与えることができると言えるか。けれどもSNSで多くの人々の支持を受けるのは、史実に即した歴史を述べる発言ではない場合の方がずっと多いだろう。ホブズホームが言う状況は変わっていない。せめて、一時、行政、立法、司法の三権に次ぐ「第四の権力」と呼ばれたマスメディアが、どの歴史叙述にも解釈が入らざるを得ないとしても少なくとも実証できる歴史を、粘り強く大衆その他に伝えることを期待できるだろうか。だが、個々人がマスメディアに影響を及ぼす有効な方策は見つからず、また、マスメディアも政治によって規制され、次にコントロールされ、ともすると政治の道具にされてしまう。

そこで、勢力ある政治家こそが、自分たちがこれからの歴史をつくるんだと、あるいはつくっているのだと思うのかも知れない。特にいわゆる新興国ではそのような気がする。しかし、日本などではそれほどの気概を持つ政治家は減っているのではないか。支持者たちや支持者になってくれそうな人々を念頭に次の選挙のことばかりを考える新米政治家を一方に、他方、ただ自分たちが属する政治集団の中での地位の上昇を望むために精力を使うことと他の政治集団を含めた権力争いに目を奪われているだけという連中の方が多いのかも知れない。また、政治家ではない人々で、或る画期的な技術を開発している人、あるいはそのような技術に結びつくに違いない科学的発見に向かって研究している人たちの中に、政治家たちとは全く違う仕方で、新しい歴史をひらくのだという意気込みを持っている人がいるようにも思える。この技術の事柄は、本書最後の技術に関する論点に関係する。

⑵歴史に学ぶ？——政治史という枠組の重要性——

ところで、フェーヴルの言葉は、よく耳にする「歴史に学べ」という言葉を想わせる。この点でマキァヴェリの歴史叙述は明白である。彼は「共和国を整備し、王国を統治し、市民軍を編成し……[19]」などの政治的活動をする人々のために、だから彼らを読み手として念頭において、当代の問題解決の一助になるべく「先例」となる古代の歴史に目を向けた。また、だからこそ当然に政治が前面に出た。

ところで一般に、古い時代の歴史を述べるに当たって、歴史家は過去の古い歴史書をも重要な史料としないわけにはゆかない。けれども、その書で史実として述べられている事柄が事実であるかどうかを細心の注意で吟味するかどうかは別のことである。マキァヴェリは自身が生きたフィレンツェの歴史を著すときはともかく、ローマの歴史等を述べるとき古い歴史書に吟味しないまま依拠し、それを利用した。けれども彼の目的のためにはそれでよかったのだと私は思う。そして今日、マキァヴェリの著作を読む人の多くは、史実を知るためというより政治論として読むのではないか。一般に歴史家は或る読み手を想定して歴史書を書くだろうが（歴史研究者は同業者を読み手として考える場合が多いに違いない、学術書一般も同じの場合がほとんどだ）、読み手は自由に読むことができる。ただ、後代の歴史家は歴史書として通用しているものが述べることの真偽を確かめるよう努力しなければならないが、このことが強く意識されるようになったのは一七世紀後半からだと言われている[20]。そして、名を成す歴史家でも、調査不足で誤った叙述をなす人もいるようだ[21]。

現代なら、歴史から学ぶという試みで直ぐに思いつく事例は二つある。一つは過去の災害から学ぶということ。過去に大きい地震が起きたときどのようなことが生じたかを知ることは、今度大地震が起きたときにどうすれば被害を最小限に抑えることができるかの検討に活かせる。建築に関わる技術者は家やビルなどの建て方や修理の仕方を研究するだろうし、建築基準法などを定める所管機関は耐震性のある建物の建築を促す、あるいは義務づけるなどの施策を行うだろう。既存の住宅等がある地域では(自治体の主導ということが多いようだが)人々が地震が起きたときの避難の仕方を前もって考え、訓練も行う。けれども、このような「過去からの学び」を活かすことは、大きな歴史の流れの中では、現在という或る安定した歴史的状況の中で通用することでしかない。

そしてもう一つの事例。歴史から学ぼうと、さまざまな事業の成功や失敗の歴史を記した書物を熱心に読む経営者や起業家は多いだろう。ただ、それらの事業は事業が置かれている社会の有り方において可能であったわけである。その有り方がどのようにして生まれたのかという大きな歴史があり、それを知り、理解する必要があろう。なお、個々人のレベルで、自分、あるいは家族や仕事仲間が過去に経験したあれこれの失敗、成功を振り返って、今度からはどうするか考えることも些細なことではないが、これを「歴史に学ぶ」というのは大袈裟ではないか22。

では、大きな歴史をどのように理解するのか。歴史書の多くが政治史による時代区分を採用し、その上で産業、交通、美術や文芸などの歴史も扱う、こういう仕立てになっているのはなぜか。本稿冒頭で述べたように「何」(たとえば農具、舟や船、台所、学校、結社、医療、スポーツ……)についての歴史もあるはずだが、一方でこの「何」に関して歴史の大きな流れに関与したかどうかという観点からのさまざまな重要度を見分けられるし、他方でそれら幾つもの「何」を要素として収めて位置づける大きな枠が必要であるが、重要度が高いのは政治であり、歴史の大枠を提供するのも政治の歴史だからだと私は考える。

「歴史は元々社会史だ[23]」と言うフェーヴルは、前掲『フランス・ルネサンスの……』で、政治史を前面に出してはいない。けれども「一六世紀前半」というふうに年代だけで時代を指示することが多い一方、「ルイ一二世の時代」(五八頁)という言い方もするし、「国王による専制」(七三頁)に言及し、貴族、領主、農民、作男というふうに人の身分分けを前提に描写する(三四〜三六頁)。これらの言葉は政治体制の理解無しには理解できない。

政治史は人々が従わないわけにはゆかない制度の変遷に関わるゆえに歴史の大枠として欠かせない。歴史の流れに関与するという重要度で言えば、新しく誕生するさまざまな技術は、それらが世の中に広まるという仕方で人々の暮らし方を変えてゆくという、とても重要な現象も見逃すわけにはゆかない。けれども人々の暮らし方に枠を与える仕方で歴史をつくってきたのはさまざまな政治だと私は考える。

第3節　政治的なものについて

(1)政治的なものとは

だが、政治的なものとは何なのか[24]。首長、王、権力(者)、政府などさまざまなものに注目する仕方があるが、私は敢えて広く、第一にさまざまな制度を制定する力を持つもの(結局は、その力を行使できる人々の有り方)として、第二に、その制度を通じて人々の想いを或る方向に誘導する力を持つものとして規定したい。第一の規定は、他方で、その制度に従わないわけにはゆかない人々を生み出す。二つの種類の人間に分かれるということだ。第二の力は、「世の中はこういうものだ」と人々を思わせるし、人々の政治参加が建前としてあるところではいわゆる世論形成を通じて、或る制度の制定の後押しないしは是認をもたらす。なお、政治的なものを本稿のように見定めることは、さまざまな集団で現われる小さな政治的なものの出現を理解するのにも役立つ。

何らかの仕方で政治的力を持つ人々とそうではない人々との区別は、或る程度の規模を越えた集団のどれにでもある。そして国家レベルでは、しかも民主主義の体制で成人の誰もが政治的発言権を有するという建前があってさえ、この区別があることは否めない。そもそも投票といった重要な政治参加の場合でも、立候補者の中に投票したい人が見あたらないというのが現実ではないか。

(2)集団における慣習と政治的なものの出現——集団の危機において慣習を破って集団を統合するリーダー——

けれども、政治的なものというのは、どうしてあるのだろうか。政治的なものの出現について、私はずっと前に論じたことがある。詳細はその論稿[25]に委ねるが、大筋は以下の通りである。

人間の古い歴史では、人々は幾つもの小さな集団に分かれて暮らしていたに違いない。人々が生きてゆける資源（食料や安全に住める場所など）はあちこちに散らばっているからである。資源が豊かな場所でも、その中でより良いところ、望ましくないところの別がある。

そしてその集団の基本は当然に、血のつながりのある家族と、互いに協力しあう他の家族もしくは生殖活動によって成員を増やして新たに家族をつくる可能性のある人々とから成っていたであろう。家族というものは、人間が歴史を形成してきた、その大元にあるものである。世代をつなぐものであるからである。人は必ず死ぬ。けれども、生物の一種としての人間は子孫を残すようにできている。そこで男女の一応「婚姻関係」と呼ぶものは大事な中心になる。誰もが子孫を残すわけではないにせよ、である。ただ、他の生物、更には他の動物と異なるのは、その育て方が人間という種によって完全に定められてはいないことである。この理由については、一〇ヶ月ものの妊娠期間があるにも拘わらず、或る観点からは子どもが早く生まれすぎるという事情にあるのだろう。体が発達しても長い年月、人間の子どもは親の保護と育てのもとで過ごし、さまざまなことを学ぶ。学ぶのであり、状況に応じて決まった仕方で活動するようにできているのではない。もちろん、基本のところでは、種として定められた有り方があるが、その上のことである。

そこで、育て方、学び方には家族によって違うという多様性が出てくる。とは言え小さな集団では、初めての子育てをする家族は周囲の人々の子育ての仕方を見ながらやるだろうから、それ程の違いはないかも知れない。学ぶ子どもの側も、親の育て方次第ということがあるし、また周りの幾分年長の子供たちの有りようを見て真似をすることが多かろうから、同様に似たり寄ったりになる。だが、異なる集団ではかなり異なる遣り方がある。また、同じ集団でも時代によって大きく異なってくる[26]。

ところで、このような小さな集団では、人々は互いに顔見知りになる。しかもその成員は異なる年齢の人々から成っている。家族内でもそうだし、家族を越えた集団全体でもそうである。人は周りの人々が年齢や男女などの違いに応じつつどのように振る舞い、暮らしている(きた)かを見聞きしながら暮らす。そして暮らすということは年齢を重ねていくということであり、自分もその見聞きしてきた人たちと同じような年齢相応の生き方を自ずとするようにする。特に集団の決まりのようなものがある場合には、当然のようにその決まりに従う。季節の挨拶とそれに対する返礼のようなもの、暦に従うささやかな行事、大きな祭り、血縁関係にある人の、あるいは近しい人の冠婚葬祭(両者で幾分かは違う)、更には集団の主立った人の死に際しての振る舞い方など。まとめて言えば慣習である。

そして慣習に関して自分には不明な場合、詳しい人に教えてもらう。詳しい人とはどのような人か。年齢の異なりは一般には経験量の差異であるゆえに自ずと年長者になる。そして、さまざまな事柄についての慣習を他の人々より多く、かつ詳しく知っている人は権威者となる。古い時代に権威者が長老となるのは自然であっただろう。（違った種類の権威者も現われる。たとえば或る技術に関しての権威者。順序だった教育が行われる場合では教育者が権威者というものになる。現代では、それぞれの分野での科学者を始めとして、その他さまざまな事柄の領域ごとに権威者と見なされる人、あるいは自称権威者が続出している。）そして、人間に特有の、集団によって異なる歴史があるとは、この慣習というものが集団によって違うこと、そして違うものとして継承されてきたということに他ならない。

けれども、ここでは規模が大きくなる要因についての考察は割愛するが、集団の規模が大きくなったときにはどうなるか。慣習によって処理することに疑問を持つ人が出てくるかも知れない。そしてそれに同調する人も多数続くかも知れない。そのようなとき、どのようにして意見を纏めるか。集団としての意志決定は必要である。少なくとも望ましい。この意志決定ができなければ、集団は右往左往しなければならないし、また、意見の対立によって分裂しかねない。いずれにしても集団の危機である。このような事態においては権威者とは違う仕方でリーダーシップを取る人とその仲間が出てくる可能性が高い。その人たちは慣習を突き破るダイナミズムを有している。

また、これらの例よりはずっと重大なことも生じ得る。危機が集団外からやってくる場合だ。前の例でも、それまでの慣習に疑問を持つという考えが生まれるのは、他集団の遣り方を知り、その有効性を高く評価することによってであるのかも知れない。けれども、ここで言う危機とは、他集団が攻めてくるというような危機である。どう対応するか？　このような場合ですら慣習によって応じる、対処するということが小さい集団ではあるのかも知れない、ヨーロッパからの人々が渡来する前のアメリカ先住民部族のように。だが、大きな集団では大きく意見が割れるだろう。そこで人々の気持ちを一つの方向に統合する人物が現われ、それが政治的なものの出現で、それはまた統合の技術の誕生でもある。統合は、統合する人及びその仲間と、統合される人々との区別を生じさせる。そして、いわゆる命令系統のようなものが生まれる。この命令系統が平時でも保存されるとそれが先に述べた制度というものの一つの形態となる[27]。

⑶小さな政治的なもの

だが、では、私が先に言及した「小さな政治的なもの」とはどのようなものだろうか。小さい集団であれば、意志決定に大きな困難はないのではないか。いや、それまでは何の面識もなかった人々が或る理由で集まり、その集まりが一つの集団として何か或る目的を持って活動しようとするときには、慣習のような指針は存在しない。その状況で集団としての意志決定をしなければならない。

小さな集団といっても、皆が同質の人々から成るものであったら、面倒なことは生じないだろう。たとえば大学での或るサークル形成のような場合。部長を決めるといっても、部長はリーダーとなるからといって「政治的なリーダー」であるわけではない。そして、そのような集団ではなくとも、規模が小さいうちは大した問題は生じない。集団の目的実現にとって望ましいポジションを成員それぞれが取ればよい。だから私は、或る程度大きな集団では往々にして政治的なものがみられると言う。それは、大きくは国家とかに見られるようなはっきりと分かる政治的なものではない。あるいは自治体レベルでの政治的なもの、また、互いに競争し合う政治を目指す集団に見られるものでもない。

たとえば或る会社組織。ヒエラルキーを作らないわけにはゆかないことが多い。命令ないし指示系統を確立することが必要だからだ。また、機能に応じた幾つかの部署(という小組織)に分かれないわけにもゆかない。フラットな会社が時々もてはやされるが、それはほんの少数派だ。このような機能的集団で、或る人々はその気質によって、会社全体、もしくは各部署で、リーダーの地位を得ようとするだろう。しかしそれがスムーズに行くとは限らない。ライバルに勝つ、ないし出し抜くという過程で、私にはその具体的様子は分からないが、自分に従ってくれる人々を増やすとか、駆け引きとかがあるのか。いずれにしても、そこに政治的なものというのが現われるのではないかと私は思う。政治家たちが絶えずやっていることと或る程度の相似形があるように思えるからである。

(4)政治以前の戦いと政治による戦争

ところで、第二部で、三つの集団の歴史を取り上げるが、その歴史は戦争に満ちている。これはどういうことだろうか。多くは或る政治的集団の同士の戦争である。いわゆる内戦と言われるものであっても、その戦争の主体は大抵は政治的な集団である。

けれども、私は先に、かつてアメリカ先住民部族で他の部族が攻めてくる場合の対処の仕方は慣習に従っていたのだろうという推測を述べた。言い換えれば、この場合の戦いは現代で見られる政治集団間の戦争とは異なる。ただ、このような戦いについて私の知識は非常に限られている。アフリカ「チャド」の北部の集団にみられる、略奪(戦いとまでは言えないとも思えるが、外から来る危機ではある)に関わること、それからマゼランが世界一周の途上で出会った、フィリピン(セブ島)の部族に関するものくらいである。また、現代の「イラク」に相当する地域、それも二〇世紀初頭、第一次世界大戦前夜という時代に、既に国家という政治的集団の関与が多数ある中で、それから、かつてあれこれの政治的集団が活躍していた地域で、必ずしも政治的集団と特色づける必要のない幾つもの部族がどのように振る舞ったのか、これから、政治的な集団ではない集団間の関係について幾らかの示唆を得ることができるかとは思っている[28]。そして私自身が想像できる例は、次のものだ。

或る海の浜辺で、網元とその元で働く男たちがいる。其処に別の一団がやってきて、その浜辺を奪おうとする。当然に争いになる。これは有りそうなことではないか。このとき、集団内に網元と網子との区別があるからといって、両者から成る集団は政治的なものとは異なるだろう。

要するに、未だ政治的な体制を取っていない集団が、同じような集団を相手に、あるいは既に政治的体制を整えている集団に戦いを挑むということがあるのである。注意すべきは、政治とはまずは或る集団内部での事柄、体制であることだ。そして他の集団との関係では、真に政治的である有り方とは外交なのである。なのに、かつて政治的な重要な仕事として征服戦争が当たり前のようになされてきた。けれども、国内での政治による統治の不首尾を隠すために外国と敵対する姿勢を見せるということがあり、これが昂じて戦争にまで至るということが見られる。集団内の政治が先なのである。ただし、戦争を仕掛けられる側の有り方は別に考察しなければならない。この有り方との関係で(たとえば抑止力)、今日では国家同士の大規模な戦争は稀になってきた。頻発するのは国家内部での政府と反政府集団との戦闘である。

それからもう一つ、戦争が顕わにする重大な事柄がある。本節(1)で述べたように、政治はいわゆる統治する側（制度を定める側）と統治される側（特に批判するでもなく制度に従い、また制度を利用しもする側――ただし制度によって或る人々は不服である有り方を強いられる――）との人々を分けるが、このことの極めて厳しい、ないしは怪物的一面が戦争のときに表面化する。それは徴兵制とその兵士たちの動員ということにみられる。国家は、平時では多くの人々が秩序によって見通しのよい状況でさまざまな事柄を選択して生きるという遣り方を手に入れさせるという正の側面を持つが、戦時ではどの人も政府の要請から逃れられないということが判明する。そしてもちろん、兵士を戦場に送ることを決定した政治家たちは戦場に行きはしない。徴兵に従わない、あるいは徴兵反対のキャンペーンを張る人は、国家から逮捕その他の扱いを受けるか（「治安」から「公安」への移りゆきは恐ろしい）、その国から脱出するとかの選択肢しかない。そしてもちろん、事情でどちらの選択肢も取ることができない人々が大多数となる。また平時でも、何らかの政府の政策に反対する集会やデモが行われるとき、事あればそれらを取り締まろうとする警察その他の人員が動員される。個々の警察官の意志ゆえのことではない。統制する側に組み込まれた下部組織の人間だからである。このようなときも、政治が人々を二つの異なる集団に分けるものだということが顕わになる。

以上、本節で政治について考察したのは、前節(2)の、現実の歴史では政治的なものが大きな力を持つという論点を受けてのことであった。

第2章　私が歴史に興味を持つ理由

第1節　何に注目するか

(1)人の有り方の多様性とその根底にある共通のこと・文化

歴史を知り理解することの、**現実の歴史との関係で**の無力を感じつつ、それでも私は世界各地の人々の歴史上の具体的な暮らしとその歴史的変化に関心を持っている。単なる好奇心ゆえではない。人の暮らしというものは同時代にあって多様であり、かつ、古い時代から今日に至るまで大きく変化してきたのではあるが、その多様性と変化にも拘わらず人には、どの集団かも問わず、或る共通の生き方があると思われ、その共通性を多様性と変化の仕方とともに確認したいからである。そしてそのために、歴史上の人々、**歴史に名が残りもしない普通の人々をその具体的姿で**知りたい、手応えのあるイメージを得たい。特に衣食住、それから性活動（男女の知り合い方や多産など）、また音楽や舞踊、儀礼・祭祀などがどのようなものか、更に、人々は一緒に、あるいは立場に応じて、どのような心的生活を営んでいたか等々。これらを私は、後の考察との関係もあって、文化の事柄として押さえておきたい。

「文化」というと人は、今挙げた中では音楽や舞踊、儀礼・祭祀などに見られるものを、それから美術や文学、あるいは科学、スポーツなどを想い浮かべるかも知れない。しかし、一等先に挙げた衣食住の有り方こそ文化の基本である。人間を含めた動物にとって、身を置く場所を確保することと食べることとは必須であり、前者に関しては更に、或る種の動物にとっては安全に眠る場所として、あるいは特に子育ての場として、人間の「住居」に相当するようなもの、塒（ねぐら）や巣・巣穴と称されるようなものが必要である。だが、相当すると言いながら、両者の間には大きな違いがある。動物の親は仔や雛に食べ物を持ち帰るが、自分が食べるものを持ち帰りはしない。入手したその場が安全なら其処で食べるし、安心して食べるためには或る場所に持っていって食べる。そして仮に食い残しがあるときでも、それを何処かに隠し、自分の巣に持ち帰りはしない。持ち帰りは巣の安全を脅かす。匂い等につられて他の動物がやってくるかも知れない。巣は秘密の場所であるのが最善である。持ち帰る食べ物は仔や雛が食べ切るという前提がある。そもそも、子育てのときだけしか巣を作らない鳥などもいる。ところが人間は、自分の塒で（仮に一時的でしかない眠る場所の場合でも）、育てる子どもたちに食べさせるだけでなく、自分も食べる。

それに、一般に動物では自分に適した食べ物とは、手に入れることにも適している食べ物だと思われるのに、人が食べてきたものはどのようなものかと言えば、人間の体の構造からすれば手に入れるのが当然だとは思えないものが圧倒的に多い。たとえば足の速い鹿、力の強い猪、川で泳ぎ空を飛びもする鴨を捕まえることには人間の体の構造からして無理がある。（根菜類の採取の場合でも、ヒトの手や爪は、地中深いところにある芋を掘り出すのに適していない。）更に、仮に首尾良く仕留めたり掘り出したりできたとして、それらは直ぐに食べることができるものか。

肉食動物にとって、相手を仕留めることと食らいつくこととは連続している。その場で食べることが安全かどうかだけがこの連続に切れ目を入れる。けれども、ヒトはどのようにして鹿や熊の肉を食いちぎるというのか、鳥は羽をむしり取ることなく食べ得るものか。採るのに苦労しない貝でも、その固い殻の中の食べる部位を口の中に入れることは簡単ではない。食べることができるようにするためにも人は手に入れた食料を持ち帰る。木の実も、含まれている毒を取り除くには、入手場所とは別のところで何か作業をしなければならない。

このように、食の有りようも住の有りようも人間は他の動物と違っている。そして、衣というのは人間にだけあることではないか。蓑虫の蓑も衣服ではない。そして、衣食住すべてに関して重要なのは二つある。一つは、これらは概ね人々の暮らしの日常を作っていることである。そして二つ目は、それらの途轍もない多様性である。決まった有り方をしていない。実は多様性は人間の事柄では至るところにある。先に挙げた、日常の事柄ではないかも知れない舞踊、儀礼・祭祀も、スポーツも、集団が異なれば、その有りようは異なる。そして集団によって異なるこれらそれぞれが文化を成す。

それから次に、人間では具体的な人間関係が極めて重要で、この関係の取り方も集団によって異なる部分があり、その取り方も文化を構成する。人々が互いに接する際の挨拶はどのようなものか、見知らぬ人との出会いの場合にはどのように振る舞うか。（とは言え、会ったこともない沢山の人々を含む社会という集団も人間には重要であるが[29]、このような社会は動物には存在しない。「動物の社会」と言われるものは互いに見知った個体の集まりとしてしかあり得ず、だから人間の社会の概念で理解することはできない。同じ「社会」という言葉の使用は誤解を招く。）

そして、人々の意志疎通を意味のレベルで可能にする言語は、普通は広い範囲の集団に共通なことが多いが、その言語もさまざまである。そこで言語も文化の事柄であり、また、同じ言語内でも方言もあるが、その方言も狭い地域の文化の事柄である。言葉は意味を媒介にした人々の間の了解をもたらし、また、お願いや命令、感謝や詫びなどの行動をも可能にする。そして、その意味内容がどのようなものであるか、これが集団毎に独自である場合も多い。こうして人間の言葉は、意味の媒介無しで仲間に働きかける「動物の言語」と呼ばれるもの、これとは全く違うのである。或る種の動物は幾つもの言葉を持っていて互いにコミュニケーションをしているとして多くの例が紹介され、動物の言語が結構豊かであることの証拠として語られるが、それは、同じ「言語」という語（あるいは「言葉」という語）を使用することで人間の言語がどのようなものであるかを覆い隠してしまう。コミュニケーションという言葉もその中身が何なのかを確認せずに不用意に使われがちである。人の言語の特徴は、語が複数連なって主部と述部とがある文を成すことである。一語文は、この構造から派生したものに過ぎず、文として了解する人はその際に主部か述部を補っている。この主部・述部構造ゆえに、人間の言語では或る語や文章等の意味について別の言葉の一群で説明できる。これが途轍もなく重要だということを理解しなければならない30。他方、鳥の或る鳴き声が他の仲間に作用するときその鳴き声は意味を持つと言いたくなるかも知れないが、実際にはそうではなく、仲間の或る行動を誘発するだけのことである。動物学者の主張に従って仮に鳥の鳴き声が或る意味を持つと認めたとして、その意味を鳥たちは他の鳴き声や仕草の連鎖で説明することはできない。意味は時とともに推移する現実世界に属するのではなく、別の実現の事柄、人間の想像が開く想像世界の事柄である。たとえば、常に美味しい食べ物、飲み物が溢れていて、とても寒いとか暑いとかはなく、いつでも安全な場所としての「楽園」という意味は、現実には存在しないものであるが、そのようなものが一つの「意味」として存在するのである。また、意味は人間が使用する言葉によって可能である。意味内容は言葉で説明することができるものとして存在する。なお、他の人々と一緒に暮らす中での言語使用も、衣食住とともに、日常の生活を形づくっている。

他方、季節やより長期の暦に従って営まれる諸々の行事、たとえば正月、桃の節句、端午の節句など、あるいは収穫が一段落したあとの数戸で祝う飲食の形式、秋祭り、あるいは七年ごとの祭等の有り方、それから成員の冠婚葬祭の様式など、これらももちろん文化の重要な要素であるが、次のような特徴がある。これらの事柄は、人々が集団で生きるそれぞれの環境において、人々が何とか対処できることと人間の力ではどうにもならないこととの両方が影響して生まれることであり[31]、また日常とは違う性格を持つということもあり、そこで人々に強い印象を与え、人々の心性に影響を与えるのである。元々が、人々が共同体の中で暮らす以上は、成員の心性には或る程度までは似通ってくる部分が出てくるのは当然であるが、その似通うことを強めるとでも言えばよいかと思われる。そして、心性の有りようを文化の中核として考えねばならないのかも知れない。いわゆる人間観や世界観もこの中核に属する。

(2)五つの着目点

さて、地球のさまざま場所での過去の時代の文化を知るには、第一には信頼できる歴史家に学ぶしかない。ただし、政治史が前面に出る歴史書では、さまざまな集団における指導者、演説家、王、将軍などがどのように行動したか、失策、対立、裏切り、内部分裂、外の集団――政治的勢力――との抗争あるいは連携などの叙述[32]になりがちで、これは読み物としては面白いかも知れないが普通の人々の暮らしが具体性を持ってみえないという大きな欠点を有している[33]。第二には、史実をしっかりと踏まえて書かれた文学作品など、歴史書よりもっと人々の具体的生活を呼び起こしてくれる諸作品をも活用できる。

そしてその際、五つのことに注意を向けて歴史書や文学作品を読む。（絵画や時代によっては写真なども参考になるし、彫像や、住居ではない建築物、記念碑や公共の建物等は副次的にあれこれのことを教えてくれるが、それらも付随する言葉による説明なしでは、活用が難しい。）

五つとは次のものである。⑴いわゆる民族と呼ばれる集団、⑵政治的なもの、⑶人の移動と土地住民と都市住民との二種、⑷経済、⑸技術。

⑴に関しては、「民族」という概念をどう捉えるのがよいのかという問題はあるが、これについての考察はしない。直ぐ後で若干の補足だけをする。

⑵集団が大きい場合には政治的なものが、集団の中でしか生きられない人々の暮らしの枠組を決める力が強いし、それゆえ歴史における大きな変化をもたらしもする。またその政治に民族がなす集団のあれこれがどのように関わるかということもあり、そのことで或る政治が決める集団の広がりにおいて、関係する複数の民族集団がどのような位置関係にあるかが或る期間は決まってくる、ということも生じる。もちろん、その後その関わり方や位置関係も変化する。政治的に一つの纏まりとされている集団内に複数の民族が含まれている場合には、その表面上の纏まりの中で緊張や抗争という事態が発生することもある。

⑶人は個人もしくは集団で移動することもある。だが、人は遊牧民をも含めて、少なくとも根拠地としては或る期間は或る土地に留まるという意味で移動せずに暮らすことが多い。しかるに或る時代以降、土地

(や海)との関わりの中で生きている人々と都市で暮らす人々と二種を認め得る。前者は生活に必要なものをできる限りほぼ自前で手に入れようとする。都市には、どのような人々が住まうのか[34]。少なくとも三つの種類の人々が住まう。①自分たちを含めて其処に住まうことになる人々の暮らしに不可欠な食料の搬入等を支える商業(物流)に携わる人々。この人々には金融の仕事をする人々も含めていいだろう。②前者、土地との関わりの中で生きている人々が自分たちでは作らないもの、たとえば彼らの技術では簡単に作れない或る種の道具や服などを作る人々。つまり専業的な職人や、或る時代からは大規模な工場の労働者など。そしてもちろん、この種の人々は都市に住む人々のための諸々の物も生産する。服も建物も、また商業者の中の或る人々のためには船を建造するなど。そして、運輸とか理髪とか医療行為とかのサービスに関する人々も増えてゆくであろうが、これらの人々もこのカテゴリーに入れるか、その辺りは考え方次第である(だから「少なくとも三種」という言い方をした)。なお、ヨーロッパ中世では、都市は、農奴が自由を得るための唯一の方法[35]としての逃げ込む場所でもあったと言われることが多い。身を潜めて一年と一日経っても連れ戻されなければ自由人になれた。③政治的なものに関わる人々(権力者や有力者と行政的なものに携わる人々。)。

(4)しかるに物流とは財の移動であり、これに関わる経済というものが人々の暮らしの実相を定めるものとして現われる。そして歴史の流れでは、大地に生きる人々もこの経済の仕組みに組み込まれ(農林水産業の商業化)、かつ、都市が生み出すものも必要とするようになる。

(5)ところで、(2)〜(4)の事柄は時代が進むに連れ、(もちろん人々の暮らしの具体的な姿は或る変わらなさを根底としつつ)複雑になる仕方で変化してきたが、その変化はすべて諸々の技術とともに生まれてきたのであり、この技術が着目すべき五番目となる。

以上の五つの事柄のうち、⑴⑷⑸に関して補足する。

⑴の民族に関して重要なのは何か。男女両方の存在があって集団の新たなメンバーが生まれること。そこで、世代交代を含みつつ或る連続性を有する血縁を考え、家族から広がってゆく親族という集団ができてくる。けれども婚姻は異なる血を入れることを求める。複数の親族集団を含む、より大きな集団が生まれないわけにはゆかない。この集団が民族の中核になるのだろう。けれども、民族というものをどう考えるべきかは難しく、先にも述べたように、ここで考察することはしない。そのことを断った上でなお、或る民族において何が民族を一つの集団に纏めるのかという問題はあり、その問題について考えてみることはできる。⑵の政治的なものも、諸々の制度を設け、それらに人々を従わせることで人々を一つの集団として纏めるのかも知れない。ただ、他方で先述のように政治は人々を二つに分ける。そこで、その場合には二つに分かれる人々も含めて、Aどの人々も共通に互いの近しい関係に関心を持ちつつ、全体集団への帰属意識（A1）を持つことが重要だと思われる。そしてその意識が生まれるには前項で述べた文化（A2）、これが集団毎の内部ではほぼ共通であることが必要である。

しかしながら、一般に集団を一つに纏めるものとしては以上では足りない。B共通の記憶ないし集団的表象を人々が持つことが必要である。これも文化の一つではあるが、衣食住などの日常の暮らしにみられる文化とは別個に考えねばならない。ただし、記憶といっても、個々人の暮らしの記憶と違って集団に関する記憶となると、それは歴史意識として捏造されたものでしかないということは大いにある。ただ、既に論じたそのことは措いて、この記憶や表象のためには集団を表すシンボルのようなものが重要な働きをする。たとえば旗、特別な歌。そして記憶とシンボルとの根底には言語の共通性と想像する力一般とがある。

ところで、以上、一般に集団が一つに纏まるためには何が必要かという仕方で考えてみたが、民族集団の場合、これに加えて、おおよその血のつながりがあるゆえ、その纏まりは強いのだろう。それから、多くの国家は複数民族を含むのだが、そのような国家への帰属意識は、少数派の民族集団帰属意識の方より弱い、ないしは生まれもしないというのが現実かも知れない。あるいはむしろ、一つの国家内で民族集団（複数）が対立するという構図が生まれることの方が多いように思える。

次に⑷の経済に関して。経済上の利益を求めることはいつでも⑵の政治と双方向的に結びついてきた。それから、特に富を得る仕方を言えば、六つの仕方を言うことができる。①大地（海なども含める）から富を引き出す仕方。②手っ取り早く、ないしは労せずに富を手に入れる仕方。金塊を掘り出すようないわゆる一攫千金もあるが、それは実は労苦を要しないわけではないし、稀である。略奪などの方がずっと多い。収奪（宮廷や領主による徴税――今日では徴税は国家等の政治的機関によるもので、国や自治体全体のインフラ整備のために使うためや富の再分配のためなどにあるのだが、その実際の行使の際に自らが利権を得るような仕方を滑り込ませるなどして、税そのものの着服とは違うが、集まった税の使い方の中で富を労せずに手に入れて自分たちの懐を潤す個人もいる――、地主が小作人から得る小作料など）、それから政治との結託による土地獲得、株の操作などがある。③交易による仕方。これは、財の移動という意味での広いもので、或る価値物を手に入れるために支払う対価と手放すときに得る対価との差額によるもの、両替等の金融も含むが、古くからどの地域でも一番の富をもたらすものであった。④お金を操って自分らのために他人を働かせ、富を得る仕方、そしてその仕方を成り立たせるものとして切り離せない、⑤働かされる仕方で、何とか生きてゆける手段としての、富とは言えないような財を入手すること、⑥新しい技術の開発による仕方。また、これらすべてに関して、政治的なものの出現以降はそれによる制度の関与がある。

最後に、⑸の技術に関して、その進展ないし移り変わりには今日では以前にも増して特に注目しなければならない。というのも、人々の生活に良いものとして役立つための技術かどうかは措いて、富に結びつくことを第一に考えた新しい技術の開発、つまりは富の獲得の⑥の仕方としての技術開発に邁進するビジネスと、そのたぐいの技術を売り込んで需要を喚起するビジネスとが手を組んで、人に、それまではなかった欲望までも焚きつけ煽ることが盛んになってきて、そのことが人間に及ぼす幾つもの影響に関して私は強い不安を覚えるからである。

さて、以上に述べた事柄の具体的内容は集団によってさまざまだが、このような事柄があるということは集団の違いを超えて共通である。なお、民族ないし或る集団を超えて信仰されるたぐいの宗教の統合力は別に考えねばならない。

第2節　三つの例

⑴三つの例を選ぶ理由

歴史においてみられる人間の一般的な有り方において注意を向けたい五つの事柄（民族という集団、政治的なもの、人の移動と土地住民と都市住民との二種、経済、技術）と、人の具体的生活に目を転じるときにみられる文化（特に食と住、それから性活動、心性、集団表象、言語、集団によっては宗教）の有り方、これらが明白に見てとれる例を取り上げたい。（ただ、文化のうちの舞踊や音楽、祭などの各種行事の方は本書では取り上げない。資料も不足であるし[36]、もっと基礎的な生活部分に注目したいということもある。）アカディア（フランス語ではアカディ、現カナダ北東部と合衆国のメイン州辺りにあったがもはや存在しない）、ケベック（現カナダの一部）、ルイジアナ（現合衆国の一部）で暮らした人々である。すべて、フランスからの北アメリカ大陸への入植者が暮らした地域だという共通点があるが、異なる運命を辿った。また、あとの時代に過去をどのように振り返るのか、言い換えれば自分たちの歴史をどのようにみるのかという論点も共通に出てくる。

だが、これらを選ぶ理由をもう少し説明すべきだろう。一つは、歴史には政治史という大枠があるということを、それほど長くはない期間で確かめ得ること、二つ目に、私たちが現在抱えている問題につながる事柄が含まれていること（最も重要な例としては、ケベックの歴史に関しては「権利」とはそもそもどのようなものなのかを考察しなければならないが、この論点は今日の時点でとても重要な論点である）、第三に、これら三つの例には言葉（言語）という文化の根幹をなすことに関して共通性がありながらそれぞれに異なる歴史を辿ったという興味深い事柄が含まれていることである。

以下の叙述で利用した主な資料は以下のものである。

Ｊ．トレガー『トピックス・エピソード世界史大年表』（鈴木主税訳、平凡社一九八五年、原著 James Trager *The People's Chronology: A Year-by-Year Record of Human Events from Prehistory to the Present*, 1979. これは一九七三年まで扱っているが、一九八五年の日本語版のためにトレガーは増訂をなし、一九八三年までの記事を追加している）。年表であるが、興味深いエピソードを紹介する場合には、それを知り得た頁を「ＰＣ」の表示とともに記す。同じ時期ないし同じ年でみられた実に多様な分野の事柄が縦三列に並べられて細かい文字で記されているし、一〇〇〇頁近くあり、私の情報源を確かめる作業は掲載頁の指示がないと困難だからである。

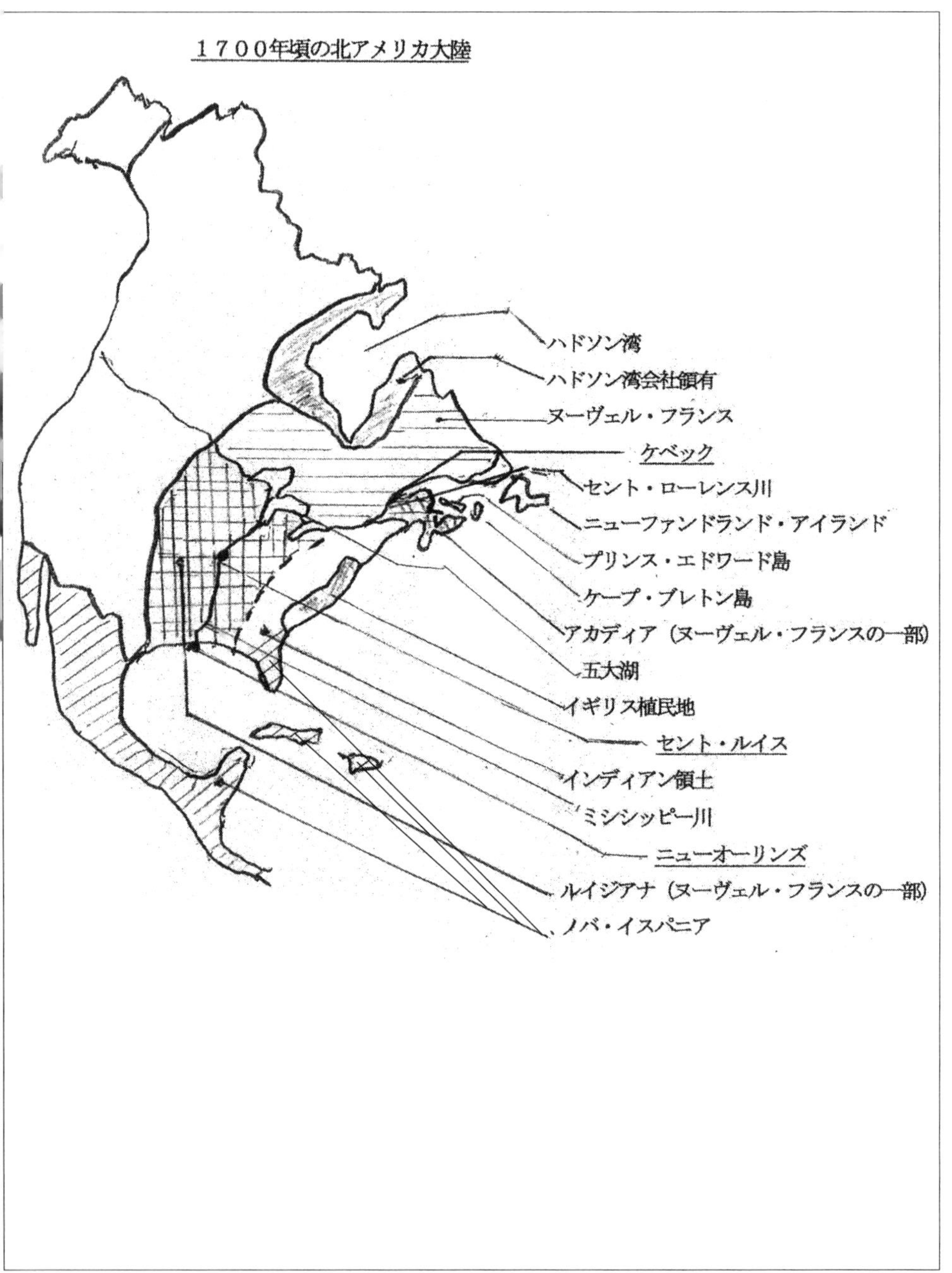
１７００年頃の北アメリカ大陸
ハドソン湾
ハドソン湾会社領有
ヌーヴェル・フランス
ケベック
セント・ローレンス川
ニューファンドランド・アイランド
プリンス・エドワード島
ケープ・ブレトン島
アカディア（ヌーヴェル・フランスの一部）
五大湖
イギリス植民地
セント・ルイス
インディアン領土
ミシシッピー川
ニューオーリンズ
ルイジアナ（ヌーヴェル・フランスの一部）
ノバ・イスパニア

カナダ
ハドソン湾
アルバータ
マニトバ
ブリティッシュ
コロンビア
オンタリオ
ケベック
プリンスエドワード
アイランド
ウィニペグ
ニューブランズ
ウィック
アメリカ合衆国
ミシガン
ボストン
ネブラスカ
オハイオ
ニューヨーク
ニュー
ファンドランド
ソルトレーク
シティー
ミズーリ
フィラデルフィア
ノバスコシア
アカディア
カリフォルニア
ノースカロライナ
ルイジアナ
ミシシッピー川
フロリダ
バハマ
メキシコ

歴史学研究会編『世界史年表第二版』(岩波書店二〇〇一年)。その他、山川出版社、吉川弘文館、浜島書店等の各種年表、歴史地図。

『世界大百科事典』31巻、改訂新版(平凡社二〇〇七年)。

大矢タカヤス『地図から消えた国、アカディアの記憶』(書肆心水二〇〇八年)

Eric R. Wolf, *EUROPE and the People Without HISTORY* (2010Edition)

ジェラール・ブシャール『ケベックの生成と「新世界」』(立花英裕他訳、彩流社二〇〇七年、原著 *Genèse des nations et cultures du Nouveau Monde*, 2000)

マイケル・イグナティエフ『ライツ・レヴォリューション』(金田耕一訳、風行社二〇〇八年、原著二〇〇〇年)

Maurice Denuzière, *LUISIANE*, 1977 (以下ではLと略記)

Maurice Denuzière, *FAUSSE RIVIÈRE, LOUSIANE*, Tome II 1979 (以下ではFRと略記)。これら二つの著作は、著者がルイジアナの老婦人から聞いてまとめたルポルタージュを元に、更に手に入る限りの文献を参照し、綿密な時代考証をした上で書かれたものである。著作の巻末には彼が参照した沢山の資料が挙げられている。

ギ・リシャール監修『移民の一万年史』(藤野邦夫訳、新評論二〇〇二年、原著表題と発行年 *AILLEURS: L'HERBE EST PLUS VERTE　HISTOIRE DES MIGRATIONS DANS LE MONDE*, 1996)

クリスティアン・ウォルマー『世界鉄道史　血と鉄と金の世界変革』(安原和見・須川綾子訳、河出書房新社二〇一二年、原著 *BLOOD, IRON &GOLD: How the Railways Transformed the World*, 2009)

補いその他として、ネットで得ることができ、信頼できると判断したもの。

また、物語としてフィクション性の強い著作に織り込まれている史実の場合、それについての情報を得たとしても著者と作品名等は大抵の場合、明記しない。情報には、その物語の背景となっている歴史（史実）に関して翻訳者が解説してくれている場合の情報を含む。

⑵北アメリカ大陸のフランス植民地における政治史という枠組の概略

さて、以下、この項で確認するのは主として政治史の大枠なので、絡んでいる経済的動機については省く。この動機に関しては取り上げる三者の例それぞれでの人々の暮らしについて述べるときに見る。

植民が行われた現在のカナダも合衆国も、先住民を別とすれば、その植民としてやってきた移民が形成した国である。移民は最初、主としてフランスとイギリスからの人たちだった。取り上げる三つ、アカディア、ケベック、ルイジアナはどれも前者、フランスの植民地である。フランス植民は探険を含みつつ挫折、放棄を繰り返しながら少しずつ拡大し、常にイギリス、それから独立後の合衆国との争いの中で翻弄された（スペインやオランダが絡むこともあった）。そして英仏両国内の政治変化（国王の交替、革命など）も植民ないし植民地の有り方を左右した。それにヨーロッパ列国間のさまざまな戦争（度重なる王位継承戦争など、複数国の連合あるゆえに直ぐにあちこちに飛び火する戦争）が植民地の有り方に影響し、各戦争終結時の条約によって植民地は簡単に譲渡あるいは割譲された。それから、植民地現地に本国から派遣され力を揮う人々の性格、また勢力争いによって、既に現地で生活を築いた人々はやむない対応を迫られるという現実があった。

最初に、フランスとカナダ（北アメリカ大陸の北部）との一等最初の接触者としてよく名前があがるカルティエに、私も一応は触れておこう。彼は一五三四年にフランス王権としては最初のアジア新航路発見計画に隊長として起用され、セント・ローレンス湾周辺を探検。次いで三五〜三六年の第二次遠征ではニューファンドランドが島だということを確認、セント・ローレンス川をケベック、モントリオールまで溯り、越冬。カナダの地にフランスの領有権を宣言した。しかしその後、植民計画は放棄された。

フランスの本格的植民地建設はアンリ四世治下の一七世紀初頭に北アメリカ北部から始まり（現ノバ・スコシア半島――アカディア――とセント・ローレンス川流域――ケベック――）、遅れてルイ一四世時代の同世紀末にミシシッピーデルタでなされた（ルイジアナ）。後者のとき探険家は北部の五大湖からイリノイ川を経てミシシッピー川へ南下したのだということを気に留めよう。一六八二年にルイジアナと命名され、一七一四年までは植民地（要塞）の建設もなされなかった地域だが、ルイジアナは、一六六三年に北部の植民地を念頭にアメリカのフランス人入植地（ヌーヴェル・フランス）はフランス王直轄地とされていたのを受けて、名目的にはケベックとつながる形として、アパラチア山脈の西から五大湖以南、そしてオハイオ川とミシシッピー川の流域とその西側（何処までかは定かではないまま）の広大な地域だという了解も生まれた。以上の歴史的経緯を踏まえ、フランスによる北アメリカ北部への関わりの方から先に見よう。

(3)北アメリカ大陸北部

北部のフランスの植民地は英仏の確執に翻弄された。ケベックは、セント・ローレンス湾からセント・ローレンス川へ入って、更に溯った場所であったので、幾分かはましであった。他方、地理的に大西洋に面していたアカディアのフランス人入植者たちはしょっちゅうイギリスの攻撃に曝された。しかしその中で、アカディアの人々は少しずつ住む場所を広げていった。スペイン継承戦争（北アメリカではアン女王戦争）終結時の一七一三年のユトレヒト条約でこの土地はいち早くイギリスの領土となったが、そのあとでも幸いに、フランス系の住民たちは更に開拓を進めた。英国の現地の兵隊たちは、少数で支配することもできず、何より食料調達のためにはアカディア人の協力を必要としたからである。

けれども一七五五年に住民に理解なく、フランスを徹底的に敵視する新たな総督代行ローレンスが赴任するに及んで、アカディアのフランス人の逮捕、殺害、追放、それから追放による移動時や追放先からの更なる別の場所への移住の過程での死亡などの悲劇が始まり、アカディアは消滅した。そして悲惨極まる経過のあと一部の人々はフランス語が話されていたルイジアナに住みつくことになる。なお、一七六四年以降、森の中その他で隠れ住んでいた人々が姿を現わしたり、また、ずっと後で南部のジョージア植民地などからはるばる北の地に戻る子孫の人々もいたりしたが、その地はかつてのアカディアとは違っていた。そして今日のカナダのブランズウィック州が主な移住先となるが、その地からも、アメリカ合衆国が誕生する頃、イギリス系の人々によって、より北方へと追われることになる。

他方ケベックは、一時イギリスによって占領され、その後にフランス領として復活という経緯もあったが、次第に栄えた。しかし結局は植民地七年戦争（アメリカではフレンチ・インディアン戦争）終結時の一七六三年のパリ条約によって、やはりイギリスの領土となった。とは言え、英領カナダの一員として住民はフランス語の使用やカトリック信仰も認められ、カナダの他の地域とは異なる特殊な地域として存続し、かつ自分たちのアイデンティティをどのように確立するか模索し続けることになった。

⑷ルイジアナ

では、ルイジアナはどうか。非常に複雑である。まず、ルイジアナを今日の合衆国におけるルイジアナ州と考えてしまわないようにしなければならない。本節⑵で記したように「ヌーヴェル・フランス」という概念のもとではその名目的範囲はとても広い。だが、実際にどれほどのフランス人が住みつき、どのような活動をしたのか、という問題が一つある。次に、ヨーロッパ列強、それから誕生した合衆国との関係で、ルイジアナの植民地としての帰属先が（名目的あるいは実質的に）変わったというややこしさがある。しかも、その帰属先の変更におけるルイジアナの名目上の範囲とはどのようなものであったかという問題もある。

最初の問題について。たとえば現在のミズーリ州。此処に一七二〇年までに、急速に拡大する商業の需要に合わせて五大湖やミシシッピー川河口を通ってフランスからの移民が大挙してきたという。商業とは河川を使っての物資輸送によるものであり、毛皮交易として成り立っていた。一七二〇年にはフランス人フィリップ・フランソア・ルノーは鉛の採鉱に携わり、初めての黒人奴隷を購入。一七六三年にやはりフランス人のピエール・ラクレード・リゲストが交易所を設置し、翌年に息子にセントルイス（サン・ルイ、聖王ルイ九世に因んだ命名）を建設させた。彼はまた、一七六九年にはセントチャールズを交易拠点として設立した。やはり毛皮を手に入れることが交易の主たる目的である。交易は直ぐに利益が出る。（毛皮取り引きについては第3章第1節⑴で取り上げる。また、一七二〇年代にミシシッピー川河口の方ではどのような年だったかについては、第5章第2節⑴で述べる。）

さて、ルイジアナに関しても植民地七年戦争を処理した一七六三年は重要な年である。けれども、その前年の一七六二年に、フランスはフォンテーヌブローの秘密条約でルイジアナをスペインに譲渡した。スペイン領フロリダをフランスがイギリスとの間でイギリスに譲るという約束をスペインの意向も訊かずにしようとしたから、その代償ということらしい（が、この説の真偽に関して私は自信を持てない）。このときの「ルイジアナ」にはミシシッピー川流域の全て、アパラチア山脈からロッキー山脈までが含まれていた。

ところが、翌一七六三年のパリ条約はケベックを英領カナダとするとともに、ミシシッピー川を境界としたルイジアナの東側をイギリスの領土とした。このとき、フランスとスペインの政府は秘密を保ったままそれに異議を唱えず、そこでスペインはミシシッピー川西側のみを領有していることになり、かつてのルイジアナは分割された。（その後ルイジアナで最も繁栄することになるニューオーリンズ地域は、ミシシッピー川河口であることに注意したい。）パリ条約には、フランス出身の植民者がイギリスの支配下に入りたくない場合、フランス植民地への自由な移住を一八か月間許可するという条項が入っていた。多くの植民者は西ルイジアナに移住したが、彼らはこのときにはルイジアナがスペインに割譲されていることは知らなかった。

けれども一七六四年に秘密条約が公表されると、フランスとの繋がりを認めていた西側住民たちの一部が、いつの間にかスペイン領とされていたことに抗議、それから暴動を起こした。一七六八年のルイジアナ反乱である。彼らはスペインから派遣された総督を追い返した。けれども、アイルランド出身のアレハンドロ・オレイリーが反乱を鎮圧し、スペインの統治は一七六九年に正式に始められた。が、それはゆるやかなものであった。スペイン人たちが大挙してやってくるというようなこともなかった。住民は、黒人奴隷は別として、相変わらずフランス系の人々であった。

この状態は、一七八三年のパリ条約でイギリスが一三植民地の独立を承認し、かつ合衆国に、五大湖以南、ジョージア以北、ミシシッピー川までの領土、ミシシッピー川の自由航行権を認めたときも変わらなかった。

ところが一八〇〇年に、第三次サン・イルデフォンソ条約でスペインはルイジアナをフランスに返還。この条約は、一七九六年の対英同盟を結ぶための第二次サン・イルデフォンソ条約(現ウルグアイで当時ポルトガルと激しい争奪戦が繰り広げられていたバンダ・オリエンタルと呼ばれた地域のスペインによる領有を確認した条約)の秘密協定を改めて確認し、かつ、フランスはルイジアナをスペイン以外の強国に譲渡しないとの保証付きの協定に基づいてのことだった。ただ、公式にスペインからのフランスへの返還の儀式が行われたのは一八〇三年のルイジアナの合衆国への売却直前であった。

だが、更に事態は動く。

「一八〇一年、アメリカ大統領トマス・ジェファーソンは少なくとも一二以上の難題を抱えていた。しかし本気で気をもんでいたのは一つのことだった。祖国は、敵といつ裏切るか分からない友人に包囲されていた。スペインはフロリダと大陸南西部のかなりを持ちながらも、もっと欲しがっていたし、イギリスはカナダを所有し、物欲しそうな目でルイジアナを見ていた。イギリスにとって、ルイジアナをぶんどるのは簡単そうだったし、そうなればミシシッピー川を行き来する定期船を取りしまり、税金をかけることもできるだろう。

ジェファーソンは、この恐ろしい罠からどうやって抜けだそうかと考えた。イギリスとの血まみれの戦争のあとで、アメリカの国力はまだ弱かった。また一戦交えたくはなかった[37]。

一方フランスはルイジアナを所有していたものの、一八〇三年にサン=ドマング(現在のハイチ)遠征では失敗し、イギリス（本国）と戦うには財政も苦しく、アメリカ（カリブ海など）ではフランスの劣勢が明らかであった。そこでナポレオンは、ジェファーソンの要望、ヌーヴェル・オルレアン、すなわちニューオーリンズというミシシッピー川河口地域を譲り受けたいという要望に応えるに、ルイジアナ全体を米国に八千万フラン（一五〇〇万ドル）で売却した。こうしてルイジアナは合衆国の領土となった。更に一八一二年には合衆国連邦の州になった。

しかしルイジアナ州は六一年に連邦から離脱、一一州から成る南部連合の一員になり、北部諸州および合衆国政府と対立し、次いで南北戦争では敗者の側となった。（サン＝ドマングについては、第5章第1節(1)を参照。）

合衆国への移行に関し、次のような儀式があったたという。これはモーリス・ドニュジエールの作品 *LUISIANE*, 1977（以下ではLと略記）に描かれているものである。

「最初に、スペインは、一度も本当の意味では保有しなかった植民地をフランスに返還することを受け入れた。こうして、一八〇三年一一月三〇日、［ニューオーリンズの］スペイン総督邸宅で、年老いた総督サルセドは、銀の盆に、この都市を支配していたサン・ルイとサン・シャルル［セントルイスとセントチャールズ、どちらも現在のミズーリ州、このときはルイジアナの一部、後にミズーリ州は現在のルイジアナ州とは別の州となり、ルイジアナ州の領域は狭まることになる］の鍵をフランス共和国の使節ローサ氏に渡した。ローサ氏は象徴的に総督の椅子に座り、それからカトリックの信仰厚いスペイン国王の旗が持ち去られるとフランス［共和国］の旗を高く掲げた。それから二週間、ヌーヴェル・オルレアン［ニューオーリンズ］ではお祭り騒ぎと舞踏会が続き、それは恰も束の間［合衆国へ移行するまで］ナショナルな［つまりはフランスの］自尊心を満足させるべきかのようだった。
［中略］
フランス人たちはアメリカの法律に従う前に、自分たちの共同体の活力を証明しようと切に望んだのである。それは自分たちの将来の諸々の権利を尊重させるのには良い方法だった」（L八七頁）。

ローサ知事が名士たちに提供した宴会はフランス風のもので、一二月二〇日まで続いた。そして

「一七日以来プワント［ポイント］・マリニイで足踏みしていたアメリカ部隊が都市へ入るよう促され、部隊はヌーヴェル・オルレアンのとても美しい女性たちで一杯のオペラの桟敷席のようなバルコニーの前を果敢に通ってダルム広場まで行進した。［中略］
一月前に都市によって選ばれたローサ知事が真新しい知事の制服の装いで、アメリカ代表であるウィルキンソンとクレールボルン氏を両脇にして総督邸の階段に姿を現わした。彼らは植民地譲渡の文書に署名したばかりだった。」

ローサ知事の発言のあとのクレールボルン氏の発言はこうである。

「文書は、あなた方に、そしてまたあなた方の子孫に保証する、自由と不滅の諸法律と、あなた方が自分たちで選ぶ行政官の確実な継承を」（八八頁）。

この頃のニューオーリンズの人口は約一万人だったという。

だが、これらの変遷にも拘わらずフランス系の住民は南北戦争の少しあとまで自分たち流の生活を続けた。とは言え、その後、移入する人々がどんどん増え、また、北部流の経済に打ち負かされて変わらざるを得なかった。

第二部　三つの事例で考える

第3章　アカディア

第1節　発端

(1)毛皮交易の利権と入植

最初にアカディアを取り上げる。私はアカディアの史実について、二つの書物から学んだ。一つは、その詳細部分に関して、大矢タカヤス『地図から消えた国、アカディアの記憶』に依拠している。ただし、引用するわけではなく、また煩わしくもあるので、その部分の記述が同書のどの頁に記されているかは示さない。それからもう一つ、先に挙げたドニュジエールの二つの作品である。

さてアカディアへの入植は、フランスの、ポルトガル、スペインが既に進出していた中南米を避けての北アメリカへの入植地としては最も早いもので、イギリスのそれよりも前に始まった。一五九八年以降、アンリ四世からタラ漁、毛皮の交易の独占権を得た人たちが次々に当地に向かったが、彼らは特許の条件である植民には消極的であった。特許とは、宮廷が定める条件のもとで交易独占権を含むさまざまな権利を与えるもの。これはフランス本国での経済的利害が絡む競争で、誰に与えられ、また取り消されるか、不安定だった。しかるに、特許を得た最初の総指揮官は、連れていった囚人ら四〇名を極寒の地に置き去りにして撤退。残された人々は辛酸をなめ、五年後に救出したときには一二人しか生き残っていなかった。

その後、成功を収めたのは、アンリの宗教戦争時代からの戦友でユグノーの貴族ピエール・デュ・ガ［グワ］・ド・モンが率いる一行であった。ド・モンはアンリ四世から「アカディアとカナダの諸地方、およびヌーヴェル・フランスの北緯四〇度から四六度の間の土地の海・陸における国王代理および総指揮官」という長い称号を与えられ、ジャン・ド・プトランクールという人物――カトリック教徒で即位前のアンリとは幾度も戦ったが即位後のアンリ四世の宮廷でも重用され人望ある男――に呼びかけた。二人は宗教上の違いを越えて信頼し合う仲であった。ド・モンはまた探険家サミュエル・ド・シャンプランと毛皮貿易に関心ある船主フランシス・グラヴェ・ド・ポン（ポングラヴェ）の協力も得た。実は、ポングラヴェは一五九九年に「アカディおよびカナダの総指揮官」の称号を得た人物、それから一六〇二年にその特権を譲り受けた人物とも組んでいたが、後者が死亡したので、この特権を引き継ぐようド・モンに勧め、こうしてド・モンの試みが始まったのである。

この経緯から分かるのは、王の領土獲得の野心はさておき、毛皮交易に魅力を感じる商人こそが現実を動かしたということである。エリック・ヴォルフは *EUROPE and the People Without HISTORY*（2010Edition）の中で、一七世紀前後の毛皮交易について次のように指摘している。英国のカナダ征服以前には、オランダの西インド会社が北アメリカで得られた毛皮のかなりの部分を受け取り、それをロシアに輸出していた。そのことで、ヨーロッパにおける供給過剰は妨げられ、一七世紀の戦争の時代に毛皮の価格は安定していた。毛皮として重視されていたのはビーバーで、特にイングランドで縁なし帽(キャップ)に代わって流行し始めた縁のある帽子(ハット)に使われた。キャップを被るのは低い階層であることの明白な徴となり、倹約令がどれほど発布されようと、キャップ製造業の衰退を止めることはできなかった。ハットはその形、スタイルによって、被る人がどのようなステイタスにあるかを示した。そのステイタスとは政治的な位階であったり、ピューリタンであることであったり、さまざまだった。(因みに注33で挙げた一六世紀前半におけるドイツ南部その他の動きを描いた『市長の娘』という著作の紹介で触れたように、一六世紀のドイツの都市で既に、帽子は身分を示しつつお洒落を楽しむための必需品であった。)そして名誉革命はまた新しいスタイルの帽子を生み出し、フランスの革命は別スタイルのハットをもたらすなどして、ビーバーの毛皮で作られたハットは一九世紀初め頃から絹や他の素材の帽子が好まれ始めて廃れるまで流行したのだった(同書一五九～一六〇頁)。「一七九八年にロンドンの帽子屋ジョン・ヘザリントンが初めて毛足のあるシルク地またはプラシ天のシルクハットを作り、アメリカのビーバーの毛皮の需要に水をさした」(PC二八一頁)と言われている。

なお、ヴォルフによれば、ヨーロッパの航海者たちが大西洋を渡ったのは、最初は魚を求めてであった。中世以来、魚は戦略的商業物資であった。新鮮な魚は固より、乾燥させ塩漬けにした魚は冬場の貴重なタンパク源であった。そしてニューファンドランド島近海に漁場を見いだした漁師たちは、魚をそれぞれの郷土に持ち帰っていたのだが、後では夏の間は島に上陸し、網を繕ったり魚を薫製にしたりして過ごすようになり、この地は屈強で独立志向の漁師たちのコスモポリタン的な共同体形成の場となった。この漁場の問題は、北アメリカにおける英国とフランスとの間の争いの一つの焦点となることも気に留める必要があるが、それは措いて、彼らこそ毛皮交易を始めた人々でもあったのである。原住民族の毛皮と魚とのバーター取り引きが始まり、その毛皮がヨーロッパで珍重されるに及んで、毛皮交易はうまみのあるものとなったのである。そしてケベックとニュー・アムステルダムが中心的な役割を果たすようになった（一六〇～一六一頁）。

ところで、「森の放浪者」と渾名されるフランス人の毛皮探しはケベックから奥地に向かい、一六二四年には「フランス新会社」を設立した。南からのアクセスの方はオランダによって、その後一六四四年以降はオランダに取って代わってイギリスによってコントロールされることになった（一六一頁）。

そしてずっとあと、遅れて六八年に英国ではチャールズ王による特許を受領した「ハドソン湾交易のイギリス冒険家の立派な会社」という名の毛皮会社が設立された。それから次世紀後半の一七八三年にはモントリオールに集まったやはりイギリス系の毛皮業者たちが「北西毛皮会社」を起こし、この会社とハドソン湾会社とは血みどろの競争に入っていった。また、その競争にドイツ系合衆国人が一八〇八年に「アメリカ毛皮会社」、一八一〇年に「アメリカ太平洋毛皮会社」を作ると三つどもえの争いになった。長く醜い、先住民を騙したり、私的あるいは公的軍隊まで用いたりした熾烈な商売喧嘩が終わったのは、ハドソン湾会社が北西会社を吸収した一八二一年のことである。このように、毛皮交易は長い間一大産業だったのである。そしてその経済活動は「特許」という政治によるお墨付きを後ろ盾にしたり、兵のような手段まで利用したりしたのである。

そして、争いに巻き込まれて苦労したのは先住民であった。彼らこそが猟をして毛皮を手に入れたのであって、彼らは毛皮と引き換えに、特に冬を過ごすために必要な生活物資や猟のための銃弾を西洋人からもらった。だが、その相手次第で酷い目にあったのである。事情によっては殺されもした。酒（「火の水」と呼ばれていた）というものをあてがわれて分別を失う先住民もいた。銃という新しい技術の産物は、アメリカ大陸にやってきた白人にとっては人を殺すためのもの、酒ですら人を支配するためのものとなった。他方、先住民は自給自足的な暮らしをしていたのが、日々の暮らしのために、弓矢だけでなく銃と弾薬という、ヨーロッパ人たちがもたらしたものを望み、その内に必需品とし、ヨーロッパからきた連中に依存するようになったのである。そして大地の恵みであり自分たちの食料とも衣料ともなる獣が他者の商業の中に引き込まれるという事態が生じた。先に触れた魚の場合と同じくであり、第2章第1節⑵で述べた、大地に生きる人々における農林水産業の商業化である。また是非とも注意すべきだが、先に毛皮探しは「奥地に向かった」と述べたが、これは、毛皮がとれるビーバーなどの動物の乱獲によって生じてしまうことであり、この種の仕事につきものの一般的な事柄である。そこで、毛皮取り引きに関わる先住民も固定しているわけではなく、毛皮取り引き業者の移動に連れて異なる先住民が関わってき、それらの先住民が軒並み昔からの生活形態を変えるように誘導されたのである。ただ、直ぐにみるが、アカディアに初めて入植した人々は、交易のためにではなく、その地を開拓して定住しようとしたのであり、だから当地の先住民とのみ親しく交流した。

そして、この定住植民ということで言えば、或る時期から幾つもの会社が争う毛皮交易の中心の一つとなったウィニペグ湖の東南に流れる川の流域への白人の植民の動きもあったのである。ハドソン湾会社の重役でもあったスコットランド貴族セルカーク伯がその地に植民を送り込んだのである。その開拓に取りかかった人々も北西会社に虐殺されたりしたが、毛皮会社間の争いが終わったあとの春の四度目の開拓の試みは成功した。夏に畑は見事に稔った。ただ、その稔りはイナゴの大群によって一夜にして食い尽くされたという。けれども農民たちはハドソン湾会社の世話で何とか冬を越したあとにまたまた戻り、一帯を火事にしてイナゴを徹底的に殺し、その後、農場を広げていった。現在のマニトバ南部の大農場である。彼らは大地から富を得るという根本の有り方とともに生きたのだった[38]。すぐに利益が出る交易と違って農業を不可欠とする植民は成果を上げるまで時間を要するが、その分、持続する営みなのである。

ド・モン一行に戻ろう。その中のプトランクールは、毛皮交易による短期間の利益を求める多くの人々とは異なり、自分の子どもたちと国王のために新大陸に新しい領土を開拓したいという希望に燃えていた。そして一六〇四年に現在のファンディ湾の入江をとても気に入り、ポール・ロワイヤルと名づけた[39]。けれども一行は、対岸の現在カナダと合衆国の国境をなすサント・クロワ川の河口を十キロほど遡った地点に浮かぶ小さな島を選び、越冬のために土地を整備し建物を建てた。ただプトランクールはこの準備が完了した段階でいったん帰国。ところで、残った七九名には悲惨な冬で、三五名が死亡。四〇人を連れたポングラヴェの支援部隊が到着したのは翌年の七月になってからでしかなかった。そこで、この経緯に懲りたド・モンは拠点を移そうと、のちにイギリスの植民地となる現在のプリマスより南のコットン岬南方まで適地を探したが、原住民との偶発的いざこざが起き、北へと船首を戻し、結局一六〇五年にポール・ロワイヤルに基地を建設。ド・モンはサント・クロワ島で生き残った人々を連れて帰国し、シャンプランら三人だけが、ポングラヴェが連れてきた四〇名の新たな人手とともに二度目の冬に挑んだ。

では、先に帰国していたプトランクールはどうなったのか。フランスではド・モンの特権に不満を懐いていた者たちがその特権を奪おうと画策していて、それに対抗すべくド・モンはフランスを離れるのは危険だと判断し、プトランクールに現地での全権を委ねたので、それを受けて、勇躍、一六〇六年五月にフランスを出発した。プトランクールは家具職人、大工、左官、石工、錠前屋、刃物職人、仕立屋、製材職人、薬剤師、そして多くの農民、家畜を引き連れてポール・ロワイヤルに向かった。明確な植民の意志のもと用意周到と言うほかない。それに、自分の一五歳の息子シャルル・ド・ビヤンクール、ポングラヴェの二〇歳の息子ロベール、のちにこの航海とポール・ロワイヤルでの生活の記録を旅行記として出版した弁護士で文筆家であるマルク・レスカルボも同行した。（シャンプランの日記も当時の様子を伝えている。）七月末に到着し、直ぐに開墾、播種にこぎ着けた。さまざまな作物が本国より見事に育ち、家畜は順調に増え、しかも次の冬は気候が比較的穏やかだった。

だが、この成功にも拘わらず、思いがけないことが起きる。毛皮取り引きの競争者たちの策謀もあって一六〇七年にド・モンに与えられた一〇年という約束の特許が突然取り消され、プトランクールは金策のためにフランスへ一時帰国せざるを得なかった。留守を現地のミクマク族の酋長に委ねた。彼が、今度は八歳の息子と親戚のラトゥール父子をも伴って再び戻れたのは一六一〇年である。酋長は約三年の間、彼の建物その他を守ってくれていた。信頼関係が築かれていたのである。信頼関係とは、生活の労苦をともにする中で生まれたのであろう。そこに或る共通の文化の芽生えすらあったに違いない。

⑵聖職者

以上詳しすぎるくらいに紹介したが、あと一つ補足する。一六一〇年にアンリ四世が暗殺され、以降、北米の原住民をカトリックに改宗させるという以前からのフランス王権の方針を厳格に貫こうとした聖職者が現地に赴くことに成功したとき、軋轢（あつれき）が生まれることになる。その前、プトランクールたちは、改宗者の数が多いとフランス本国から援助が得られるという考慮もあって原住民のキリスト教への改宗を緩い仕方で進めていたからである。プトランクール父子が留守の間に起こった、イギリス・バージニア植民地総督によるポール・ロワイヤルの破壊に、父子を憎むイエズス会神父ビヤールが手を貸したのではないかという嫌疑があるくらいである。ヨーロッパで宗教戦争があり、宗教を旗印に英国、フランスとスペイン、またスコットランド、オランダなどの間で確執があったことは、政治（国家ないし政治集団）と宗教との強い関係があったことを示している。戦いよりは、ユグノーのナバル王アンリのカトリックへの改宗とアンリ四世としての即位、更にはカトリックとユグノーとの融和を目指すナントの勅令の発布の方が政治の有るべき姿を示すものだと言わねばならない。

第2節　二つの国家の野心

⑴ブルボン朝の時代と英国

その後、プトランクール父子が亡くなったあとは事業をラトゥール父子が引き継ぐが、ルイ一三世の宰相リシュリューはアメリカ大陸への植民の政策を本格的に進めんと、一六二七年にヌーヴェル・フランス会社

（百人出資会社）を設立。父ラトゥールはフランスの南寄り西部のビスケー湾岸ラ・ロシェルのユグノーの商人たちの援助を受けていたので問題にされたが、何とか加わることができた。また、息子のシャルル・ド・ラトゥールはアカディアに留まっていて、現地での第一の実力者になっていた。

ところが、スコットランドのジェームズ六世が英国国王ジェームズ一世となったあと、国王は文学上の師、詩人ウィリアム・アレクサンダーの進言を容れ、彼への恩義もあって彼にまさにフランスの植民の努力がなされていた地域の開発権を与えた。これによって同地域において英仏の争いが起きないわけにはゆかなかった。結果としてスコットランド勢がケベックをも含めたカナダ周辺を席捲（せっけん）、占領することになる。ただ、一六三二年に英国はケベックとアカディアとをフランスに返還。英国のチャールズ一世がフランスから后とした迎えたルイ一三世の娘の婚資の全額支払いを一三世が承諾したからである。

しかしその後、アカディアでは総督・国王代理の称号が息子の方のラトゥール、すなわちシャルル・ド・ラトゥールに引き継がれたのに、他方で別の人物たちにも与えられ、略奪や戦闘をも含む勢力争いが生じ、彼らによる当地の開発はそっちのけとなった。加えてクロムウェルがオランダ領ニュー・アムステルダム（現ニューヨーク）を攻撃するために派遣した軍艦が、英・蘭間の和平成立を受け、代わりにアカディアを攻撃、支配下においた。このイギリスによる支配は一六六七年のブレダ条約まで続く。

経済的利益を求めるために、王から利権を保証する特許を得る、言うなれば王権という後ろ盾を得て、その利権を武力で守る、奪うという構図がある。王権の方では領土拡張の野心がある。更に国家が採用する宗教の聖職者たちによる布教を後押しする。ここに国家間の争いがある。利権とは個人に与えられるものだという事態は、ルイ一四世とコルベールの植民地政策のもとでの六三年の国策の「西インド会社」の設立で建前上は変わりはした。けれども、会社を動かすのは所詮、利益を求める個々人である。宗教の問題は、アンリ四世が発布したナントの勅令のルイ一四世による一六八五年の廃止がオランダの対抗を招き、それの影響もあってアウグスブルク同盟戦争が勃発したということにもみられる。この戦争は飛び火して、北米植民地では英仏の戦争となる。

けれどもアカディアに話題を戻せば、既に定住していたフランス人たちはその地で、豊かな暮らしを築くことに専念した。スペイン継承戦争終結時の一七一三年のユトレヒト条約でいち早くイギリスの恒久的領土となったあとでもそうであった。この年に同地はノバ・スコシアと命名された。住民たちはイギリス国王への忠誠に伴う英国国教会への忠誠という問題を抱えたが、住民にしてみれば英仏間で公式の戦争はなくなったことで、また条約第一四条でアカディアに残るフランス人に信教の自由が許されたことで、更に、英仏のどちらの側とも武力でもって戦わないことを認めてもらえた――少なくともそう思った――ことで、生活は安定し、人口は増え続け、現在のプリンス・エドワード島まで土地開拓を進めた。

ドニュジエールによれば、当時、差し当たり、次のような宣誓書に署名することが求められた。

「私は次のことを誠意を持って約束し宣誓する。私がラカディとヌーヴェル・エコセ［ノバ・スコシアのこと］にいる限り、また、何人（なんぴと）も私を妨げることがないと私が判断するときに私がすべてのもの、家財一式と財産とともに引退することが許される限りで、ジョージ王に忠実で王に対する真実の忠誠を固持せんと欲する」（L四五頁）。

そして宗教(信仰)に関して言えば、私にはよく分からないのだが、アカディアの住民にとっては、キリスト教の教えによって植えつけられた世界観あるいは人生観を含む習慣のようなものではなかったかと思う。そしてカトリックとプロテスタントとの違いは、特に死後のことも入れた人生観の色合いの差でしかなかったのではないか。もちろん、新教徒たちが生まれたのは、それまでのカトリック教会の遣り方に対して疑問を覚えることなどがあったからだろうが。他方、国家ないし或る種の政治集団にとっては宗教は考慮せざるを得ない一つの大きな要素であり、政治の道具でもあっただろう。スコットランドのメアリー女王を巡る英仏、スペインをも考慮した駆け引き等はそのことを示している。

(2) 暮らし方

以下では、人々の暮らしがどのようなものであったかを、大矢氏の著作から紹介する。ポール・ロワイヤルを起点とし、人々は対岸や北方まで開拓地を広げていった。森からは冬の暖房と柵のための木々を、熊その他多くの動物の毛皮を得た。毛皮は自分たちの衣服と交易とに用いた。そして海の直ぐ近くの川沿いの湿地を塩抜きし乾燥させる仕方で干拓し、肥沃な農地を作っていった。可動弁付きの木管を堤防に埋め込み、川の淡水は流し、海水の逆流は防いだのである。(その干拓地の堤防建設、維持のためには人々のカトリック、ユグノーの違いを越えた協力が不可欠だったという。)小麦栽培と牧畜を行い、女性たちは亜麻、麻を梳(す)き、紡ぎ、織った。結婚に備えて未婚女性はシーツを織り、男の若者は車輪作りの技術を磨く。漁によって得るタラの保存のために多量に必要だった塩を作る塩田も作った。

定住農民にとって、戦争は肩をすくめてやり過ごさなければならない厄介事でしかなかった。その土地で衣食住をどうするか、どのようにすれば豊かな暮らしができるか、自分たちでできることを、技術を開発して着実にやること、これが大事であり、集団としての纏まり、互いに助け合うことができる集団の一体化と維持が問題であった。そして先述からも分かるように、原住民の主としてミクマク族、次いでアベナキス族とは親密な関係を築いた。一夫多妻という風習もある原住民の女性と結婚もした。家族を連れてない男たちだけが入植したからである。（他方、ルイ一四世によってケベックには一六六三〜一六七三年頃「王の娘」と呼ばれる女性たちが持参金その他付きで、植民地の男たちの結婚相手として送り込まれた。およそ七七〇人という。因みに、イギリス植民地――バージニア――では一六一九年に初めて購入黒人奴隷が連れてこられたが、同じ頃、ピューリタンたちは嫁を支給するために大量の処女たちを英国から購入したのだった。以下はドニュジエールの *FAUSSE RIVIÈRE* からの引用である。「一六一九年に、一隻のオランダ船がアフリカで捕らえた三〇人の黒人を埠頭に降ろし、植民の先駆者たちが彼らを奴隷として購入したのは、ジェームズタウンであった。そして同じ年に同じ場所にヨーロッパから〈一山の処女たち〉が植民者たちに妻を供給するために連れてこられた。植民者たちはピューリタンで、彼らが最初に大事にしたのは教会を建立することであったが、若い女性たちの買い手となることを自分に許したのだった」（FR三〇頁）。ただ、トレガーの『世界史大年表』によれば、黒人の数は二〇名という。「バージニア植民地の最初の黒人が到着する。オランダの私掠船の船長の略奪品の中に、スペイン銀貨とともに〈二〇人の黒人〉が含まれていたのである」（PC一七七頁）。同じくトレガーによると、一六四九年でもバージニアの黒人労働者は未だ僅かに三〇〇名。

婚姻によって次の世代の者たちを得ることは最も重要なことであった。

そして彼らの文化とはここで紹介した暮らしこそがそれである。人々の暮らし、労働、工夫、慣習、人々の協力、そのための合意形成の仕方、世代、世代をつなぐこと。出生率は高く、人口が増えると、湾を越え北方に入植地を拡げていった。現在のプリンス・エドワード島に渡る人々もいた。

第3節　悲劇

(1)追放と苦難

ところが、一七四〇年のオーストリア継承戦争から飛び火して四四年にこの地(それから現ケープ・ブレトン島、ケベックとカリブ海と)で英仏のジョージ王戦争が起きて、悲劇が始まった。悪名高いノバ・スコシア総督代行ロレンスによる五五年のノバ・スコシア半島住民の英領九植民地、マサチューセッツからジョージアにまで至る各植民地への住民の強制移住である。しかも家族はばらばらにされた。移住先の植民地も寝耳に水の、人が送られて初めて知った出来事のようである。送り出す前に殺された人も多数いた。

そしてその後も、五六年からのフレンチ・インディアン戦争があり、戦争勃発のときイギリスはアカディア人がフランスと結ぶことを恐れ、交替後の提督や提督代理たちも、最初の追放後プリンス・エドワード島に大挙移った人々も含め、彼らの他所への移送を続けた。こうして、アカディアンは自分たちが開発した土地から追われたのである。追われた人々は転々とした。イギリス本国(捕虜として、あるいは植民地が受け入れを拒否して転送)、フランス、南米のフランス領ギアナへ、南米大陸南端のフォークランド諸島、それからフランス語圏のカリブ海の島々等である。その間、フランス政府も莫大な費用をかけて彼らを何とかしようとしたが、うまくゆかなかった。宛てがわれたり自分で転々としたりしたどの地でも必要な農地を得られず、飢えで死んだ人々は夥しい。何処かに着く前に移動の最中、特に船の中でも多くが死亡した。

要するに普通の人々にとっては衣食住の暮らしを成り立せることが最重要なのであって、政治というのはこの当たり前を脅かすことがある厄介なものなのである。なお、アカディアを離れなければならなかった人々の中で、現在のアメリカ合衆国で唯一フランス系の人々が住んでいたルイジアナに安住の地を見いだした人々がいた。その中にはアカディアの森に逃亡した人々の子孫もいる。それに、ルイジアナが一時期（一七六二年〜一八〇〇ないし一八〇三年）ほとんど名目的にスペインの領土となったあと、次のことがあった。スペインと、アカディア人に適切な定住地を見つけられず苦労していたフランスとの両国が合意して、フランスのあちこちの港町にいるアカディア人にルイジアナ移住を呼びかけ、スペイン政府が一日当たり六スーの生活費と渡航費とを負担することとなって、これに応募した多数のアカディア人がルイジアナへの移住に加わったのである。一七八五年までに二五〇〇人以上が移住したという。これらルイジアナではケイジャンと呼ばれる人々の暮らしについては、ルイジアナを主題にする第5章第3節(5)で論述する。

(2)隠れ住んだ人々と帰還？——アカディアの表象——

ところで、少し遡るが、追放政策が吹き荒れた後の一七六四年にイギリス政府の方針が変わった。イギリスの植民地に移送されたアカディアの人たちがフランス本土に移る動きが生じると、それはイギリスの臣民をフランスが奪うことだと英政府はフランスに抗議、これを切っ掛けの方針転換である。また、アカディア人の暮らしの項で述べた堤防の修復、維持・管理のためにアカディア人に働いてもらわなければ今や旧アカディアの新たな土地所有者による土地利用がうまくゆかないという実情もあったという。ノバ・スコシア植民地中央部の五つの主なイギリス人たちの集落から、当地の各地に隠れ住んでいているアカディア人の追放解除を求める嘆願書が残されているとのこと（『地図から消えた…』二四五〜二四六頁）。けれども、其処では日雇い労働者として働くのみ。彼らのかつての土地は既にイギリス人たちのものになっていた。居住してよい土地は条件が悪く、また大きな集団をつくらないように分散され、数々の規制のもとに置かれた。そこで、人々の一部は農地が少ないので漁業に頼るしかないケープ・ブレトン島や、イギリス移民の少ない今日のニューブランズウィック州に赴く人たちが多かった。

ところで、隠れ住んでいた人々だけでなく、噂を聞いて南部に追放されていた人々の子孫ではるばるきた人たちもいた。この新しい移住は祖先たちの「アカディア」という国への帰還だろうか。私は違うと思う。大矢氏の著作表題の中に「地図から消えた国」という文言があるが、そもそもアカディアの地に住んでいた祖先の人々は、地域ごとの共同体を形成していたとしても、同じようにあちこちで暮らしているフランス系の人々全部から成る「アカディア」という国の意識はなかったのだと私は想像する。つまり、人々が協力して暮らしていて人口が増え、人が次々と可能性のある各地に移り住んで開拓して手に入れていったとき、あるいは新たにフランスからやってくる人々が住みだした土地が見られたとき、それらの人々と土地全部を纏めることで出来上がるものとしてのアカディアという「国」を想い浮かべることはなかったのでないか。＊＊の方で暮らす人たちも出てきたけど、なかなか良い土地になったそうだよ、◇◇の方は大変みたいだ、それから遠縁の人も頑張ってるんだけどと、そのような話題がしばしば出てくる、そういう、近隣であることと血縁があることでのつながりがあっただけではないかと思われる。

そして、追放先の各地で世代をつないできた子孫の人たちがアカディアの地に向かうときの一番の動機は、惨めな暮らしを強いられてきて、今や誰にも指図をうけずに安心して暮らせる場所を探せるのでないかという思いではなかったか。故郷（ふるさと）という想いももちろんあったはずだ。知らなくても、更に後の世代では、祖父母の話、その祖父母が自分たちの祖父母から聞いた話で、見たこともない故郷に親しみ深いイメージをもち、想像を巡らし、それは楽しいことだったかも知れない[40]。その地に現在はいないことが悔しかったに違いない。けれども「故郷」と「国」とは違う。私が言いたいのは、人々の実際の暮らしにおいては、血縁関係にある人たちと、親しい人たちの集団があるだけだということである。かつてのアカディア人が懐くアカディアの表象とは、祖先の（祖先のものに限った）故郷とこれらの各集団とその集団の暮らしに関することだけではなかったか。一つの大きな国のような集団という表象を持ったわけではなかろう、ということである。これは第4章でみるケベックの場合、その少なくともエリートたちの場合とは異なるように思える。ただ、アカディア人の悲劇が一九世紀アメリカの詩人、ロングフェローによって歌われ、これが有名になると、この物語[41]によって「一体としてのアカディアの人々」という表象が、アカディアの人々だけでなく一般に生まれたということはあるだろう。

イギリスによってノバ・スコシアと呼ばれることになる土地がまだフランスの領土であったとき、フランス本土から国王の臣下が拠点、大抵は軍事的拠点でもあった地に総指揮官や総督、総督代理、そして彼らの代理として来て、しかも勢力争いをする、そこには政治というものもある。けれども、そのようなものに悩まされながらも、あるいは、ようやっと悩まされずに済むようになって、現地で生活のために必要なことを着々とやる定住者にとっては、政治的なものは頭の上の方で行われる余分なことであっただろう。政治が絡む争いをする人たちは、農地によるより毛皮の交易で利益を得たいのであったし、彼らを派遣したフランス本国の王たちは領土に関する野心、領土と言えるものを獲得したのだと宣言できることに関心を持つだけだったからである。

なお、ニューブランズウィック州に住むことになった人々について付言する。ケベックの歴史に関する箇所で詳しく述べるが、アメリカ独立戦争のときにイギリス側に味方する王党派のアメリカ植民地の人々がその地に押し寄せたとき、アカディア人たちは、より北方に追いやられたのである。

第4節　フランス語の維持という問題

⑴ 一九世紀後半の政治的状況

最後に言語の問題に関して。これはケベックを中心に動いたカナダの歴史を念頭に、ケベックより東の、今日のニューブランズウィック州、ノバ・スコシア州、プリンス・エドワード・アイランド州の三つの地域で起きたことを押さえて置く必要がある。詳細は第4章第1節⑵に譲るが、一七六三年にケベックが英領になった後の一七七四年に「ケベック法」は、オハイオ以北にケベックを限定し、フランス民法、フランス語使用、カトリック信仰の自由を認めた。それから、かなり飛ぶが、イギリス政府は一八四一年に北米の植民地に責任政府を樹立するように求め、次いで一八六七年に、今日のカナダの制度の基本の形を定めた「英領北アメリカ法」によって連邦制の「カナダ自治領」が成立。同年に連邦に参加したのはオンタリオ、ケベック、ニューブランズウィック、ノバ・スコシアの四州だった。プリンス・エドワード・アイランドの連邦参加は遅れて一八七三年である。そこで、以上のことを踏まえてフランス語使用と習得の問題を見る。その際、誰が教育に関わっていたのかというのが眼目になる。また、前述から分かるように、アカディア人を中心としたフランス系の人々とアングロ・サクソン系住民との経済的格差が甚だしかったことと、徴税や選挙権・被選挙権などの政治状況の考慮も必要である。

⑵教育とカトリック聖職者

さて、一八六七年の英領北アメリカ法による連邦自治領の成立に先立つ一八六四年に、ノバ・スコシア責任政府は、教育は英語で行われ、非宗教的でなければならないというタッパー法を可決。一八七一年に連邦に属する州としてのニューブランズウィックでは「公立学校法」ができ、性別、宗教、言語、肌色に関係なく子どもに無料で教育を与えるということになったが、対象となる学校は非宗派的でなければならないとされていた。そして以前には学校に行く子どもの親だけが学校税を払う（授業料に相当すると考えていいだろう）となっていたのが、学校税は学校に子どもを通わせない親も含めた納税者全員が払うものとなった。そしてこの仕組みを強化するために一八七三年には学校税は郡税に組み込まれた。納税者はすべて新しい教育制度に財政的支援をするという構図になったわけである。そしてプリンス・エドワード・アイランドも連邦に加盟したあとの一八七七年に公的かつ非宗教的教育の実施を決めた。

この内、ニューブランズウィック州での動きは以下の通りだった。教育は自分たちの仕事でカトリックの教えと切り離せないと思っているカトリックの聖職者たちが英語系（特にアイルランド系）もフランス語系も団結して反対運動を展開したのである。また一般の親でも、そのような仕組みの法律によって維持される公立学校には子どもを通わせないという事態が起き、カトリックのアカディア人が多い地域では生徒数が激減し、学校も減った。

そのとき、言語の問題は関係なかったのだろうか。公立学校法によれば、言語に関係なく無料教育を与えるということだったのだが、教育局が認定する教科書だけを使用するという規定があり、カトリックの教えに言及するフランス語の読本は排除されていた。フランス語初級読本は一八七一年の段階では検討中で、七五年から八〇年にかけてノバ・スコシアで用いられていた英語の教科書のフランス語対訳という形のものが作られ、更に、八八年までにフランス語だけで書かれたもの四冊が認められた。

更に、教える教員の問題があった。「英語で教えるフランス語を話す人」という制約をどう乗り越えるか。教員養成の師範学校はフランス語話者の養成を想定していなかった。ただ、これについては、以前から、バイリンガル教育の試みをしてきたコレージュ（一八三二～三五年）とケベック出身のカトリック神父たちが引き継いできた教育機関（一八五四～六二年は神学校、財政難で閉鎖のあと六四年からコレージュとして開設され、八九年に大学となり、一九六三年にモンクトン大学に吸収されるまで続く）と、一八七〇年代に続々創設された修道院からの人材供給（修道院からは女性）に差し当たり頼ったということだけを紹介し、その後の歩みについては省略したい。

注目したいのは、カトリックが教育を独占してきたという長い歴史の根強さである。フランスでの教育の世俗化の道のりがどうであったか、これを辿ってみるとよい。カナダのケベックでも、カトリックの影響下にあった教育の世俗化が進められたのはやっと一九六〇年代である。ただ、世俗化とは何か。これは現在もフランスでイスラム教徒のスカーフ着用を認めるか否かなどでもめる状況を考えると難しい問題である。イスラムでもユダヤでもヒンズーでも宗教の教えが人々の生活の有り方に浸透している。そして、宗教が政治的事柄で大きな影響力を持つ世界に私たちは今も生きている[42]。

第4章　ケベック

第1節　ケベックの発端と英領カナダとしての出発

⑴発端と経過

ケベックの歴史はアカディア植民を目指す人々に協力した探険家シャンプランが、一六〇八年にセント・ローレンス川を溯り、その地に定住植民地を建設したことによって始まる。アカディア植民に関係したド・モンは、一〇年の特許が突然取り消されたあと、アンリ四世から「アカディアおよびカナダ」における開発の任務の更新と一年限りの毛皮貿易独占権の受領に成功した。そこで一六〇八年に、貿易はポングラヴェに任せ、植民の方はシャンプランに委ねたのだが、後者はプトランクールが一時退去しているアカディアではなくセント・ローレンス川流域に向かった。その奥まったところに建設したのがケベックである。此処は毛皮取り引きの拠点ともなった。ケベックには、大西洋岸に面したアカディアと違って、イギリスの兵力に容易に、かつ、しょっちゅう曝されずに済むという利点があった。

それでもケベックも一時期はイギリスに攻撃され陥落という事件もあった。が、復興して英仏植民地戦争の結果一七六三年に英領となるまで開拓は順調に続いた。しかるに、この新しい英国領土とされたものに関して確認すべきはその（名目的な）広さである。フランスはケベックだけでなく、広大なヌーヴェル・フランスの内ミシシッピー川より東・アパラチア山脈までのルイジアナをも英国に譲渡した。そこで英領は、セント・ローレンス川からオンタリオ湖、エリー湖、オハイオ川を経てミシシッピー川河口のメキシコ湾に面するニューオーリンズまで至る広大なものとなった。ただ、英国を悩ましたのはケベックである。この譲渡はケベック相手の激しい戦争の末に手に入れたものだったからである。（ルイジアナの方はインドにおけるものを含めた植民地戦争の終結とともに転がり込んだようなものだった。）

イギリスは最初、一七六三年の国王宣言と総督への訓令によって、ケベックにおける宗教、言語、法慣習などに関する制約や禁止を行い、その言語的宗教的存在を強烈に印象づけ、人々を同化しようとの意図を露わにした。それは人々の不安を掻き立てた。けれども幸いなことに、七四年の「ケベック法」は、オハイオ以北に限定した上で、国王宣言が廃止したもののうちのかなりの部分、特にフランス民法、領主制を復活させ、カトリック信仰の自由を認めた。どうしてか。およそ七万人とも六万五千人とも言われるフランス系移民をどのようにして治めるか、少数の軍人でなすには無理があったからだ。また、以下に述べるように、南の一三植民地（このときの人口は一五〇万）における英国にとっての不穏な動きにケベックまでが加わることがないように、との判断もあったらしい。

ところでこの措置はケベック住民にとっては朗報であるが、英領一三植民地との関係では思わぬ事態を引き起こした。以下、事の次第を略述する。ケベック法はイギリスの大西洋岸一三植民地のイギリス本国に対する反発の機運を激化させたのである。イギリス本国は同時に、アパラチア山脈以西への植民地人の移住を禁止するなどの措置を取り、これは当時の東海岸植民地の反発を引き起こしたし、ケベック法は、カトリック信仰を認め、それは反カトリック感情の強い人々にとっては脅威と思われたのである。そして植民地側の反発の激化というのは、植民地に直接に課税する一七六五年の印紙税法（新聞、小冊子、トランプ、さいころ、暦、法律文書に印紙を貼ることを要求する）、六七年のタウンゼンド法（植民地に輸入される茶、ガラス、塗料、油、鉛、紙に関税を課す）、そして何よりケベック法発布の前年一七七三年のイギリス政府の茶条例に対する反発が既にあったからである。条例は茶の植民地への出荷の際の関税を軽くし、また、植民地の仲買業者を入れずに小売業者に売ることを許した。なぜかというと、単なる営利事業以上の存在となってしまっていた東インド会社を政府管轄下においたとき（ホイッグ党首エドマンド・バークによると、東インド会社は〈実際には、東洋へ派遣された英国の全権や主権の代表者〉である、PC二五二頁）、テムズ河畔の倉庫に七年分の茶の在庫を抱えていたこの会社を救済するためであった。だが、植民地側では仲買業者の組織、ボストン茶会がデモし、更にモホー族に変装した男たちが東インド会社の船に乗り込み、総額九六五〇ポンド以上に相当する茶三四二箱を湾に投げ込んだ。

この一団を組織したのは政治活動家サミュエル・アダムズであり、援助したのは禁制品の茶を密輸入する商売が儲からなくなったハンコックである。これも、利権を持っている経済人が政治家を動かす、もしくは政治家と組んで、事を自分たちに有利に進めようとする、何処でも常にみられる事態である。

一方、英国議会は翌一七七四年一月にはボストン港閉鎖法を可決、三月には実際に封鎖。そしてこれが切っ掛けで翌年のアメリカ独立戦争の勃発に至った。一七七六年には独立宣言がなされた。しかし戦闘の傍ら、イギリスの方では、貿易不振の痛手に耐えかねたイギリスの実業家たちが植民地を支持し、「耐え難き諸法」を撤廃するように議会に要求することもあったし（七五年、PC二五四頁、先に言及したバークはこれを拒否）、大陸の方では独立に反対する人々も少なくなかった。実際、七六年二月にノース・カラロイナからはスコットランド人の王党派が、敗れたものの植民地軍と戦った。そして翌三月にイギリスの将軍は九〇〇名の王党派とともにノバ・スコシアに向かう。そしてノバ・スコシア半島よりは西の、陸地の方に移り住んだ。以降、彼ら王党派の多くがこの地に定住することになる。一七八一年のヨークの戦いでイギリス軍が敗れたとき、王党派が多いアメリカ南部の地域から人々が続々と移住していった。ノバ・スコシア半島部分に約二万人、西の大陸側に一万五千人、合わせて三万五千人といわれる。そして後者の人々はその地サンベリー郡をノバ・スコシア植民地から分離しニューブランズウィック植民地とすることに成功した。また更に、王党派およそ五千人がオンタリオ湖西北湖畔の現在のトロント近辺（のちのオンタリオ州の南部）に定住した。

こうして、北アメリカ大陸北部の英領土のイギリス系人口は激増した。古くからのケベック、フランス系の人々が長らく築いてきた地はイギリス系の人々に囲まれることになったのである[43]。これが、ケベックの住民にとっては思わぬ事態だというのである。

こうして、英国と英領となったケベックとの双方にとって変わらず現代にまで続く問題は、ケベックは、英国の本土から離れた領土としてのカナダの中、あるいは英国から徐々に主権を獲得していったカナダの中の一部、フランス系の人々が多く住む場所であり、他の地域ではイギリス系の人々がどんどん圧倒的多数派になっていったということである。

だが、この問題の前に、実はもう一つの問題があることを忘れないようにしよう。アカディアの例で分かるように、元々入植者は原住民から多くを学び、次いで相互依存の関係にあった。なのに、入植者が力によって支配するようになり、先住民を従属させ、それを正当化するために人種イデオロギーをもってして、劣った先住民を文明化しようと考えたのである。先住民の子供たちは家族から引き離され寄宿学校（寮生活）に送り込まれ、制服を着せられ、キリスト教とカナダの法律への服従を教え込まれた[44]。

⑵英領カナダの中のケベック

古くからの、フランス系住民が多いケベックの問題を処理するために、合衆国成立後の一七九一年の英国カナダ法（立憲条例一一〇号）は、オタワ川を挟んで、ケベックをローワー・カナダ（北部、主としてフランス系）とアッパー・カナダ（南部、イギリス系）とに分割し二つの植民地とし、ケベック法を前者に限定した。後者のイギリス系の人々がケベック法による統治を嫌ったからである。

しかし、続いて生じた次の事態もみなければならない。ローワー・カナダではケベック法が温存され、また代議制議会が導入されたが、政治的・経済的支配層は総督とイギリス官吏、彼らと結託するイギリス系カナダ人の商人で、住民の大半を占めるフランス系は農民で従順だった。そこで政治の民主化運動が生じ、パピノーは一八〇八年に立法議会議員、それから僅かな中断を除いて議長を務めて改革をイギリス本国に要求し続けたが叶わず、遂に一八三七年に蜂起したのである。だが直ぐに鎮圧された。このとき、アッパー・カナダでも民衆化運動があってマッケンジーが反乱したことにも注意しなければならない。（彼はナイアガラ川のネービー島を占領、臨時政府設立を宣言。米国の蒸気船キャロライン号が反徒に物資を補給するが、カナダ軍に火をかけられる。合衆国はカナダと対立するようになっていた[45]）。ここに、カナダが宗主国イギリスとどのように関係をとるのかという、ケベックだけに関するのではない問題の所在がみえる。

反乱を総督として鎮圧し、後に現地を視察したダラム卿は、一八三九年に「英領北アメリカの状況に関する報告書・全二巻」を発表、アッパー・カナダとローワー・カナダとの二つの地域を統合し、かつカナダ人に政治的責任を与えるよう勧告。そこで英国議会は四〇年のカナダ連合法を経て、四一年に両地域の合併による「連合カナダ植民地」が生まれた。フランス系カナダ人のイギリス系への同化・吸収を目的とした措置だとの解説もあるが、どうなのか。因みにブシャールの『ケベックの生成と「新世界」』によれば、ダラム卿はケベックのフランス人を「歴史も文学も持たない民」と言って人々の心を傷つけたという（一四四頁）[46]。

ともあれ、連合カナダは一八四八～四九年に責任政府を樹立し、「ローワー・カナダ」「アッパー・カナダ」という命名は前者が後者の北（高緯度）であるとの認識のもとでなされていたのだが、前者は新しく「カナダ東部行政区」、後者は「西部行政区」という位置づけになった。この連合法が適用されたとき、二百五十万人のカナダ住民のうち七十五万がフランス系カナダ人で、その九十パーセントはケベックにいたという。

そしてその後、カナダのイギリスからの自立の歩みというものがあり、この歩みとの関係でケベックの有り方をみる必要がある。この歩みは「コンフェデレーション」と呼ばれるが、最初の節目は、一八六七年の「英領北アメリカ法」によるオンタリオ（それまでのケベック西部行政区、トロントはこの州の最南部にある）、ケベック（それまでのケベック東部行政区）、ニューブランズウィック、ノバ・スコシアの四州から成る連邦制の「カナダ自治領」の成立である。この法案は植民地側の「ケベック決議」において構想された内容のものがイギリス議会で可決されたということに注意すべきである。特色ある歴史と伝統を持った各州の利害を尊重することと、イギリスとの関係において一つの纏まり（国）として主張していこうというカナダ全体の有り方との両方を目指していた。そしてこの英領北アメリカ法が現在のカナダの政治制度の設計図となった。（ただ、プリンス・エドワード・アイランドのシャーロットタウンで開かれたケベック会議に参加した五つの地域のうち、プリンス・エドワード・アイランドは一八七三年に参加。一八五五年に責任政府を樹立していたニューファンド・アイランドは参加を見送った。）

六七年の連邦結成によって、かつてのローワー・カナダはケベック州となり、州内の問題（教育、民事裁判、課税、警察、道路管理など）には一定の管轄権が付与された。この連邦にケベックが参加したのは、そもそもケベックはフランス系の人々が住む植民地であるゆえカナダ植民地で最も大きい差異を抱えるものとして、その法律、宗教、言語が、遡る一七七四年の大英帝国制定法（ケベック法）によって守られたものだったからだとマイケル・イグナティエフは『ライツ・レヴォリューション』で言う（八六頁）。フランス系カナダ人によるケベック建設がアングロ・サクソンの北アメリカ植民に先んじていたという事情もあり、フランス系の人々が多数を占めるケベックは、たとい英語系の人々が圧倒的多数派であったカナダ全体の中では少数派であるとしても、ケベック独自の法律、宗教、言語に関する「特有の権利（ディスティンクト・ライツ）」を持ち、「建国の二つの民」の一つとして英国系の州と対等にカナダを構成するものだということが改めて公認されたのである。因みに、一八七一年にブリティッシュ・コロンビアも加わったカナダ自治領での、しかも初の国勢調査によれば、人口構成は以下のようだった。

フランス人一〇八万二九四〇人、アイルランド人八四万六〇〇〇人、イングランド人七〇万六〇〇〇人、スコットランド人五四万九九四六人、ドイツ人二〇〇〇〇人（PC四一九頁、数字が千人丁度のものがあるのは気になる）。

なお、一八九一年にカナダにウクライナ人の移民が殺到し、人口に占める割合が四番目となる。クリミア半島に住みドイツ語を話すキリスト教メノー派に対する徴兵免除、信教の自由、自分たちの学校を持ちドイツ語を話す権利をロシア皇帝アレクサンドル二世が取り消そうとしていたことを発端に、英語を学びアメリカに再入植しようと言う運動から移民は始まったという。（アメリカでは既に一六八三年、フィラデルフィア近くに最初のドイツ人入植地〈ジャーマン・タウン〉を形成していた。）ドイツ人入植者は、カナダではマニトバ州に多いそうだ。本章第2節(5)で、マニトバ州のウクライナ移民の例を一つ紹介する。メノー派とは、一六世紀の宗教改革のときに始まったもので、クエーカー教徒と並んで絶対平和主義を採る。オランダやスペインで迫害されたという。

こうして、州政府が統治する、いわば一つの国家的と言えないわけでもない形態が正式に誕生した。カナダという枠組の中でという制約はあるものの、カナダにおけるケベック州の特殊性が認められ、ケベックは他の州とは異なる法で州を運営することができた。（ただし、州に広い事柄の管轄権が付与されたとしても、イギリスによる強力な統制は維持されたままであったことにも注意すべきだろう。すべての法律はイギリス国王の裁可が必要とされ、カナダの法律はイギリス帝国の法律と矛盾してはならず、カナダ自治領の対外政策はイギリスの所管であった。）

ところで、このようなケベックの扱いは、ケベックが独立を目指すという方向も生じさせた。とは言え、それは基本的には政治家や知識人たちのレベルでのことであった。彼らは民意を汲もうとはするし、一般民衆にも働きかけたが、一般の生活者にとっては、州を越えての移動も辞さないことから分かるように、日々の暮らしがより満足できるものになるかどうかが問題であったに違いない。だから、何であれ、州レベルでの構想が現実化しようとするときになって初めて、その内容を吟味する、そういうものではなかったか。

(3)アメリカとの微妙な関係

さて、ケベックを主題にしている私としては、カナダ(全体)が一方ではイギリスに対する信頼等を有してイギリス連邦の一員としてありながら、他方で更に独自の外交や軍隊を持つことも含めたイギリスからの自立を進めていった過程を追う必要はあるまい。むしろアメリカ合衆国との関係に目を遣る方がいいだろう。両国の間には、また特にカナダの他の州と違ってフランス語圏であるケベックと、またカナダ人一般と合衆国との間にはややこしい関係がある。

既に、アメリカ独立戦争のときに独立を喜ばない王党派の人々がカナダに移住してきたことを述べたが、独立のためにイギリス軍と戦う植民地側はケベックのフランス系の人々が味方してくれることを期待した。フランス本国はイギリスと対立していたからである。

その他にどのようなことがあったか。ナポレオン時代の英仏戦争の余波で、中立国で大儲けしていた船舶の自由航行が英仏によって侵害されるという問題(合衆国船員の強制徴募)その他で英国に宣戦して始まった第二次英米戦争47。マッケンジーの反乱の際にはアメリカが彼を助けようとしたこと。一八四九年のイギリスの航海条例撤廃後、カナダは不況に見舞われ、カナダの指導的商人グループを中心として米国との併合宣言をするなどもあったこと(PC三五七頁)。また、カナダ全体としてはトロントが、ケベックではモントリオールが、合衆国あってこそ成長したことなどは頭に入れておく方がいい。カナダの人々のアメリカについて持つ感情は複雑らしい。

第2節　ケベック内での動き

⑴ブシャールにとってのエリート

ケベックが州内のさまざまな事柄に関して管轄権を得たとき、ケベック住民はどのように反応したのだろうか。本章第1節⑵と⑶で言及したブシャールの著作の中から幾つか拾い（以下、引用文の最後に記す頁は翻訳書の頁）、私の解釈もまじえて以下に整理する。ブシャールはケベックが「新集合体」として一つの国家的なものを志向してきたという主題を論じている。そこでまず、この新集合体というものを彼がどのようなものとして考えているか、押さえておこう。翻訳者による注記によれば

「'collectivité'は、共同体やコミュニティよりも規模が遙かに大きいという意味で〈集合体〉とした。これは、緩やかではあるが何らかの手掛かりで結ばれた人々の巨大集団を表す。更に一六世紀以降［ヨーロッパ人にとっての］新世界に成立した集合体を、ここでは「新集合体と呼ぶ」（「翻訳に当たっての注記」四頁）。

著者自身はこの概念のもとで一〇年来仕事を続けていると述べ、新集合体の明確な例として、ヨーロッパを起点として新しいと受け止められた領土に向かった大陸間移動によって形成された集合体で、単なる植民地的な飛び領土ではなく、構成員が、遅かれ早かれ、自分たちが母国から地理的・社会的に分離した別の社会を形成していると認識するに至った集合体を挙げる（一三頁）。

さて、ブシャール曰く、「文化史をマクロ的な視点で捉えながら、新しい空間内に描かれる集合体の主要な進路とその道筋を再編成する。それは同時に、アイデンティティと想像域との形成と発展に内在する過程をも再編成することである」(二四頁)。けれども、文化が主題であるゆえ彼の論述には私が期待するもの、庶民を中心にさまざまな人々の暮らしの有りようを見つけられるかというと、実は、そうではない。引用文の後半の「アイデンティティと想像域との形成」というのをブシャールは、専ら知識人を含めたエリートによってなされたものとして追っているということに注意しなければならない。彼は「エリート文化」に重心を置いて、いや、特に知識人エリートの文化の歴史と言ってさえいいような仕方で(従ってその限りでは実際上の政治的な側面よりは各種イデオロギーを含む文化面を中心に)論じているのである。ブシャール自身、知識人たちの関心は、フランス系カナダの一体性の基盤を、政治体制よりも文化に、すなわち言語、慣習、そして共通の起源に置いていたと認めている(一六三頁)。その作業を彼はなぜ為すのか。恐らく「ケベックの知識人文化の危機的状況」(二〇三頁)を洞察し、その「名誉回復と再建の務め」(同頁)のためにであろう[48]。

だが、一般民衆はどうなのか。自分が属する集合体が新しい宗主国イギリスの政策によってさまざまな仕方で扱われるときにはその集合体のアイデンティティというものに関して或る関心を持つとしても、日常の生活では恐らくそうではない、自分が何者であるかに関して、つまりは自分のアイデンティティに関しては、ブシャールが言う集合体への帰属においてよりは、自分の家族とその辿れる範囲での祖先との関係、そして己が暮らす近隣の人々とつくる小さな社会との関係で確認するのだ、これが私の見解である。

⑵エリートとは

　ともあれブシャールにとっては、ケベックのエリートがどのようにケベックという一つの集まりを見たのか、というのが問題である。彼は繰り返しエリートと民衆とを対比させる。だが、エリートとはどのような人なのか。ブシャールは「フランス支配が終わったことにより、エリートの大部分がフランスに帰国した」（一〇五頁）と言う。元々「全体として、エリートはむしろフランス本国の方を向いていた、そもそもエリートの一部は一時的に本国から切り離されて其処にいた人々に過ぎない」（一〇二頁）からに違いない。この一時的に居た人々とは本国から派遣された官吏などだろう。一七六三年にパリ条約がインドでも行われていた植民地の戦争を終結させる前でも、五九年のケベック市の東に位置するアブラハム平原での戦いのフランスの敗北後から、官吏的エリートたちは早くもフランスに帰還し始めたようである（一〇五頁）。彼らは植民地に根を下ろしていなかったのである。

　そこで、一七六三年以降の時代においてブシャールが言及するエリートがフランスに帰国した彼らであったはずはない。では、ケベックに留まった一部のことなのだろうか。だが、仮に一部が残ったとして、その種のエリートはブシャールの観点からはその後のケベックの歴史では話題にするに値しないに違いない。つまり、ケベックのその時々の政治体制を動かし、ケベックの秩序をそのときまさにある仕方で保っている行政に関わる官僚のたぐいのエリートは、いつだっている、いないわけにはゆかないのだが、ブシャールが言及するエリートの大部分は、その官僚のような人たちではなく、ケベックのより良い将来を見据え、どのようにすべきかを問題にする人たちであり、そのほとんどは彼が「知識人」と呼ぶ人のことである。ただ、ブシャールがエリートと民衆とを対比させるとき、そのエリートには聖職者をも含めている。多くの場合、知識人エリートとは区別して論じているが。

なぜ知識人や聖職者は、また上級官吏も、エリートなのか。私の性格づけでは「指導的であろうとする人」というエリート全般に共通するカテゴリーに属するからである。だからまた、都市が発展し、経済的な力を蓄えてきた実業界の人たち、更には中産階層からも現われ始めたエリートというのもブシャールは認めてはいる（一七九頁）。けれども、ブシャールは大抵は知識人エリートについて論じてゆく。そしてエリートと民衆との対立ないし距離を繰り返し言う。

「［聖職者をも含めた］知識人と民衆という二つの世界の間には、ほとんど交流がなかった」（一七三頁）。「民衆の感情は聖職者や保守的なエリートの態度と対照的であった」（一一〇頁）。「知識人の世界は、都市でも農村でも民衆の世界と対比をなしていた」（一六八頁）。

そしてこの対比はエリートが民衆について持つ表象（イメージ）の側から、その表象は民衆の現実を捉えていない、ということの確認という仕方でなされるのである。

⑶聖職者

最初に聖職者について。ブシャールによれば聖職者の多数はケベックに留まり、その地域と「イギリスとの仲介（そして妥協）の役割を務め、植民地での権威を増大させた」（一〇五～一〇六頁）。他の機構や階層が脆弱になり、大衆の従順もあって、教導権によって文化全体影響を及ぼすことができたから、というのがブシャールの見立てである。ただ、教導権と言っても私が思うに、聖職者は、アカディアの先住民に対する態度の例からも分かるように人々の改宗に情熱を燃やし、改宗者たちには自分たちの決まった考えによって人々を型に嵌めようとするのを常とする。だから、それは保守的な観点から人々にあるべき姿を描き、あるいは監視する、そのようなものではなかったかと私は想像する。

だがケベックの住民の場合、最初からのカトリックだから改宗は問題ではない。彼らにとって教会に集まることは既に一種の慣習のようなものだったに違いない。そして彼らにとっては其処で平日には顔を合わせない人々と出会い、また情報交換することこそ意義あるものではなかったか（ただし、以上のことは特に農村においてであったに違いない）。これまた私の想像である。そして民衆は聖職者の意図とは無関係に、自分たちの生活を少しでも良くしたいと努力していたのではないか。

ところで、私は聖職者には保守的傾向があるだろうと述べたが、彼らの保守性についてはブシャールも指摘している。

「聖職者は少なくとも階層としては政治的な事柄に関しては生真面目なほど体制に従順であった。新しい主人の立場を熱烈に支持するという態度は、古くからの領主制の名残でもあった」（一〇九頁、領主制の名残りという見解は現代の歴史家テリオの考えだそうである。なお、領主制に関してブシャールは次のように述べている。「［カナダ植民地の］貴族はほとんど資産を持たなかった」（一〇〇頁）。そして翻訳者の注記、「ヌーヴェル・フランスの貴族はフランスの貴族とは大きく異なっていた。その領地は開墾中だったので、農民が食べるのがやっとで、領主を潤すことはできなかった。貴族も自分の土地を開墾するなど、農民と同じ困難を抱え込んでいた」（一〇一頁）。

実際、政治的事柄に関してはカナダという国家とイギリスとの植民地関係を支持するという政策のもとで体制には従順だった。ずっと後のことだが、たとえば一九一七年と一九四二年のイギリスによる徴兵を、ケベック民衆の意見に逆らってでも支持したのである（一七四頁）。

そして保守性の実例をブシャールは挙げている。それは民衆文化の数多くの表現に対して教会が行った反対や検閲のことである（一七一頁）。汚いフランス語（ののしり言葉や冒涜的な言葉）、下品な習慣（鍋釜叩き――フランスの古くからの習慣で、道徳的あるいは政治的理由で気に入らない人の家の前でするバカ騒ぎ――[49]、仮装、謝肉祭）、悪習（飲酒、賭博等）、道徳的な緩み（慎みのない衣服、合衆国から持ち帰ったダンス、有害な読書）、背徳的な楽しみ（競馬、巡業サーカス、ドタバタ劇、大道芸人、スポーツ、映画、そしてラジオでさえ）、音楽の悪趣味（きわどい歌、カントリー・ミュージック、ジャズ）。だが、このことはまさに、この括弧内で述べられている事柄が民衆の現実であったことを示している。ただし、これは恐らくアメリカ文化が浸透してきた都市の民衆の姿だと思われる。

(4)知識人にとってのフランス語・民衆にとってのフランス語

次に、聖職者ではないエリートとしての知識人たちはケベックについてどのような表象を懐いた（ないし作り上げた）のだろうか。ブシャールは言う、「工業化した都市民衆の風俗とアメリカ合衆国モデルの伝播によって、この［ケベックの］文化全体が汚染されているとみなした」（一三六頁）。しかるに、この箇所では実はブシャールは特に言葉を問題にしている。「知識人は、〈悪いフランス語〉を非難することで一致した。まずは英語に浸食された実業家のフランス語、次に、都市の民衆のフランス語」（同頁）。なぜか。さまざまに立場が分かれている知識人たちも一致していたのは、「フランス語はカトリックと同様フランスの遺産の真髄であって、これによって［ケベック］が生き残れるかどうかが感知できると考えられていた」（一三五頁）からである。そしてそれゆえ、フランス語を汚染から守ることは重要なことだった。そんなわけで、彼らは「台無しにされてしまった言葉を正すよう、努めなければならなかった」（一三六頁）というのである。なお、「〈良い（そして悪い）フランス語〉の最初の教則本は、一八四一年にトマ・マギューイュによって刊行されたそうである。

注意しなければならないが、ここで言われる知識人とは、イギリスの支配による同化の脅威に繰り返し晒されているという思いを持ち、その同化圧力に抵抗し、古くからのケベックという集合体を生き延びさせようと願う、一九世紀前半の知識人のことである。彼らは会議を開き、新聞に論説を書き、書物を出版し、覚醒キャンペーンを張る、そのような人たちであった。

ところが、である、ブシャールは指摘する。「一九四〇年代までは、農民の言葉は非難から免れるのが普通だった。……それは〈偉大なる世紀［ルイ一三世と一四世治下のフランス一七世紀］〉の最も純粋なフランス語を受け継ぐものだと考えられていたからである」（一三六頁）。そして更にブシャールは、民衆文化を話題にする箇所では、知識人たちが言葉だけでなく農村の文化全般を称揚する方向へ進んだ、その有りようを描く。

「特に一九世紀中葉以降（一九世紀初頭から先駆けになるものはあったが［――このように言いながらも、ブシャールはあとの一五四頁で、農民生活を理想化した書物の典型例として一九一六年と二〇年、二四年に出版された三つの作品を引き合いに出している――］）、非常に多くの知識人が、自由主義者も保守主義者もともに、口承資料の収集、その一覧表の出版、民話・伝説の編纂などを通して、なんとかその［民衆文化の］地位を高めようと尽力した」(一五三頁)。

この民衆文化ということで彼らが目を向けたのは農村文化である。農村における「小話、伝説、祭、歌、踊り、衣裳、家具調度品、建築、道具、話し方、言語の姿、料理のレシピ、誕生・結婚・死去にまつわる儀式など」(一五四頁)を、「ケベックにおける最古のフランス文化を正しく伝える、生きた見本」(同頁)とし、この重要性を宣伝したのである。だがブシャールは、このとき知識人は「あるがままの農民ではなく、そうあって欲しいと願った(あるいは願わねばならなかった)姿で表現した」(同頁)と批判する。「民族研究は民衆文化の軌跡を体系的に収集していったのだが(一五六頁)、究極的な目的はそれがフランス起源であることを確証し、［ケベックの］生き残りの精神に寄与すべくそれらを保存することにあった」(一五六頁)。農民の理想化は、知識人と農民との間には現実的交流はほとんどないままになされたのである。

ここには二つの問題がある。一つには、このように列挙されても、それらさまざまなものの具体姿がどのようなものかを読者である私は知ることができない。まあ、無いものねだりではあるが。二つ目は重要である。実地で資料を収集したのに、ブシャールが言うように「ありのままの農民」の姿とは異なる表象を知識人たちが持ったとはどういうことか。「民話や伝説を文字にする際には、卑俗な表現や地名、きわどいエピソード、キリスト教の神の恩寵や教訓的・道徳的な観点からして不利益とみなされる異教的な軌跡や迷信を排除」(一五五頁)するような検閲が一般的に行われていたというのである。

これは、ホブズボームが言う過去の歪曲や捏造の一種ではないか。少なくとも捏造から遠くはない。けれども、ブシャールが指摘するように、偽りの表象でありながら、ケベックでも力を持ったのである。知識人たちが描く農民の表象は、結果として、フランス系カナダ人という筏を旧宗主国の要塞にそれまで以上にしっかりと結びつけることに成功し、「自分たちのアイデンティティを求め、独立国家さえ志向する人々」に、カナダの多数勢力であるイギリス系の人々に取り囲まれた中で、古い時代に根を持つ伝統ゆえに自分たちは違うという意識を根づかせた、というのである。

だが、私が思うに、過去の捏造さえ含むこのような意識を持ち、それゆえに何かケベックの独立等を目指すような活動をするのは、やはりエリートと目される人々なのではないか。日々の暮らしをどのようにやってゆくのかに懸命な人々ではあるまい[50]。彼らがフランス系であるという意識を持たされるのは、英語系の人々から蔑まれ、差別され、同化の圧力に曝されるときであったと思われる。本章第1節(2)で一七四四年のケベック法に関して引用したイグナティエフはその書『ライツ・レヴォリューション』で次のように指摘している。

「フランス語系住民である彼ら［ケベック人］は、自分たちの州では多数派でありながら、言語的には少数派である英語系住民に社会的にも経済的にも支配されるという屈辱を経験したのです」(九一頁)。

この記述に関して注意したいのは、ケベックの中においてすらこのような経験が一般的であったということである。そしてケベック州におけるイギリス系の人々の優位は、恐らく他の諸州における当然の優位を背景にしているのに違いなく、だから知識人たちは他の諸州から独立した共同体をつくりたいと願ったのだろう。

イグナティエフは更に指摘する。

「一九世紀と二〇世紀の初頭には、ケベック人もまた平等を得るためには同化しなければならないという懲罰に――懲罰というのは言葉のうえでのことですが――服さなければならなかったのです」（同頁、〈ケベック人もまた〉というのは、カナダの先住民族に対する差別のこともあるからである。）

懲罰というのは、英語を喋るのでないと良い仕事にありつけないなどの現実からくる屈辱感とかやりきれなさを覚えさせられることを言うのだと思う。そしてこれはカナダ全土でそうなのであった。イグナティエフは「二〇世紀初頭まで」と述べているが、一九八五年の演劇作品、フランク・モハーの『やとわれ仕事』[51]でも、主要人物の一人、ケベック州出身のフランス系カナダ人女性が差別されている現実が垣間見える。「電話をかけてきたお客がいてね。あたしのケベック訛りを聞いて〈なんだ、ねえちゃん、フレンチ・カンカンか〉ってからかうの」（三〇頁）。彼女は実入りのよい仕事に就くためには英語を喋らなければならないのである。

(5) 農村

農村という話題に戻ろう。知識人たちにとって理想的なものとしての表象上の農村も、結果としては役に立ったらしい。だが、現実の農村、フランスからやってきてケベックに移住した人々が作った古い時代の農村とはどのようなものだっただろうか。個々の具体的な事柄はともかく傾向としてはどのようなものか誰だって容易に想像がつくと思われるが、実際、現代の歴史家と言語学者の研究によって分かったこととしてブシャールが（先ほどの一九世紀における資料収集に関する引用とは別の箇所で）紹介していることのうち生活してゆくに必要な事柄、つまりは衣食住と移動とに関しては、まさに想像通りのことが起きたようである。これらに関しては、先ほど私が述べた不満は解消されている。

極寒地で暮らすためのカポと呼ばれるフード付き外套、毛皮の防寒具。石よりも現地で容易く手に入る木材を使用する建物。猟肉、魚、野生の果物という食料。そして先住民に学ぶはずのもの、すなわち動植物の分布の知識、狩猟と漁労の技術、森林の中で方角を見つける方法、カヌー、トボガン、橇（そり）、ラケットと呼ばれるスノーシューズなどの移動を助けるもの、それから、トウモロコシ、インゲン、クールジュといったフランス人には新しい作物、薬用植物（以上、九九頁）。言葉の面でも、当然に先住民からの借用語も用いられ、必要に応じて新語も生み出た。

「行政に関わるエリートや宗教的エリートなどが、特に書き言葉を通してパリの規範に縛られていたのに対し、読み書きのできない人々は遙かに自由に新しい表現をつくりだし、文字表現に縛られることなく新しい状況に適応していった。［中略］新語を生み出したのは、まず民衆の側の言葉（民衆語）であった」（前掲書ブシャール『ケベックの……』一〇三頁。なお私は、一般民衆、できれば農村と都市別の識字率を知りたいと考えたが、調べがつかなかった。）。

要するに、フランスでの生活がそのまま持ち込まれるはずがない。人々の暮らしが要求するものが優先であり、すると現地に適応するという変化が生じるのは当たり前である。なお、ローレンス川流域では直ぐに森が迫っていることを念頭におかなければならない。海の干拓ができ、広い農地も手に入れることができたアカディアとは違うのである。牧畜に関する事柄が挙げられていないのも頷ける。

ただ、このように紹介されているのは、フランスからの移民の極初期の頃のことである。その後の生活はどのようなものだったのだろうか。ブシャールに貴重な記述がある。

「移動性と不安定さ（アメリカ合衆国への移民、地域間の移動、開拓地の前線の移動するごとに繰り返される生活の遣り直し）が、農村にとって避けられない現実となっていた」（一五五頁）。

この記述は、「フランスから受け継いだ独特の価値観、伝統的な古い歌、地域に受け継がれている衣服のモード、伝統的料理、郷土の民話といった、（良い）民衆文化を構成するあらゆるものがでっちあげられた」（一五六頁）ことを指摘する文脈で書かれているのだが、そのでっちあげは、入植というのを「カトリックとフランスという事実を広めることを誓った十字軍兵士」と位置づける知識人たち、それから、「聖職者がリーダーシップを取って入植運動に一役かった」（一六〇頁）という説との絡みで書かれている。しかし「実際には、入植の大部分は自発的に行われ、かつ各家族が主導権を持ち、その動機は社会経済的なものであった」（同頁）。この入植を、フランスをカトリックの長女と仰ぐケベックの教会は布教拡大の事業と捉えたが、ケベック州外ではヴァチカンは広範な地域に分布していたアイルランド系カトリックを優先して支援していた。

八六頁で述べたように英語系の住民の中ではアイルランド人たちは一番多かったのである[52]。さて、アイルランド移民のことはさておき、実のところ一八四〇年の時点で、ケベックの領土は事実上セント・ローレンス川の流域に限定されていて、「人口増加の圧力でそれまでの流域の農業に適した土地は一九世紀中葉にはほぼ飽和状態であった。そのため、河の両側の後背地に入植しようという動きが、古くからの小教区内で生まれた。こうして一世紀がかりで一ダースほどの地域が開拓され、ネイションの拡張と再起といった夢物語がさまざまな形で生み出されたのである」（一二九頁）。

実際には、マニトバ州から更にスカチュワン州を隔てた西部のアルバータ州にまでフランス系の人々は移動した。移動は個々人にとって、国境を越えるのと比較すれば容易である。

ところで、マニトバにおける入植の実情を、一九〇九年にカナダのマニトバ州に生まれたガブリエル・ロワの自伝的小説『わが心の子らよ』[53]で窺うことができる。彼女の教師時代の経験に基づいたものだそうである。ロワの祖先がケベックからマニトバに移住してきていたので、彼女は現在のウィニペグ（彼女が子どもだった時代に既にカナダ国内でトロントやモントリオールに次ぐ三番目の都市となっていた）の中のフランス系の人々が住む地区で生まれ、過ごし、その後一八歳か、もしかして一七歳から、教師としてマニトバの幾つかの地域で教えた。相手は五歳から一五歳くらいまでの子どもたちである。そして、当時当たり前だったのだが、ロワは同じ学校でずっと教えたのではない。地域の教育委員会から要請があって、それを受けてのしばしば一年ごとの契約だったのだから。

それで、子供たち（と私、ロワ）が主人公である六つの話をロワは書いているのだが、六つの話の舞台となっている学校の全部が同じではないようだ。恐らく二つ（あるいは三つ？）の学校か。そしてそれぞれの地域に関しては話の内容で推測するしかない。最も印象的なのは、丘や谷、川もないわけではないが、荒涼とした大平原の村。十キロ四方よりもう少し広い地域から子どもたちが歩いて通ってくる。もう一つは町。町はとても小さく、その周りに野原や泥地、沼があり、そういう場所にも人々は住んでいた。

注意したいのは、フランス系の人々だけでなく、イタリア、ウクライナ、ロシア（ロシア人居住地はポーランドの人々の居住地でもあった）、イギリスなど多様な出自の人々の子どもたちが一緒に学ぶ、そういう所なのである。その上でのことだが、子供たちの親の職業もさまざまであることが窺える。小麦の栽培、養豚、乳牛飼育、雑貨屋、なめし革工場、花栽培と造花制作、女性だと他の家の手伝い、時に父親の出稼ぎ。劣悪な、そして冬の厳しさ等の過酷な環境で、何でも仕事があれば、という感じで必死に暮らしている人々の様子が、丘や川もある素晴らしい大平原の眺めなどと一緒に描かれている。親の手伝いで学校を休む子、あるいはやめる子もいる。ただ、子どもに教育を受けさせたい、教育が子供たちにより良い暮らしをもたらすとの思いを持つ親がほとんどである。そして、暮らしの中に、ケベックとか祖国とかの古くからの伝統ある或る特別の集団、その伝統ある集団のために生きるというような意識があるのではない。懸命な暮らしがあるだけで、そのためには、交際を拒む住民を含みながらも協力し合う近隣の人たちとの関係の中で、また、家族と遠い親戚との絆のうちに、自分が誰であるかを確認する、そういう人々の有り方があるのである。出身地の言語というもの、あるいはその地で歌われていた音楽などだけが、より大きな集団に自分が結びついているということを意識させるのだと思われる。

印象的な場面がある。ロワのクラスの中に一人、ウクライナ出身の子、ニルがいて、とても歌がうまかった。歌は落ち着かない子どもたちもいないわけではないクラス全員を一つに纏めた。次いで、腰を痛めギブスが取れたあとも必死の努力にも拘わらず萎えてしまった足がなかなか動くようにはならず、自信を失っていたロワの母親が自信を取り戻し、ついに歩けるようにするのに、ニルがたった一度歌ってあげるだけでよかった。養老院と精神病院でのことはここでは言うまい。

ニルはいつも奇妙な身なりをした、ちょっと変わった男の子だった。その日はズボンつりで引っ張り上げられてはいるものの、股が膝のところでずり落ちそうになっている大きすぎるパンタロンをはいていた。長靴も大きすぎるようで、走るたびにきしむような音が聞こえた。四角い顔につやのないブロンドの髪をたらしたぺしゃんこ頭のニルは、教養を身につけようとしている生真面目なロシアの農夫のようだった（一四七〜一四八頁）。

大きすぎる服はもちろん貧しいからだ。それから、ロワがニルの母親へ手紙を書くと、ニルは逐一ウクライナ語に訳してあげなければならなかった。ニルの家ははっきり道だと言えるものさえないところを通り、次に、どろどろの泥土が広がる一帯を通るために一股ぎで渡るには離れ過ぎの板々でできているジグザグの歩道を通り、それから屠殺場の悪臭漂う沼を渡って漸く着くところにあった。けれどもニルはそのような道を、先生のロワを家に案内する喜びで有頂天になって、ロワが歩く手助けをした。そしてニルの家の近くでは湿潤な土のかぐわしい匂いが立ちこめ始め、ヒヤシンスのむせかえるような匂いがしてきた。板きれや廃棄物でできている小屋の中は隅々まで、何気ない棚までもが石灰にさらしたように清潔に保たれていた（一六三〜一六四頁）。

その頃の田舎の生徒たちの様子は大抵はニルのようであったというので、ロワの描きの一部を紹介してみた。その上で歌に、ウクライナ語の歌詞の歌に戻ると、ニルは母から習ったのだった。もちろん、歌の内容はすっかりと分かって、その内容に相応しい歌い方をする。

「きみの母さんは、どこでその歌を習ったの」

「故郷でだよ。カナダに移ってくる前の子どもの頃に。今じゃあウクライナのもので残っているのはそれだけだって母さんは言うんだ」

「それで、今度は、きみの小さな頭の中にそれを残しておこうって必死なのね」

ニルは私の方をじっと見ながら、言われたことを、その意味を味わいながら理解しようとしているようだった、そしてニコリと微笑みながら、

「うん、一つだって忘れやしないよ」と言った(一五〇〜一五一頁)。

第3節　カナダの権利革命

(1)トルドーの権利革命――個人の権利の平等性とカナダという国の一体性――

さて、ケベックの第二次世界大戦後の歩みとしては一九六〇年代の「静かな革命」が有名である。医療保険制度、スト権の承認、カトリックの影響化にあった教育の世俗化などが挙げられる。因みに、或る時期のカナダの農民の生活に関連して紹介したロワの初期の小説 *Bonheur d'occasion* [54] は権利革命の基礎となった

とも言われる。

だが、その革命はケベック州首相ジャン・ルサージュと次の首相ダニエル・ジョンソンが進めたケベック州内でのことである。その影響がカナダ全体に及んだとしても、である。そこで逆方向に、カナダ全体がイギリスとの関係でどのような国になるべきかという問題のもとで、ケベックの問題も考えたらどうなるか。しかるに、こちらの問題を引き受けたのが（ケベック州首相ではなく）カナダ首相のピエール・トルドー（ケベック出身ではある[55]）である。彼は一九六八年から八四年にかけて権利革命を進めた。その「権利」とはどのようなものか。

本章では私はケベックを主題としているので、これまではフランス系でありフランス語を用いるゆえに少数派として差別されてきた人たちに焦点を置いたが、少数派なのは彼らだけではない。先住民も少数派で、しかも酷い扱いを受けていた。一七六三年の「王室布告＝英領北アメリカ法」は彼らとの協定にもとづくものを含み、協定相手として彼らが独立した民であることを認めていたはずなのに、カナダの政治制度の設計図となった先述の一八六七年の北アメリカ法は自治領の設立では彼らを閉め出した。つまり一つの州を形成する集団として連邦内に引き入れることはしなかった。先住民は「インディアン法」のもと、土地と資源を自分たちで管理する権利、代表選出の権利、自由な民族として組織を作る権利が否定され、その上で、連邦国家の保護を受けるものとされた。そこでトルドーは、ケベックの問題とともに彼ら先住民の問題をも一緒に解決しようと考え、そのために「権利」というものをケベック人、先住民、その他を問わず、カナダ国民全体に共通のものとして打ち出したのである。

具体的には何をしたのか。カナダの統治機構に関しては、イギリスの法律ではあるが一八六七年の英領北アメリカ法によって現在のカナダの政治制度の骨格が決められ、州が管轄する範囲が大きく広がった。そしてカナダは一九三一年の「ウェストミンスター憲章」で実質的に独立を果たした。しかしながら、カナダ憲法はイギリスの議会制定法だったから、トルドーは憲法の改正権限の委譲を英国政府に求め、カナダ制定の憲法に「権利および自由に関するカナダ憲章」を盛り込むことを目論んだ。この憲章によってトルドーは、ケベックの人々ないし他州にもいるフランス系の人々だけでなく、先住民は固より、どの国からの移民も含め、全カナダ人の権利の平等を目指した。フランス語に関する権利はその権利の中の一つである。

ただし、このようなトルドーの理念であるゆえに、その権利とは各個人が有する権利のことであって、集団としての権利ではない。それは隷属的ないし不利あるいは悲惨な扱いを受けている人（大抵は少数派である人）を、その扱いから救済するために個人に与えられた権利なのである。そこで個人がカナダという国家とは別の或る特定集団、たとえば先住民の幾つもの部族やフランスによる植民時代から形成されたフランス人の集団に帰属するかどうかは私的な事柄でしかないということになる。ただ、国家という集団は特別のものとして考えねばならない。というのも、この権利を付与するのはカナダという国家であるからである。そして人々は諸権利を平等に得ることで国家の平等な一員となるし、その人々のカナダという国への帰属によって、カナダは国家という体制を維持できる。

⑵イグナティエフの解釈

この一九六九年の「権利および自由に関するカナダ憲章」というトルドーの遺産（一九八二年にやっと法律「カナダ憲法」として発効、憲法改廃権の完全委譲）をどのように理解すべきか、必ずしもカナダの人々も分かっているわけではないとして、私が既に二度言及したイグナティエフは同じ著作『ライツ……』で、憲章が実現しようとする「権利革命の最も正しい理解の仕方」（九二頁）の解説を試みている。ただ、その解説は決して分かりよいものではない。彼は次のように述べることから始めている。トルドーは「すべてのカナダ人にとって権利が平等であることが、ケベック人とカナダとの、そして先住民族と多数派共同体とのあいだに新たに発生した憲法上の袋小路から抜け出す方法となるだろうと信じた（同頁）。」そして憲章について次のようにコメントし、トルドーの構想とは次のようなものだと総括している。「トルドーが遺産として残したこの憲章は、ケベック人にも先住民族にも集団的権利を認めていませんでした」（九五頁）。トルドーの構想では「どんな集団にも特権はなく、すべての人に平等な権利だけがある。すべての州が同等に処遇されなければならない。すべての個人が公正に処遇されなければならない」（同頁）。

この最後の引用文における「すべての州が」以下の文言は、個人でもない集団の権利というものを滑り込ませていて、理屈としてはいただけないではないか。代わりに、それほど集団の権利という事柄は自明にみえるのだろうということを物語っている。

実は、この解説と称する箇所だけでなく、著作全体が、論理をきちんと通すということの方はお預けという面を持っている。話がカナダだけのことではない権利概念の歴史を述べたり、カナダの権利文化やこの権利概念に関するカナダがなしてきた貢献、権利概念がもたらすことの危うさを語り、かと思うと歴史から離れて言える権利概念の源泉を語ったりする等とあちこちに飛ぶからである。そして、しょっちゅう当然のごとく「集団の権利」を話題にするのだから、核心の、「権利とは個人の権利」のことだという、イグナティエフもトルドーに倣って採る見解がぼやけて見えもする。

カナダの貢献に関してはイグナティエフは次のように言う。カナダは権利文化が最も進んだ国となり、その有りようが世界の手本となっていると。その例をイグナティエフは幾つか述べているが、紹介は割愛する。また彼は、これからも権利文化を世界に広めてゆくのは重要であると考えている。それから、権利概念がもたらすことの危うさとして離婚とか子どもに対する責任の放棄などを挙げている。

が、私はそれらとは異なる種類の危うさと考えるべきと思われる一つの例を紹介する。それは、イグナティエフが有用であるゆえにとても大切だと考えている「権利の話法（ライツ・トーク）」に関するものである。彼は、権利の話法が、ともすると「実際に改革を行うのでなく、その代用品になってしまった」こと、先住民居住地の人々にとっては「ただのお喋り（トーク）に過ぎない」、「何かを実行するためのものではなく、事態が良い方に向かいつつあるという幻想を振りまくものに過ぎないのでないかとさえ思える」（以上、二五〜二六頁）という事実を隠さない。

さて、個人の権利と集団の権利との二つを巡る問題に戻るに、彼は後者、特に、なぜ私たち（カナダ人）は先住民やケベック州に特別の権利を認めなければならないかと疑問に思う大多数のカナダ人に、その理由を腑に落ちるように説明しようとしている。これは、カナダの人々にとっては大きな問題だと思われていたからだろう。だが反面、このことが「権利」の概念を鋭く取り出すという課題とどうつながるのかという問題、これを置き去りにするかのような印象を与える。そして実のところ、ケベック問題や先住民族の権利を考えるのに必要な「或る集団の権利」がどのような根拠で認められるべきなのか、それを「個人の権利」の平等を認めなければならないという基礎から出発して説明する、その流れは必ずしも分かりよいものではないと評すべきどころか、説明できていないと言わざるを得ない。

イグナティエフの言うことを理解するに当たっては二つ注意しなければならないと私は思う。一つは、「権利の平等」というのは「平等な権利、或る権利を持つことに関する平等」を言うのであっても「平等の権利、人が平等であることの権利」というのではないということ。ただし、この平等な権利が要請されるのは私たちが「人間の平等」を認めることにおいてであること。認めることとは権利を云々することとは別のことであると考えなければならないと私は考える。ただ、認めることが「人権（ヒューマン・ライツ）」という概念に反映されていると思えるので、混乱が生じるのではないか。もう一つは、権利は「法的に」認められなければならないということである。だから私に言わせれば、権利とは政治が関わる事柄だということである。

以上、ややこしいことを言った。以下では、イグナティエフに学んで私なりに考えたこと、それから更に進んで考え、明確化したことを、私自身で幾つかの（仮想をも含めた）例を取り上げながら、どのような構造になるのか論じてゆきたい。

(3)権利に関する（権利に関する限りの）差別――人間の平等――

平等が求められるべきものとして現われるのは差別という現実においてであると思われる。人はさまざまな事柄に関して他の人とは違っている。その中の或る違いを或る個人が持っているということゆえにその個人を差別するという現実があるとき、その人は他の人々、特に差別する人と平等ではない。差別とは貶めること（流行り（はやり）の言葉で言えば「尊厳」を損なうこと、品位を奪うこと）、さまざまな事柄への参加を拒むこと、不利益を強いること等として現われる。そしてこれらの事態は、差別される人は他の人々と不平等な状態にあるということだと解釈できる。

だが、注意すべきだが、先に述べたように、人は皆、平等でなければならないということを、ここから引き出すべきだというのではない。問題にすべき平等とは差異を消すことによって得るものではない。そしてまた、差別されている個人が要求すべき権利とは差別を受けない権利というものではない。では、どのような権利か。差別された側に拒まれた事柄に関して差別する側が権利を持っているときに、その権利を自分も（差別されている側の人も）得ること、これが権利の平等である。しかもこのとき、更に、権利は法的に認定されているものであることが重要である。

英語を喋る人だけを雇い、喋れないフランス系の人は雇わないというのは差別だろうか。差別の一種とは言える。けれども、英語を喋る人も雇われる権利を持っているわけではない。雇う側の要望に添わなければ雇ってもらえない。だから、雇われないフランス語使用者も雇われる権利を主張するわけにはゆかない。英語話者は雇い、フランス語話者は雇わないという差別は、ここで明確にしようとしている「権利」の平等とは関係ないのである。だから、差別は仕事の内容上必要だからという理由で許されると、こういう誰もが納得する理屈を持ち出すことは不要でもある。

ところで、たとえば一級建築士の資格がないと門前払いという場合にはその資格を持っていない人は応募する権利がないというとき、これは「ただの人間」として、自分には権利が与えられていないというのとは事情が異なる。まさに「ただの人間」における差異に関して権利の不平等があるときにだけ、人が持つ権利と同じ権利を自分も要求できるということなのである。こうして、トルドーが問題にしている権利とは、資格を持つゆえに持つ権利のことではない。たとえばバスに乗ることは白人だけに許され、黒人は駄目だという場合、白人は乗車の権利を持っているから、黒人も同じく権利を要求できる、要求すべきだという例が、トルドーが考える権利だと思う。この場合の肌の色の違いによる差別は、「ただの人間」における差別である。そして、この偶々黒い肌である「ただの人間」が個人として、白人(「ただの人間」として自分とは異なる色をしている人)が持つバスに乗ることができるという権利、これと同じ権利を要求できるのである。それが権利の平等である。

このような権利概念のもとで新たな法律を作ろうとトルドーは権利革命を進めた。バスの例は私がアメリカの場合から採ったのだが、カナダの例としては直ぐに言葉に関する権利や先住民族の権利などが話題にされ、しかるにこれら二つの例は或る既に存在する集団に関わる権利だから、根本的には個人の権利が問題なのだということが見えなくなる。

いや、「黒人だって一つの集団だ」と申し立てるのは間違っている。黒人であるという理由だけで権利に関する不平等がある場合、一見したところではここで問題なのは集団の権利だと思われるかもしれない。だが、それは勘違いである。というのも、当の不平等に対する異議申し立てによって初めて黒人たちは一つの集団に属するものとして現れるのだからである。先立って既に存在する集団としての黒人が、その集団の権利として新たに「バスに乗る権利」手に入れようとしているのではない。既に存在する集団が新たに手に入れようとする権利の場合が集団の権利なのである。

ところで、資格の有る無しという場合に言及したが、資格とは何か。補足する。日常語ではさまざまな意味で「何々の資格」を言うことができるが、公的に認定された資格というものがさまざまある。一級建築士という資格も弁護士という資格もそうだし、身近なところでは車を運転するために必要な資格も公的に認定されて初めて機能する。しかるに、これらの資格ごとに、それを得るための資格がある。つまり、資格を得ることができるかできないかはともかく、資格獲得に挑戦する資格というものも存在する。以下では、大型自動車免許という資格を例に考察する。

まずは、「大型自動車」とは何かが分かっていないと、その免許の意味も分からないが、大型車の定義については省略する。その種の車を運転するのは誰でもよいというわけではない。仮に野原で大型車を運転する練習をして何なく車を走らせることができるとしても、資格を持っていないと公道で大型車を走らせることはできない。この資格が免許と言われる。では免許を取得して資格を得るとはどのようなことか。「普通自動車免許、中型自動車免許、大型特殊自動車免許のいずれかを取得してから通算三年以上が経過していること、普通免許はマニュアル車のもの」という条件を満たすことがその資格である。（正確に言うと、資格だった。二〇二〇年に受験資格が見直され、「特別な教習」を修了した者については一九歳以上、普通免許等一年以上に緩和された。ただし、二一歳に達するまでの間は若年運転者期間として或る条件が課された。これは、状況によってどのような資格が必要かは変更されるという例である。トラック運転手の不足というような社会的状況なども資格の定め方に影響する。）

すると今度は、仮に「普通自動車免許」の取得という前提を満たす場合について考えると、この免許を取得するための資格が問題となる。こちらの資格は満一八歳以上、交通信号機の三色、赤・青・黄色の識別ができる程度の色覚を含めた視力（眼鏡等使用可）、聴力（補聴器使用可）、運転に支障がでる身体障害がない（義手や義足は関係なし）という条件を満たした上で、学科試験と技能試験とに合格することが必要だということは広くよく知られていると思う。

これら幾つかの条件の方は、条件を満たす人と満たさない人とを区別するが、概ね人々が納得する条件である。ただし、年齢条件を一六歳以上というふうに引き下げる可能性もあるし、将来の車の性能によっては身体に関する条件が変更される可能性もないわけではないのかも知れない。要は、これらの条件は絶対的なものではないこと、大多数の人々の了解によって変動し得ること、しかしながら、条件は公的に定められる必要があることである。そして私のこれまでの論の流れからして注目すべきは、条件を満たす限りでどの個人にも資格を得ようとする権利が与えられていることである。権利の平等があることである。そしてもちろん、資格を得るか得ないか、それは個人の選択に任せられている。

ただし、この点は、私の政治に関する見解を持ち出せば、仮に徴兵制度がある場合、個人に選択の余地がないということとも考え合わせなければならない。というのも、車運転の免許、資格を与える公的なものの大元は国家であり、他方の徴兵制も国家が定めることで、これら二つの違いの中に、国家とその国家に属する個人との関係が如実に現われているからである。確かに、徴兵制という例を出さずとも、税制などにも従わないわけにはゆかないことが分かる。けれども、こちらは人々の日々の生活に深刻極まりないことを引き起こさない。だが、徴兵制のもとで戦場に送られるとなると話が違ってくる。

さて、以上の資格に関する考察が明るみに出した二つの事柄を改めて確認する。一つは、権利の平等を主張するのは個人であり、権利が与えられるのも個人であること。そしてもう一つは、「公的に認められた」権利というときの「公的」とは何を言うのか、さまざまな権利を個人に与えるものであり、個人が属する国家であること。そこで、ここでカナダの権利革命という話題での権利とはどのようなものかという主題に戻り、それらの権利を要求するのは個人であるということを加えると、権利革命で言う権利の問題はデモクラシーと結びついていることが了解できる。

そして改めて個人の権利が問題であるということを見れば次のようになる。たとえば「男性」であるという条件があるときに「女性」もまた同じ権利を持つべきと考えるとき、だからといって一つに纏まった女性の集団があるわけではない。あるとしたらカナダという国の女性全部から構成される集団となるが、しかしそれは、普通は個々人がそれへの帰属を感じるたぐいの一つの集団ではない。また、たとえば選挙権を二〇歳以上に与えるのではなく一八歳以上にも権利をというふうに年齢が（意見交換、討議の場で）検討され、その変更がなされるときも、或る年齢集団に属するということの有り方も同様であり、しかも人はこの一八歳や二〇歳という年齢を通過してゆくのである。

こうして、以上の私の論述を通すと、イグナティエフが次のように言うことが理解できる。「トルドー首相は、カナダの国民統合を平等な個人的権利を保証することを通じて維持したいと考えた」（一三頁）。個人個人が集まって一つの国家をつくり、そのとき国家は国家の成員である諸個人に、法的に認められたものとしての権利を平等に付与するというわけだ。それは、個々人を不当な差別から守ることに寄与する。ただし「当不当」の適切さはいつまでも討議してゆかなければならない。

⑷国家内の諸集団と連邦制という現実——さまざまな州の成立という歴史を引き受けるという課題——

ところで、イグナティエフは、トルドーが個人の権利を第一に考えたということを指摘したあと直ぐさま付け加えている。「しかし、個人的権利だけでは不十分だとカナダ人は主張するようになった」(同頁)。その例として、少数派言語教育権、女性の平等、多文化的伝統、先住民土地請求権の要求が、一九八二年に漸く法律として発効した「権利および自由に関するカナダ憲章」に詰め込まれたことを挙げる。そして、「その結果、カナダ人は世界で最も特色ある権利文化の一つを持つことになった」(一四頁)と言い、話題をカナダの権利文化へと移し、その四つの特徴を挙げてゆくことに移るのである(以下の引用は一四～一五頁から)。

しかるに第一の特徴として選ばれたのは何か。曰く、「妊娠中絶、死刑、ゲイの権利といった道徳的問題に関して、我が国［カナダ］の法規範はとびきりリベラルであり、世俗的であり、当人の自己決定を尊重している。」だが、自己決定の尊重は集団的権利に属するわけではないだろう。そこで振り返るに、集団的権利に関する例として挙げられたもののうち、女性の平等が集団的権利だとするのは時代の背景を考えねばならないだろうし、多文化的伝統というのも集団の伝統だとイグナティエフは考えているのだろうが、その集団というのはどのような集団なのか、説明抜きでは分からない。たとえばある高校には文化的伝統がある。運動会での応援の仕方、学園祭、吹奏楽団の伝統等々、これらが権利の問題となるとは思えない。読者(ラジオのリスナー)にはイグナティエフの話は消化不良ではないか。

そしてカナダの権利文化の二つ目の特徴。「私たちの文化は社会民主主義的です。」福祉と公的扶助の権利、具体的には失業保険、公的な積立年金制度、医療制度を無料で利用する権利が挙げられている。

続く三番目の特徴。「集団的な権利に強調点をおいていること」。やっと集団的権利が出てくる。そして彼は「それが最初に表明されたのはケベックの〈フランス語憲章〉、次には、土地と資源を先住民グループに与えた協定合意でした」と続ける。そこで私としては、本書ではケベックについて考察しているのだから、この「フランス語憲章」に焦点を置かねばなるまい。

だが、イグナティエフが挙げる第四の特徴は非常に興味深く、これも紹介したい。あとの考察にもつながる。それは、「カナダが、連邦を解体する場合の約定と条件を実際に明文化していること。」ここでの解体というのは「連邦の解体」と記されている。カナダ全体の解体ではない。もしかしての可能性として念頭におかれているのは、ケベックが連邦から脱して一つの国家となるということだろう。かつて連邦形成時にニューファンドランドは加わらなかったし、プリンス・エドワード・アイランドは六年後に参加したということも頭の何処かに置いておくのはいいだろう。加わらないこともできたということは、連邦からの離脱の権利もあるということだ。なお、先住民族は主として準州に住んでいるが、或る先住民族の集団としての独立というのは現実問題として考えられない。ただ、確実なのは、この場合に問題になっている集団的権利とは、ケベックのフランス語憲章が一つの「集団の権利」であるとするときの権利とは性格が異なるということであり、このことに注意したい。

因みに、一般に州という集団の政治的権利要求が嵩じると(そしてこれは或る国家における少数民族が政治家たちによって一つの政治的集団として纏められている場合にもみられることだが)、それは一つの国家として独立しようとする志向になる。特にその集団が圧倒的多数派から差別され、同化の圧力に曝されるとそうなる。多民族国家で少数派の民族による分離独立運動が起きること、時に内乱となることがこの例である。またカナダで言えば、一九九五年にケベック州政府は完全な分離独立を提案した。が、州住民の投票で六万票ほど及ばず(独立賛成四九パーセント、反対五一パーセント)否決された。もし、次があるとどうなるか。

イグナティエフの適切な言葉に耳を傾けたい。

「この〈瀕死の経験〉以来、出来上がった唯一の合意が、皆がもっと深く考えるようになるまでは、一切の問題――分離すべきか、新しく統合をやり直すべきか――を先延ばしにするというものでした」（一一二頁）。

「分離独立の権利［先に紹介した、カナダの権利文化の第四の特徴としてイグナティエフが挙げたもの］を定義しようとする試みは、分離独立をより簡単なものにするためのものではなく、内戦という悪夢を見ないで済むようにするためのものです」（一六頁）。

それからもう一つ。

「幸運なことに、国民集団というものは権利だけで練り上げられたものではありません。国民集団は非常に複雑な分業体制をとっており、アダム・スミスが教えてくれたように、国の利益をもたらそうと思わないでも、また実際、自分の利益以外にはどんな利益を得ようなどとは思わないでも、人々は互いに協力しあっているのです。カナダは単なる権利の共同体ではなく、分業する共同体でもあります。つまり、無数の財政的・社会的・技術的諸関係を通じて一体となった、非常に効率的な経済機構でもあります。［中略］私たちは同意に至ってはいないもの[56]、一緒にやっていくにはどうすればよいか知っているのです」（一一二〜一一三頁）。

けれども、以上のような話の流れでは、どのようにして、個人の権利を基礎に或る集団の権利というものに行き着けるのか。やはりその理屈は分からないままである。ただ現実問題として、カナダが古くから抱えていた政治的課題から考えると、集団の権利として何を認めるかという場合の集団の第一のものとして浮かび上がるのが、連邦制を取っている各州という集団であることだけは間違いない。これらはカナダの歴史から切り離せない集団であるからだ。こうして、本節の主題であるケベックとカナダとの関係という問題を、あらためて考えるべきこととなる。

　だが、国家ならざる集団として、いつでも目立ってきたケベックという集団の他に、さまざまな先住民族という集団がある。ケベックがいつでも目立ってきたというのは、何といっても英国の植民地になる前、ケベックはイギリス系の人々の植民に先立ってカナダに入植していたのであり、それがカナダの建国に際しては、イギリス系の人々と並んで「建国の民」として遇さないわけにはゆかなかったからである。逆に言うなら、これだけの理由で集団的権利を認めないわけにはゆかないということだと私は思う。やはり、個人の権利から集団的権利への論理的道筋はないと言わざるを得ない。そして一八六七年以降は連邦を構成する各州という集団が前面に出るのだが、ケベックは一つの州となった。けれども他方、先住民族は、ケベックのフランス系の人々よりずっと前から住んでいたのに、先に述べたように連邦から閉め出された。これは、自分が属する集団への帰属意識の強弱によるものだろうか。つまり、ケベックでは人々の帰属意識が強く、先住民族では強くないと。いや、そんなことはない。単にヨーロッパ系の人々が先住民より力の上で強くなり、押しのけた結果に過ぎない。最初は先住民の人々に助けられたのにである。そしてカナダの建国ということとの関連で言えば、そもそも前から居たわけで建国に関わったのではないからであり、むしろ建国ではじかれる存在であったということもあろう。

集団意識に戻れば、実際、ハドソン湾岸からその奥地、それからカナダ西部で活動していた先住民族の場合、個々人の集団への帰属意識は高かったはずで、今でも高いだろう。言葉、風習その他が個人を、自らが生まれた集団に強く結びつける。ただ、元々少ない数で集団を形成してきた人々がさまざまな事情で散り散りになり、帰属意識はあっても一つの集団として纏まって何かの権利主張をすることは難しくなっていた。この事情は、ヨーロッパから移住してきた人たちによって次第にその土地を取り上げられ、迫害されたからである。また、あとからやってきた人々との混血も事柄を難しくした。

けれどもトルドーは先住民にもその集団的権利を与えることを選んだ。しかし、これは先住民一人ひとりの個人の権利とは別の権利であることに変わりはない。ただ、集団的権利を得ることで、その集団に属する個人もその権利に与る（あずか）ことはできる。

さて、州という集団の権利に戻って、これは自分の州をどのような有り方で運営してゆくかという政治的、、、レベルの事柄であることに私は注意したい。実際、政治家を始め、エリートたちはこれを真剣に考え、さまざまな制度を制定することで州の有り方を決める。そして、それは取りも直さず、ケベック州に住む（住みたいから住む、いろいろな事情で住まないわけにはゆかないから住む）人々の有り方を決めることである。しかし、個々人はどうかというと、人は或る州から別の州に自由に移り住むことができる。日本での自治体間移動と同じことだ。だから、まさに、トルドーが言う権利は個人の権利であるなら、「集団的アイデンティティというものは、その集団への帰属を個人が選択することによって成り立つ。〔中略〕集団への帰属が個人の選択によるものである以上、もしも集団の目的が個人の目的と対立することになれば、集団への帰属を解消することができるし、また解消すべきである、ということになります」(九四頁)とイグナティエフが解説する通りのことが起きるのである。

ただ、この彼のコメントについて私が思うに、国家という或る集団への帰属をやめることもできるのか。できる。亡命をする人も国籍を変える人もいることがその証拠である。ただ、やめるには国籍を離脱するしかないが、離脱の場合は他の国の国籍を得ることが必要になるだろう。けれども、それまでに国籍を有していた国とは別の国の国籍を得る条件は厳しい。もしどの国籍をも得ることができない無国籍となるなら人は非常な困難を抱えることになる。亡命も困難であることは、一部のエリートを除けばはっきりしている。だからトルドーはカナダという国からの離脱のことは考えていなかった、考えずに済んだのではないか。

(5)言語に関する集団の権利——カナダにおける制度——

最初に、連邦政府の制度に関して。政府は一貫して、英仏二言語政策を取っている。英語話者が圧倒的に多いが、フランス語使用者もかなり多いから、という理由だけでなく、カナダにヨーロッパ系の人々が移住して現在のカナダにつながるものという意味での「建国の民」のうちの最も古いのはケベックの民で、英国系の人々と並ぶという歴史的事情の考慮があったのは間違いない。イギリスがフランスからケベックを譲渡された(イギリスが奪った)とき以来、この事情は常にイギリス政府を悩ませてきたのだから、カナダ(政府としてのカナダ)自身がその悩みを引き受けないわけにはゆかないのである。そこで一八九〇年以降、連邦政府はカトリック系フランス語学校を支援してきていたが、一九六九年にはカナダ連邦議会はフランス語と英語の「公用語法」を採択し(一九八八年に更新)、連邦政府の公共機関においては、英語とともにフランス語の二言語使用となる[57]。

けれども、一八六七年に定まったカナダの基本的制度はどのようになっているのか。さまざまな事柄に対して州に管轄権が与えられた。教育に関しても州（それから一八六七年以降にできた準州）が責任をもって行うものとなっており、だから連邦政府は州や準州にフランス語学習を強要できない。

そこで公的な意味での二言語使用の州は一九六九年にニューブランズウィック州だけであり（人口のほぼ三三パーセントがフランス語話者で、その大部分はアカディア人）、ケベック州（フランス語話者はおよそ八〇パーセント）は一九七四年にフランス語を唯一の公用語だと宣言し（第二二号法）、一九七七年に「フランス語憲章（州報一〇一号）」を採択した。具体的には、公共の標識で英語を使用すること、移民たちが自分の子弟の教育に際して自由に言語を選択することを制限した。この制限は、ケベックでは子どもたちのフランス語教育は公費で行われ（他の州では英語教育が公費）、子どもに英語教育を受けさせたいなら学費を自分で負担しなければならないということにみられる。

しかしこれは、ケベック州に住むフランス語系ではない人々を権利に関して差別すること（単なる差別ではないことに注意）、不平等を強いることにならないのか。

これに関してイグナティエフは上手に説明している。集団的権利が正当な（「正統」となっているが「正当」の校正漏れではないかと思う）ものかどうかを判断する二つの基準があると言う。そのうち第二の基準について先に述べるが、それは次のようなものである。集団の権利が、その集団の内部にいる人であれ外部にいる人であれ、個人の権利を侵害していないような遣り方で与えられていること。このことに関するイグナティエフの指摘は次のようなもので、だからケベックの措置は基準を満たしていると判断できるとする。ケベックで

「フランス語を話す多数派は、ケベックの少数派である英語使用者の権利をこれまでも尊重してきました。カナダ生まれの英語使用者は、公費で子どもたちに英語による教育を与えることができます。また彼らは、英語で行政サービスを受けることができます。英語使用者ではない移民少数派［たとえばドイツ人や日本人］が多数派の言語であるフランス語を学ばなければならないのは事実ですが、これはほかのどこの国でも当たり前の移民要件です。移民たちは自国語を公的な場所で使うことを禁じられているわけではないし、フランス語を習得してしまえば、高校レベルで英語教育を受けることが禁じられているわけでもないのです」（一〇三頁、だがケベック州ではフランス語教育、他の州では英語教育が公費で行われるという注記があるので、叙述が整合的ではないようだが……。もしかして、カナダ生まれではない移民の子どもに英語を公教育で習わせる場合だけ、親が学費を負担するということか。実情を調べることができなかったので、不明）。

もう一つの基準はこうである。その集団的権利が、集団の生存それ自体にとって不可欠なものかどうか。しかるに北アメリカ大陸では約三億人が暮らしており、その大半が英語を使用、フランス語を使用している人々は七百万に過ぎない、だからフランス語を集団的に保護することは不可欠である。イグナティエフは、この保護が英語使用者にとっても重要だ、なぜならカナダの人々はカナダが言語の多様性を大事に育てていることから恩恵を受けているから、と付け加えている。

ここで「保護」というものが持ち出されているのに注意したい。フランス語は衰退しているという現実があるのである。フランス語使用者は一八六一年の三四パーセントから一九五一年で二九パーセント、二〇〇六年では二二パーセントと減っている。人口増もあるだろうから（二〇一一年で四千万を僅かに足りない）絶対数だとどうなのか分からないが、少なくとも相対的には確実に減少している。どうしてだろうか。

一つには合衆国への流出である。人々の移住先として最も多かったのは、合衆国、主としてニューイングランドで、その数は一八四〇年から一九四〇年の間に百万人近くだったという。（今日のカナダの制度の設計図となった英領北アメリカ法の制定が一八六七年のことだったことを忘れないようにしよう。）そして彼らは移住先で現地の人々に同化していった。フランス語よりは英語を話すようにもなった。この移住は米国の影響が大きくなってくる、その一つの現われである。

もう一つ誰もが思いつくだろうことはケベックにおける産業構造の変化と都市化ではないか。都市では英語が徐々に浸透してきていた。次節(2)以降でみるが、この浸透の理由にもアメリカ（アメリカ資本）の影響がある。ネットに掲載されている二〇二一年の国連統計によれば、産業構造は次の通りになっている。全産業就業者に占めるパーセンテージの数字を挙げる。

農林水産業	1・8
鉱業・電気・ガス・水道	7・1
製造業	9・8
建設	7・1
運輸・倉庫、通信商業	7・2
商業、飲食・宿泊	11・8
その他サービス業	48・4

生憎、古い時代の統計が分からず、変化を追えないが、農林水産業の数値の低さ（第一次産業という括りで1・5パーセントという数字を目にした）から考えて、農村人口の割合は大きく減っただろうということだけは想像がつく。では、農村から何処に人々は移り住んだのか。カナダ全体ではオンタリオ州のトロントの人口増加が、ケベック州に限ればモントリオールの人口増加が、目を見張るものであったことに答えが出ている。なお、モントリオールは、一六四二年に植民が始まったところである。

それから、カナダの大多数の州では英語が流通している。すると、それらの州で仕事を求めるフランス語話者は英語を習得することを求められる。あるいは差別を受けないよう、フランス語使用を隠す。本章第2節(4)で紹介した『やとわれ仕事』の女性のことを想い起こそう。また、日本でアイヌの人々が差別されることを避け、また仕事その他のために日本語を学ぼうとした結果、アイヌ語が失われていったという取り返しのつかない悲しい歴史もある。だから、カナダ政府やケベック州政府のあれこれの政策がなぜ必要かというと、フランス語を用いる人々がフランス語を次世代に残してゆく能力そのものが危ぶまれるからである。

ところで話題を変えるが、カナダは現在、多文化主義の国だと言われている。このことは、連邦政府が一九七一年に「多文化主義に関する連邦政策」を纏め八八年に法制化したことに明らかである。しかるに、文化の中心には言語がある。では、英仏二つの言語以外の言語の扱いはどうなっているのか。それらの言語は二つに分かれる。先住民族の言語と英仏以外の移民の言語である。そして、イグナティエフによれば、カナダの「主要都市の一つでしかないトロントだけでさえ、推計で七〇以上の言語が話されています」（前掲書八一頁）ということだ。驚かされる。

このことについて、ケベック大学モントリオール校言語教育学部名誉教授クロード・ジェルマンは次のようになっていると教えてくれる[58]。大略を紹介する。（なお、彼は、イグナティエフが挙げた言語人口に関しては、次のような数値を示している。二〇一二年の講演でのことだが、いつの時点の数字かは不詳。「およそ七百万人のケベック州のフランス語話者にケベック州以外のカナダのフランス語話者を加えると、フランス語話者はカナダの総人口三千四百万人のうち八百五十万人となる。しかしアメリカ合州国の英語話者人口三億千二百万人を考慮すると、カナダのフランス語話者は北アメリカの人口のわずか二、五パーセントにすぎない。」）

カナダの多くの州で最初に関心が持たれたのは移民の言語の方であった。私が思うに、一つには先住民族は長い間、差別ないし無視されてきたということがあり、また二つに、彼らの言語は余りに多くに分かれていて、一つひとつの言語の話者は少ないし、扱いが難しかったからだろう。

実際には英語使用が一般的であるが、カナダ西部のブリティッシュ・コロンビア州では中国語、韓国語、日本語、パンジャビ語を、アルバータ、サスカチュワン、マニトバの三州ではドイツ語、ロシア語、ウクライナ語といった言語を、学習指導要領を通じて学校教育の中でかなり重視している。マニトバ州では、英語とドイツ語、英語とウクライナ語のバイリンガル・プログラムだけでなく、英語とヘブライ語のバイリンガル・プログラムも設置している。

次に、先住民族とメティス（先住民と移民他の混血）の言語に関してはどうか。

ユーコン準州（ユーコン・テリトリー）の言語法は英語とフランス語の地位の平等を宣言しており、さらに先住民の言語の重要性を認めており、立法府においてそれらを使用することができる。

ノースウェスト準州政府は十一の公用語、すなわちチペワイアン語、クリー語、英語、フランス語、グウィッチン語、イヌイットの三言語（イヌインナクトゥン語、イヌクティトゥット語、イヌビアルクトゥン語）、二つのスレイビー語（南スレイビー語、北スレイビー語）、ドグリブ語を認めている。いずれの言語も法廷や議会での議論に使用することができるが、法律については英語とフランス語の条文のみが法的価値を持っている。

ヌナブト準州政府は、イヌイット語（イヌインナクトゥン語、イヌクティトゥット語）と英語、フランス語を公用語と定めている。

他の州ではどうか。カナダに存在する二百以上の先住民共同体の六十パーセントがあるブリティッシュ・コロンビア州では、それらの言語の授業への登録者の数が十分である限りで言語学習のための学習プログラムを提供。ブリティッシュ・コロンビア州から東へと連なるアルバータ州、サスカチュワン州、マニトバ州のカナダ西部の州でも事情はほぼ同じ。

オンタリオ州、ノバ・スコシア州、ニューファンドランド・ラブラドール州（かつてのニューファンドランド州、一九六四年から州内では「ニューファンドランド・及びラブラドール州」という名称を使用し始めるが、連邦レベルでは正式に採用されず、二〇〇一年になってニューファンドランド州名はこの名称に変更された）についての簡単な記述があるが紹介を割愛して、ケベック州の状況はどうかというと、ケベック州政府は、州の北部にはヌナヴィクと呼ばれている少数派先住民たちが居住しているが、彼らに「民族」（ナションン、公的には十一）の地位を認めている唯一の州で、そこに独自性があるとのこと。

連邦政府を中心に多くの財源が投じられているが、広大な国土に散らばった、それぞれ話者が非常に少数の多数の言語を保存してゆくのは困難で、歩みは緩慢である。結局は学校が少なくなる。そして、クリー語やイヌクティトゥット語などを除いて書記法がないという事情もあるそうだ。

第4節　都市

(1)都市の人々の多様性

都市の人々の間では経済的にも文化的にも大きな格差があり、エスニックな多様性も生まれていた。ブシャールは次のように指摘する、

「エリートは民衆という新しい登場人物を考慮に入れることを徐々に学ばざるを得なかった。かつて民衆とは個人主義的で生真面目な農民であったが、もはやそうではなく、日雇い労働者や都市労働者である。[中略] また、もう一つの登場人物が、社会的舞台に姿を現わした。中産階級である」(一七八～一七九頁)。

労働者に関しては、労働運動に彼は注目している。彼は、組合、ストライキ(一九三七年の繊維産業の争議と一九四九年のアスベスト鉱山での争議——この争議については一九〇頁で解説している——)を想い起こし、一九四〇年代だけでも何百ものストライキがあったと述べている(一七八頁)。そしてまた、労働者でも経営者との絆を得て有力になってきた人たちもいる。けれども、このように組織された労働者ばかりが都市にいるわけではあるまい。

中産階級についてはどうか。彼は指摘する、「この階層からこれまでとは違ったエリートが生まれ、彼らは社会に対する新しいヴィジョンの担い手となっていった」(一七九頁)。相変わらずエリートとその社会ヴィ

ジョンにブシャールの関心があることを窺わせる。そして実際、彼の論述はこの「新しいヴィジョン」とはどのようなものかに移る。

都市住民には他にどのような人たちがいたかに関して、彼の叙述に手掛かりが全くないわけではない。「民衆出身の知識人もいた。実業界のエリートは自分たちの職業領域と利益追求からくるプラグマティズムに立っていた」(一一八頁)。ただ、またしてもエリートに焦点を合わせている。(けれども、プラグマティズムという立場は、非常に多くの人々においてみられるのではないか。)

だが、エリートではなく、また労働組合などに組織化された労働者でもない人々、恐らく大多数を占める庶民の都市での生活はどのようなものか。一つの文学作品から窺ってみよう。

⑵ジャック・ゴドブー『やあ、ガラルノー』という作品

一九三三年にケベックの大都市モントリオールに生まれたジャック・ゴドブーの『やあ、ガラルノー』(小畑精和訳、彩流社、一九九八年、原著一九六七年)という作品が、私が取り上げるものである。この書物はガラルノーが一人称〈ボク〉で喋る――書き付ける――ことで成り立っている。だからガラルノーがいわゆる主人公ということになるが、ボクの名がガラルノーであることは或る程度読み進んでからでないと分からない。それから、この書くことは、彼の女友達、マリーズに勧められたからだということになっている。そのことが判明するのも後のことだが。書く内容は時系列の筋書きのようなものに従ってはいない。その時々に見聞きしたこと、思いつくこと、想い出すことなどなどを書き付けるわけだからである。

このハチャメチャと思える作品をゴドブーがどのような意図で書いたかを探すこと、たとえば諷刺やメッ

セージなどを詮索することはやめよう。彼は書くことがただ楽しいから書いたということもありそうだが（他方、ボクの方はこの書くことが段々しんどくなってくるようだ）、そのようなことも放っておこう。書かれていることから窺える人々の姿とその背景をランダムに拾おう。

ただ、ランダムにと言ったものの、ボクがどういう人物かが分かれば、このゴドブーの書の読者としては有難いわけだから、ゴドブーが巧みに冒頭に置いている二つの文を紹介する。「本を書けるような日とちゃうね。客が鼻をピクつかせてボクの店のカウンターに次々と押し寄せるときに、集中なんかできへんってこと」（九頁）。二つが推測できるだけだが、最初の部分については先に説明したことだ。二つ目は、飲食店をやっていること。自分の店らしいけど、雇われているのかも知れない。

それから、ボクは直ぐに教育のことを話題にする。そして二つ目の段落で、ボクは学校をやめた人物だということが分かる。その前の、作品最初の段落の中で、「押しつけられた教育」という言葉が出てきていたが、「勉強がおもろくなくなったから」（一〇頁）やめることができたというのだから、義務教育の段階ではなさそうだ。暫くあとで、高校をやめたのだということが分かる。というのも、これら二つの段落のあとボクは二人の兄、神学校に行ったアルチュールとフランスに行ったジャックのことに触れ、次いでジャックからの自分への昔（一九五八年四月七日の日付）の手紙を読者に「紹介」するのだが、その長い手紙のあとの方で、「今君が手綱を放せば、君の橇はどこかに行ってしまい、君は大学に行けなくなるだろう」と書いてあり、その後、「今高校を退学しても、何もいいことはないぞ」という件があるからである。

ところで、この私が引用した手紙の中の二つの文の前に、ジャック兄貴は自分が「好きな詩」と言っているランボーの一節を引用している。一頁ほどの長さだ。本当に詩なのか私には分からないが、少なくとも翻訳文では散文としか思えない。その一節の中心は、「ボクは遊んで暮らすのだ」というもの。そして、その引用文の中ではランボーも自分のことを「ボク」と表現していることになっている。翻訳者がそうしたのではなく、著者ゴドブー自身が同じ言葉を用いているのに違いない。「入試に通るなんてボク［ランボー］にはどうでもいい。合格するのが何になるのだ。何の役にも立たないではないか。もちろん、役立つともいえる。合格しなければ、職はないと人は言う。ならば、ボクは仕事はいらない。ボクは遊んで暮らすのだ」（一四～一五頁）。

ボク、主人公の方のボクは、このランボーの引用がある手紙を「一番重要な手紙……たぶん」という。そして、「でも、ランボーかて商人になって死んだ。ボクも商売人になっている」（一七頁）。

その後、ボクは次のような言葉を書き付ける。「ボクは義務教育の犠牲者だってこと、［中略］教育がなければ、悩みもない。教育を受けると、知りたくなり、夢を見、計画を立て、読書をし、不幸になり、不安になるから。結構なこっちゃ。義務教育なんて、ブルジョワの考えや。［中略］そう遠くない昔でも、無垢で、素晴らしい人生を楽しんでたんや」（二三～二四頁）。

ここで金持ちの陰謀のような説が開陳される（二三～二四頁）。かいつまんで言えば、「自分で問題を出しては、いつも答えられないで悩んでる金持ち」が、その「重荷を分け合おう」と――「それはお金を分け合うことやない」――、貧乏人に義務教育を課したというのである。そして、「空っぽになるために、本にすべてをぶちまけることがボクには必要やった」、つまり、だからこのようにボクは書いていると、ボクがこの著作そのものを書いている理由を記すのである。

もっと後でも義務教育を話題にしている。「やつらの義務教育ってのは、ボクらを助ける義務をやつらに課したりはしない。腐った社会や。やつらはボクらを教養ある窓拭き屋にした」(四一頁)。

ところで、先に紹介したロワが描いた学校、これは五歳から一五歳くらいまでの子どもたちのための学校だった。その学校でも、子供たちは、年齢的にはずっと小さい子も含めて、状況によっては学校を休んだり行かなくなったりした。だが、ボクとは理由が違う。学校で習うことは、体で、実際にやる、手伝うことで覚える仕事には役に立たないと言う親だって、それでも我が子に教育を受けさせたい。そして子どもはその期待を知っている。そもそも小学校は教育を与えてくれる貴重な場だと親子はともに心得ているのである。

ロワが教師をやっていたのは一九三〇年前後、ゴドブーが生まれたのは一九三三年だから、時代は違う。ボクが未だ高校に通っていた頃のジャック兄の手紙は一九五八年の日付だった。先ほど紹介した文の中に「そう遠くない昔」という言葉もあったが、三〇年前というのはその「昔」に当て嵌まるのか。現代ほどのスピードで変化してはいなかっただろうとは言えるけれども。また、場所の違いを考えなければならない。農村、あるいは町といっても小さな平原の中の集落と、都市との違いである。

作品のあとの方で分かるが、ボクの祖父はボクに「高校には行っとけ」と言った。(ボクの二人の兄も同じ意見だった。できれば大学にも。)行かないという選択もあったのだろう。だが祖父にとっては高校に行くのが当たり前の世の中だと思えたのか。ボクたち一家はモントリオールという大都市近郊のサン・タンヌに住んでいたからだろうか。祖父はボクを無理やりに高校に行かせた。ボクの父の方は、働きは長続きせず、いつも釣りと、若い女の子たちを連れ込んだ楽しみとがあるボートで遊んでいた。だから祖父がお金を出してくれたのだ。この父は、ボクが高校生のとき、自分の手入れの悪いボートの隙間から水が入って来て、ボートが沈んだので、湖で溺れて亡くなった。そして、サン・タンヌが嫌だったボクの母親は夫の死のあと、マサチューセッツ州のローウェルに行ってしまった。子どもの一番小さいの［ボクことフランソワ］でも高校生半ばの息子だから放って置き去りにしてもいいと思ったか。既に三〇年前から移り住んでいる自分の姉と暮らそうというわけだ。其処はボストン近郊で、二〇世紀初頭に多くのケベック人が工場労働者として移住した町ということだ。ここにも、ケベックの人が英語圏に移り住むことも多いことの一例がある。また、ボクはそのあと直ぐに高校をやめた。

⑶都市での生活

これからはゴドブーの作品から、カナダの二〇世紀中頃の都市での生活に関して窺えることをランダムに挙げる。

ボクこと、フランソワ・ガラルノーはモントリオール島の西南端の町から来て、ケベック市でホットドッグの店をやっている。先に「商売人」と言っているのはこのことだ

さて、その店に休暇中のアメリカ人がオンタリオ州を通って（恐らくトロント経由で）やって来て、英語で話しかけたり、自分のフランス語を試してみたりすることがある（九頁）。英語で注文する客のとき、ボクは「英語を使うんはメンドウやね」（二〇頁）と思うが、恐らくカタコトの英語で応対する。ところで、薬局は店の名前を、フランス語で「エノー薬局」とせずに「ヘ、ノ、ート・ドラッグストア」としている。「エノーのやつは英語をしゃべれることがチョー嬉しくて」（六〇頁）とボクは思うわけだ。日用品の大手スーパーは「ハン

ディ・ハンディ」。ソースはアメリカの大手食品メーカーの「クラフト」が人気。今の日本でよく見かけるミステリーツアーのバスで、カナダで一九六〇年代に流行した旅のバスは「ノーホウェアー・バス」だ。干しぶどうで有名な会社の名は「サン・メイド」だ。そして、ピーター・シュネーというアメリカの大衆推理小説はボクの女友達マリーズのお気に入り。ただし、フランス語への翻訳で読んでいるのかは、この本の読者には不明。

それから、何といっても、テレビ。アメリカ映画の数々が古いものから新しいものまで放映される。そしてアメリカ製製品のコマーシャル。

ところで、以上はケベック市でのことだが、マリーズが交通事故で救急車でモントリオールの病院に運ばれ、心配したボクが夜、バスで其処に向かう、その病院でのことだ。長く待たされ、やっと来たインターン二人と看護婦三人は英語しか使わない。「モントリオール・ユダヤ・総合病院」と「ユダヤ」という言葉が中に入っている名の病院だからってことはないだろう。ケベック州のこの大都市では、英語が大手を振っているということなのである。ケベックで店の名や商品名その他で消費者の心をつかもうというのは違う。

セント・ローレンス川のもっと上流のオンタリオ州のトロントは、元々合衆国からやってきた英語系の人々の都会だが、モントリオールはケベック州の都市だ。だが、この都市の中心街のサン・ローラン通りを人々は「メイン」と呼ぶ。メイン・ストリートだからだ。アメリカ文化の浸透による英語の普及。煙草屋の名も「ユナイテッド・シガー・ストア」。その店で煙草と週刊誌をボクが買うと店員の娘は英語で「五十七セントです」と言う。その娘の［恐らくフランス語で］の声を聞いて、ボクは孤独を紛らわそうとしたのに。

こうして、もしモントリオールで職を得たく、沢山の雇用口に応募したいなら、英語ができなければならないことが分かる。ケベックでホットドッグ屋をやる分には、カタコトの英語でも済む。英語しか喋らない人がくるのは夏など限られたときだけだし、客もこちらが英語がペラペラであることを期待していないからだ。それに作品の冒頭の例で分かるように、英語話者で、自分の習ったフランス語の力を試そうと、わざわざフランス語で話しかける人だっている。

制度というものは、従うしかないけれども利用するものでもある。仮にカナダ生まれの英語話者に対して、一方ではフランス語の授業を受けるという義務が課せられるゆえに従わないわけにはゆかず、他方ではフランス語修得のための教育カリキュラムが充実しており、授業料免除という好条件があったとしても、フランス語が流暢になることに関心がない人は、勉学を疎かにし、教育効果も現われないだろう。この関心の有無にはさまざまな要因があるだろうが、結局は個々人が決めることである。自分の生活の中で役立たないなら、あるいは特にフランス語で小説を読もうとも、フランス語を喋る人間ばかりが出てくる映画を字幕無しで見たいというような気持ちが湧かないなら、それまで。何とか落第しない程度にしか勉強しないということは大いにあり得ることだ。（実は、前述のジェルマン教授は、フランス語教育の有り方は本当に拙いもので、一部の意欲ある生徒のための特別コースを除けば、フランス語の習得にほとんど役に立たないと断定している。）

逆にフランス語を使用する環境で育ってフランス語話者になっている人が、英語だと望む職に就けると考えるなら一生懸命に英語をマスターしようと、制度が許す範囲で頑張るだろう。『やとわれ仕事』の女性もそうだった。それに公的制度の埒外で、マスターする道は沢山ある。先にも触れたが、日本の明治以降の北海道で、アイヌの人々が日本語を学ぼうとしたことは、その悲劇的な例である。とうとうアイヌの言葉が捨てられたのだから。

エリートがどのように音頭を取ろうと、庶民は自分の生活の中でどうするか選ぶ。（ただし、戦争のとき、人は国家の命令に従わざるを得ない状況に陥る。このことについては本書第1章第3節⑷で論じたことだ。カナダで、徴兵制に反対する人々はどういう理由で反対したのかは措いても、この制度は国家が或るときには人が個人であることをやめることを要求するおぞましい姿を現わす。）

⑷結婚――子どもの誕生と一族との絆と国家ないし州という政治的集団――

ところで、世代をつなぐという意味で重要な結婚の類はどうなっていたのだろうか。ボクはマリーズと深い仲になる前に結婚したことがあり、離婚している。その結婚の経緯が興味深い。高校を退学して何をすればいいか分からない。父親の友人だった人に意見を訊こうとし、二人でジンを、ボクには初めてのジンを飲んで、気分転換のためか、モントリオール［モントオール近郊］を少し離れたらどうか、ということで、モントリオールからケベック行きの列車に乗った。そして、サン・ローラン川（セント・ローレンス川）を挟んでケベック市の向かいにある町、レビ、「大きな村って所［中略］田舎町なんや」（五三頁）で降りた。アルチュール兄は、其処は「何もない所、氷河の終わりの街だ」（一〇二頁）といつか言っていた。其処で相当大きな家庭用電気器具店で働き始め、レジ係のスウェーデン娘と恋仲になる。娘は店のオーナーの姪だった。そして彼女が「妊娠するや否や、［オーナーの］一族に引き入れられてしまった。［中略］清潔で素早い電撃結婚式だったよ」（一〇二頁）。ボクが二〇歳のときだった。

それで軽食スタンドを開店。初日、百個のハンバーガーを無料で町中の人に振る舞い、そのあとは有料。それから、翌日からソーセージを焼き、ホットドッグ、ポテト。「幸せじゃなかったって言うと嘘になるだろうね。［中略］大満足だったね」（一〇四〜一〇五頁）。

ところが、だ、六ヶ月して、妊娠は嘘だということが判明する。結婚は店の雇い人の部屋にオーナーの一族の娘が出入りするスキャンダルを避けるためだったようである。で、ボクは「聖なる結婚の絆」は断ち切られたと思って、どうするか現状分析。結局、故郷のサン・タンヌに帰る。そしてモントリオールに出て、知り合いを訪ねるが会えず、うろつく。この大都会で、ボクは孤独だ。（先に紹介した、煙草売りの娘との会話はこの孤独感のためだった。）

離婚手続きにかかるが、面倒で時間とお金がかかる、書類が一杯必要だ。（この離婚の手続きの話は一九六〇年代前半の頃のことだが、そのほんの少し後の時代のことでイグナティエフが話題にした「権利の話法」をここで想い出したい。イグナティエフは、「自分たちにも権利があると言い聞かせられた先住民たちは、それは彼らにとっては「お喋りに過ぎぬ」と考えたと述べ、その一方でこうも指摘しているのである。「先住民にどのような権利があるかを説明する権利の教義（ライツ・ドクトリン）の方はとても複雑で難解なものになりました。そして、この教義を自由自在にあやつることができる教授、政策立案者、先住民政治家といったエリートたちは権利の話法からはとても信じられないほどの贅沢な暮らしをしているのです」（前掲『ライツ……』二五頁）。）

それから、ケベック市に行き、習い覚えた軽食スタンドを始める。「ホットドッグ屋の王様」だ。

以上の経緯（いきさつ）で分かるのは二つのこと。一つは妊娠と結婚についての彼ら男女の考え方だ。フランス系の男とスウェーデンの娘。一九六〇年初めの頃のことだ。もう一つ。一族の結束がとても堅いこと。

一つ目のことに関連して言うと、実はマリーズ、ジャック兄たちはいとも簡単に寝る。会ったその日の内だ。それで結婚は別。いつもセックスのことを思っていて、けれども結婚は男を縛るという考えが都会の男たちにある。その結婚の決め手は妊娠、子どもを持つことだ。だが、マリーズがジャックとも寝たとき、それはボクにとって打撃だった。

二つ目に関してはどうか。マリーズは今、他ならぬレビに住んでいる。ケベック市の川向かいだということは述べた。だが、彼女はサン・ローラン川沿いの船乗りの娘だった。男たちの船がその父方の家に差しかかると、ばあさんがフランス王家の白百合の旗と一九五〇年代の超保守主義者のデュプレシー・ケベック州首相の旗とカナダの旗とを掲げ、船乗りは汽笛を鳴らして挨拶する、そういう一族だった。それでいてマリーズの父親は一旗あげにアメリカのウィスコンシン州へ行き、それでマリーズは孤児(みなしご)となり、一人残って船乗りたちに囲まれて暮らした。そして一族の気風、気質は継いでいる。確かに或る人々には国への忠誠のようなものもある一方、結局は血縁の集団の絆こそ、人々をつなぐのだったと思われ、しかし自分の気持ち次第で一人で行動しもするのである。

⑸宗教

ところでこのモントリオールに、パリから帰ったジャック兄は制服姿の守衛がいる高級マンションの一二階に住んでいる。カナダ国営のフランス語テレビ・ラジオ局——国は英仏二言語の政策を採っている——その他のラジオ局にペン・ネームで台本を書いている。彼はブシャールが言うところの知識人エリートだ。

そして神学校に行ったアルチュール兄の方は司祭たちのお気に入りで、まだ若いのに三年間でずいぶん出世させてもらって、チャリティ活動の事務局長で、十三パーセントの手数料をもらって、「百万長者と言ってもええくらいなんや」とボク、末っ子のフランソワは思っている。この道を選んだのは、安全な投資が好きやった兄のリスクの少ない投資だと考えている。この頃も聖職者はエリートであるようだ。兄は父の死後手放した家を買い戻し、リフォームし、以前よりずっと立派な調度品等を置いている。

だが、ボクもマリーズも教会に行っているようにはみえない。ボクの最初の結婚相手の一族はどうなんだろう。二人の結婚式のときには、妻となる娘の一族がボクをキャデラックで聖母訪問礼拝堂に引っ張って行ったのだけれども。礼拝堂は教会とは異なる。聖母訪問会というのは一九一五年にサン・フランシスコで創設されたカトリックの女子修道会だとウィキペディアには書いてあるが、私にはよく分からない。一族は信仰が篤いのか？　少なくともボク自身は聖母マリア様が踵(かかと)で蛇を踏みつぶしている聖画を見て、聖母の足が麻痺する想像をする、そういう精神、気質の持ち主だ。今や、教会は或る種の庶民には権威を揮うことができないのかも知れない。

⑹政治と庶民

ところで、ホットドッグ屋を始めたボクは夢見る。「ボクは国家的規模の計画を立てた。いや、ホンマ、われわれフランス系カナダ人は経済によってわれわれフランスの国を奪還しなければならない。そう言ったのは、ルネ・レヴェックだよ。だから、どうしてホットドッグ屋から始めたらあかんの？　アホな仕事なんてない。〔中略〕ボクは分離主義者じゃないけど」(一二七頁)。

この言葉にケベックの現実が見える。レヴェックは分離主義者で一九六八年にケベック党を創立し、七六～八五年までケベック州の首相を務めた。因みに「美しき州」というのは州のモットーだった。現在は「私は忘れない」というのだそうだが。首相はもちろん、ブシャールが言うエリートの最たるもので、モットーなどを考えるのは知識人エリートか。しかし、庶民のボクにはその遣り方があるのだ。「党なんてどうでもいい、大臣におべっかをつかい、イギリス人にしかめっ面をする。他人に奉仕する前に自分のことから始めよって諺にもある。アホタレッ！「美しき州」やって？ ボクらは美しくない、全然美しくない」(九一頁)。

ただ、ホットドッグの店のチェーンを作ろうという夢は夢で終わるしかなかった。しかし、St-Hubert (Les Rôtisseries St-Hubert Ltée) は、カナダ国内で百二十を超える伝統的および高速回転焼き店のフランチャイズ システムとして七十年以上運営されているそうである。とは言え、ケベックどころかカナダ生まれのチェーン店は少ないらしい。

第5章　合衆国とルイジアナ

第1節　多様な人々

⑴ルイジアナ　一七二〇年代から一八〇三年までの幾つかのトピック

ルイジアナの歴史の概略については既に第2章第2節⑷で述べた。その箇所で触れた、五大湖の方から南下してミシシッピー川の河口まで到達した探検家というのは、ラ・サールである。彼は一六六九年に第一回の探検を行い、七八年以降、ルイ一四世からの正式の命を受けて本格的探検に乗り出し、八二年にミシシッピー川河口まで達し、河口一帯を彼が踏破した五大湖以南とともにルイジアナと名付け、国王に献上した。これだけでその辺りの土地がフランス領土だと見なすのに十分だということに驚く。その後、植民地計画が始まったわけである。けれども、フランス人の定住集落が建設されたのは、ラ・サールの死後三〇年近くも後の一七一四年という。

ところで私は第2章第2節(4)での概略の叙述において、この一四年のあとに関しては一七二〇年のミズーリでのことに僅かに触れただけで、主として、飛んで一七六二年にルイジアナがスペインに譲渡された以降の歴史を述べた。実は、この間のフランス領であった時代のルイジアナに、現実にその地にフランス人がどのような仕方で住みついていたか、これについて私は大した資料は見つけられなかった。そのうち、農地に関しては本章第3節(1)で述べるが、それに先立って、よく知られている幾つかのことの方を述べる。

一七二〇年のイギリスの「南海泡沫事件」として並んで知られる、スコットランドのジャン・ローの「ミシシッピー泡沫会社」の株暴落(あるいは詐欺)があったのが同じく一七二〇年で、この経緯によって当時のルイジアナの様子は少し窺える。ローは一七一六年にフランスの摂政フィリップ・ドルレアンを説得して王立銀行を開設。「富は商業に依存し、商業は貨幣の流通に依存する」と説いたのである。この考えは一六九五年にフランスの経済学者、ボアギュベールが『フランス詳論』で開陳したものである。ボアギュベールは、「コルベールが課した重税が社会のあらゆる階層にもたらした荒廃を描き出し、フランスが再び繁栄するためには戦争をやめ、重商主義から農業に基づく自由企業に移行する必要があると述べた」(PC二一二頁)。そしてローはまた、同じ一七一六年に「西洋商会」を設立していたが、ルイジアナは黄金とダイヤモンドの宝庫だとの噂が広まっていたので一七一九年に会社名を「ミシシッピー会社」に変えたのだった。彼は一七二〇年にはフランス経済全体を牛耳る財務総監に任命され、ミシシッピー会社は東インド会社などをも引き継ぎ統合し、建設されたばかりのニューオーリンズとフランス間の貿易を増やし、またルイジアナの植民にも或る程度は役立った。けれども、会社が名士の移民誘致に失敗すると、ニューオーリンズはわびしい丸太小屋の集落にすぎなくなったという。

次いで、一七二九年の先住民、ナチェズ族によるフランス植民地の襲撃がなぜ起きたのか、これも当時の様子を知る手掛かりになる。インディアンと呼ばれていた人たちは、この事件の何十年も前から、フランス人と共存し、友好的な交易を行い、また、一部の入植者と結婚さえしていた。しかし、フランスの指揮官がロザリー砦の近くにある自分のプランテーションにナチェズ（ミシシッピー川の西方）の土地を組み入れたがったのでナチェズ族は怒り、砦を奇襲したのである。入植者の二四〇人以上が命を落としたというが、その大部分はフランス人であった。この事件のことは、ナチェズは女・子供とアフリカ奴隷の命は助けたので、捕虜になったフランス人女性たちの証言によって伝わっている。

入植活動は大抵の場合に砦の建設から始まる。注意したいが、これはヨーロッパの列強間の競争、対立のための互いの戦いに備えてであって、決して先住民と戦うためではなかったのだと私は思う。アカディアでもケベックでも、そしてルイジアナでも、先住民は新しくやって来た人々を助けたのだから。アメリカインディアンと入植者たちとの戦い（そしてそのイメージ）は、合衆国の人々がインディアンを追い立てて行ったことに起因するに過ぎない。因みに一八一二年戦争（第二次英米戦争）のときに多くのインディアンがイギリス側についたので、この戦争後は合衆国はますます遠慮なくインディアン諸族をミシシッピー川より西へと追い立てていった。

それから、ここでロザリー砦近くのプランテーションと称されているのが何なのか、農場かとも思われるが、定かではない。単純に将来を見越して入植地として所有を宣言した土地のことだろうか。少なくとも綿花農場ではないと思う。砂糖黍が植えられている可能性はあるのか。

ところで、柳生智子は「19世紀アメリカ南西部における綿花プランテーション経営：遠隔地管理についての一考察」(慶應義塾経済学会『三田学会雑誌』Vol.103、No.3、二〇一〇年)で次のように述べている。この標題におけるプランテーションは綿花農場のことであるが、それについての考察の前の記述が興味深い。(綿花農場経営の話題では、技術革新に関する事柄が重要だと思う。)

「植民地人はフランスの港やパリで志願者を集めた。多くは若い男性であった。多くの者が年季契約の奉公人であり、契約書で定められた年限をルイジアナに留まることが求められた。この期間は〈一時的な奴隷のようなもの〉であった。植民地の人口を増やすために若いフランス女性が植民地に送られ、そこの兵士と結婚し、国王が手配した持参金を与えられた。売春婦、路上生活者、法を犯した者、あるいは家族のいない女性が〈国王の親書〉を持ってルイジアナに行くことを強制された。特にルイ一五世治世初期の摂政時代はこれが甚だしかった。」

ルイ一五世治世初期とは、やはり一七二〇年代である。この引用文の中では「兵士と結婚」という文言が気になる。結婚は広く男性一般との間のものであっただろう。この送り込まれた女性の件は、ルイ一四世によるケベックへの「王の娘」の送り出しを想い起こさせる。私が繰り返し確認するように、世代をつなぐことは最も重要なことなのである。探検家が一人で出かけ、何処かで命を終える、あるいは兵士たちが戦争し、帰国する、また交易で利益を得ようとする人たちがうま味のある商品を得て持ち運ぶ仕方で母国と行ったり来たりする、それらとは植民活動は違う。現地に根を下ろさなければならないのであって、活動は次の世代に引き継がれるべきもので、その世代とは漠然とした次の時代の人々一般ではなく、家族における子供たちで、そこで血のつながりが重要なのである。

それから「年季契約」に関しては、イギリスの植民地でも同様であったが、これによってどのようなことが生じたか、それは北アメリカの大西洋岸の植民地でこそ一般的なことであったということを次の(2)でみることにする。今はあと少し、柳生智子が記していることを引用する。

「フランス領ルイジアナにはスイス人やドイツ人開拓者の社会もあった。しかし、王室の役人は常に人口を著すときに〈ルイジアナ人〉とはせず、〈フランス人〉とした。七年戦争の後は、様々な集団の到着で人口が増え、より多くの人種・民族が混じり合う形になった。スペイン人開拓者、サン=ドマングからの逃亡者(特に一七九一年以降)、フランス革命の敵対者、およびケイジャンであった。一七八五年、アカディア出身の人々一六三三名がフランスからニューオーリンズに連れてこられた。イギリスから母国を追われて三十年後のことであった。他にも独自のやり方でルイジアナに流れてきたアカディア人がおり、約四千名が入植したと考えられている。」

(サン=ドマングは今日のハイチ共和国で、一六五九年から一八〇四年までの間、フランスの植民地だった。砂糖とコーヒー貿易でフランス植民地の中でも最も利益を上げていたというが、累計で七九万人と言われるアフリカからの黒人奴隷が酷使されていた。そして一七九一年はハイチ革命が起きた年である。ナポレオンは一八〇二年に派兵するが敗北、これがルイジアナの合衆国への売却にナポレオンが同意した理由ともなった。)

話は一気に一八世紀の終わり近くにまでにわたっている。だが更に、一八〇三年に合衆国に編入されて以降のルイジアナはどのようであったか。柳生智子は、一八六〇年時点で南西部三つの州に十個前後のプランテーションを持ち、五百人以上の奴隷を所有していた、奴隷州全体でも二十人に満たないプランターの綿花栽培の仕方へと話を移す。だから、幾らか参考になる記述もあるが、それは特殊なプランターの例だから措こう。

では、どうするか。既に参照してきているドニュジエールの二著（LおよびFR）を参考にみてゆきたい。ただ、こちらに移る前に、現在のアメリカ合衆国に相当する地域への人々の移住とはどのようなものであったか、少し確認しておきたい。ルイジアナに来た人たちには特殊な性格があるかどうか、考えるためにである。英領となったカナダの中のケベック、「英語系の人々の中での・フランス系の人々が中心のケベック」を理解するにはカナダ全体がどのようであったかを知ることが必要だということと同じで、フランス系の人々が多数住んでいたルイジアナの、合衆国全体の中での位置を見なければならない。そのためには、合衆国が成立する前に、その合衆国に相当する地域に人々がどのようにしてやってきて、どのよう暮らしをしていったか、一瞥する方がよいだろう。

⑵一七世紀に始まる現在の合衆国への移住

さて、ジャン＝ピエール・フィシュは、ギ・リシャールが監修した『移民の一万年』という書物の「アメリカの移民」という章で、次のような見解を述べている。

一六二〇年のメイフラワー号で到達したピルグリムファーザーズ以降の人たちに関して言えば、「アメリカの移民は、神と金銭という二つの記号のもとにあった」(二〇九頁)。どういうことかというと、「分離独立主義の異端者たちは、ロンドンとリヴァプールの商人の財布に自由の探求という盲信的な冒険の出資手段を見つけ出し、宗教的・政治的迫害を逃れて自分たちの神を自己流に取り入れ、［中略］商人の方は、元金を何倍にもして返してもらうことを望んだ」(同頁)というわけである。そしてイギリス国王はそこに二つのメリット、「アジテーターを始末することと、有望だと判断した新しい土地に自国旗をはためかせること」(同頁)を発見したという。実際の事柄としては、随分とあとのことだが一六八一年に国王がクエーカー教徒のウィリアム・ペンという厄介なアジテーターにアメリカの或る土地、ペンシルヴェニアと命名した土地を与え、彼を隔離することがあり、以降、「初期の移住者は政治的・宗教的自由と、資産と、幸福を求め、経済的・政治的日和見主義を奨励された」(二〇九〜二一〇頁)とフィシュは言う。このアメリカの土地を与えることが効力を持つと西欧の人たちが当たり前のように考えていたことにも注意したい。

(ペンは翌年フィラデルフィアを建設、だが一六九二年にイギリスのウィリアムとメアリーに所有権利を奪い取られる(ＰＣ二一一頁)が、一七一九年に死去するとき二一〇〇万エーカーの土地を所有(ＰＣ二一三頁)。一七八三年にこの土地が、他の王党派の大きな領地とともに分割されて売りに出されるが、大半の土地は投機業者や既に相当の財産を持っている者の手に渡る(ＰＣ二六三頁)。富は大抵の場合に既に富を有している者のところに集まるという例だ。しかも労せずにして、という場合が多い。)

「あらゆる手段を使って移住が奨励された。それは国王の栄光と、船長や船主の最大の利益のためであり、彼らはそこに利益の出る新しい市場を見つけだしたのだった。海運会社は乗船客と食糧と道具を輸送して大きな利益をあげ、新しい植民地が生み出すに違いない富をヨーロッパに運ぶことを期待した」(二一〇頁)。

そして奨励に応じたのは、ロンドンの孤児、貧者、素っ裸の犯罪者——負債による囚人、徒刑囚、尊属殺人者、掏摸(すり)など——で、「イギリス社会は彼らの生活を支えるより、経費をかけて送り出す方が得策だと考えた」(同頁)という。

やはり経済的利益を求める人たちが、王国の領土獲得の野心あるいは統治上の理由で、厄介であるが利用できる最下層の人々の移住を主導したのである。では、他方、送り出された人たちはどうなったのか。これに関してフィシュは「年季奉公」制度が実に有効であったと、解説している。柳生氏はこの制度をルイジアナにおけるものとして話題にしていたが、年季奉公で来た人々の職種からすると、北部でこそ盛んだったのではないか思う。また、当時のアメリカを舞台にした諸々の文学作品を読むと、孤児や犯罪者のような人々ばかりではなかったとも私は思う。

「ヨーロッパからの移住者に対する年季奉公人という制度は、幾つもの意味で実に有効なことが明らかだった。既にアメリカに確立されていた潜在的雇用主は渡航料を支払ったし、(多くは)イギリスの会社が無料で渡航者を輸送した。しかし、五年から七年無休で働く約束をした彼らは、そのあとに自由になり、少し離れたところに住みつくことができた。それは靴の修理法や、紐の編み方や、樽の作り方を教えた以前の雇用主と競合しないようにするためだった。次第に増える住民の要望を満たす職人の数が少なすぎたので、彼らは直ぐに客を見つけだし、初期の植民地の西側の周辺の村々の発展を加速した。

そして住民の大半は、散らばって住むことをためらわないようになった」(同書二一〇～二一一頁)。そしてフィシュは、続いて移住者たちの家族形成について触れている。

職人の雇用主、年季奉公人と後者の年期明け後の暮らしがよく窺える説明である。

「彼らが契約を履行して自由になれば、家族持ちは家族を呼び寄せたし、生涯の伴侶を見つけるまで待ちきれない人は――大抵はそうだった――若い独身のヨーロッパ女性を呼び寄せようとした。また、幸運な人たちはアメリカで妻を見つけだした。妻と母親の潜在的な希少さが問題となり、腰の広い女性たちだけを乗せた船を、ヨーロッパから呼ばなければならないほどだった。彼女たちは波止場に集まった若者たちの中から、待っていてくれた約束の相手を見つけだそうとして、船の手すりにひしめいた。彼女たちのうちには〈タバコ女〉と呼ばれる人たちもいた。船から降りた彼女たちは、ヨーロッパ人が吸い始めたこの貴重な植物のかなりな数の包みと交換されたからである」(二一一頁)。

またも家族の重要性が語られている。その頃を描いた文学作品を読むと、波止場で待っていた人たちの中にはけっこうな年配者も混じっていた。そして序でながら、西部開拓が盛んになると、アメリカ内部で、妻もしくは母親を求むという広告が、新聞や商品カタログの通信欄に載ることになる。開拓地では家族無しではやっていけないというような状況の地域も多かった。子どもたちも労働力であった。もちろん、こき使われる児童労働者とは全く違っていたけれども。

ここで、年季奉公制は良いことばかりでは決してなかったことにも触れる必要がある。たとえばイタリア人の年季奉公の遣り方として「パトロネージ制度」というものがあり、パトローネから渡航費をもらってニューヨークに入った年季奉公人はこき使われ、ほとんど拘束されていたし（仕事から帰ると足を鎖につながれたりした）、少年も多かった。パトロネージ制度がどんなに酷いものであったかは、ドナ・ジョー・ナポリ『マルベリーボーイズ』[59]で見ることができる。彼らの救済のため、ローマ・カトリックの伝道師たちは一八九二年に「ポンペイ聖母マリア教会を開いた（ＰＣ四八五頁）。（序でだが、イタリアの少女の結婚年齢制限が法によって一二歳に引き上げられたのも同年である。）なお、イタリア移民は労働者階層では白人と黒人を問わず最低賃金で働いていたと言われる。そして一八九〇年には殺人の容疑で逮捕されたが無実となったイタリア移民一一人が暴徒による市場最悪のリンチで殺された（ＰＣ四七九頁）。

アメリカには（合衆国独立前から）沢山の国の人々がそれぞれの想い、都合で押し寄せ、それは現代まで続いている（ただし、強制的に移住させられたイギリスの罪人――独立前まで、それゆえに以降は過密状態になった刑務所の整理にイギリスは一七八七年に取りかかり、一七七〇年にジェームズ・クックが発見し、ジョージ三世の名において所有を宣言した、ニューオランダすなわちオーストラリアの東岸の島、この初認陸地のボタニー湾に新しく設置した流刑地に罪人を送ることにした（ＰＣ二六七頁）――やアフリカからの黒人奴隷もいる）。ジャガ芋飢饉（一八四五〜一八四九年）でアメリカに渡って何かとか生き延びようとアメリカに行けば何とかなるだろうと考えたアイルランド人[60]、繰り返されるゴールドラッシュ[61]のときには一攫千金を夢みた（アメリカ在住の人々だけでない）諸外国からの人々、自由を求める亡命者[62]、建設ラッシュで出稼ぎに来て、滞在のあと一部は故郷に帰らないことにしたドイツ（東プロイセン、現ポーランド）の大工チーム、ピレネー西部のバスクからは羊飼いがアイダホの高原で出稼ぎもしくは定住の志を持って働きにくる。出身地に驚くほどの多様性があるのは、アメリカ大陸北方のカナダの場合とは大きく異なっている。（以前、カナダは移民を出身地によって制限していた。今は積極的に移民を受け入れている。）

住む場所は都市も新たな開拓地も問わない。自分に合う土地に気楽に移住する。あるいは雇い主の意のままに何処か働く場所に連れていかれる。合衆国は連邦制を取っていたけれども、人々は簡単に州を跨いで移動したのである。ただ、ルイジアナにはどっしりと其処に根を下ろし、その地に強い愛着を懐くフランス系の人々がいた。ここにルイジアナの特色がある。根を下ろした人々ということで言えば、もちろん、マサチューセッツでもコネティカットでもニュージャージーでも同じだっただろう。けれども、こちらでは、家系はいつまでに遡れるのか、古いほど誇れるというようなことはあるにせよ、そして後からの移民に対する差別もあるとも言えるにせよ、大多数の人々は州を単位とした集団への帰属意識よりは、仕事関連の利益集団を仲間と感じていただろうし、彼らが占拠する土地は決して広くはなかった。土地は耕したりして富を引き出すものから、徐々に住むためのものへと移行する場合が多くなっていったからである。銀行関係者や小売業者、職人、工場労働者のことを考えるとよい。

そして出自を別にする人々が一方では意思疎通の必要のためにアメリカ英語を使い、他方で家族内で、あるいは自分たちの小さなコミュニティがある場合にはそこで母国語で話す。しかし、アメリカ国籍を得た場合でも、だからといって多様な人々の権利の平等にはほど遠いし、差別の感情も激しい。アメリカへの移民たちを描くさまざまな文学作品を読むと、どうやら、移民たちは古い順番であとから来た人たちを差別していたようである。それからもう一つ、密航者の場合はもっと苦しい。低い賃金で働かされて我慢して受け入れる。逮捕や送還が怖いからである。しかも、彼らに仕事を奪われて職をなくした人々から恨まれる。このような状況は二一世紀初めの南アフリカでも見られる。ついこの間の二〇〇八年に南アフリカで、ジンバブエから来ていた人たちなどが、「外国人［クウェレクウェレと呼ばれる］は皆殺しだ」と叫ぶ暴徒に住まいごと焼き殺されたという事件があった。

それから一つ、思想史との関係で特筆したいことがある。一九世紀前半のフランスではその後に影響を与えるさまざまな思想が生まれたが、その中でユートピア的なものもあって、かつ、それを実現ないし実験しようとアメリカの新天地に渡った人々がいる。代表的なのは、エティエンヌ・カベの「イカリー［イカリア］共和国の思想と新大陸における建設の試みだろう。ルイジアナの裕福なシャルル・ド・ヴィゴール大佐（フィクション上の人物）の前にバプティスト・フィヤードというフランス語を喋る放浪者が現われて、信じられない冒険談を語った。

「彼は一八四八年の三月二七日にヌーヴェル・オルレアン［ニューオーリンズ］に着いた。イゼール県のヴィエンヌから、ルージュ川の畔のテキサスに共産主義者のエティエンヌ・カベによって築かれたコミュニティに参加するためにだ。彼は六八人の仲間と一緒に、共和主義者が望んだ革命［二月革命］の二十日前の一八四八年の二月三日にアメリカの帆船ローマ号に乗船しルアーブルを離れた。彼らは約束の地に向かうヘブライ人のように歌った。

魂と心とを一つに

祖国を築こう
そして心から繰り返そう
イカリーに向かって出発しよう
そうだ、心から繰り返そう
漕ぎ進もう、漕ぎ進もう、漕ぎ進もう、
漕ぎ進もう、イカリーの方へ！」（L四〇七頁）

彼らの失望は余りに酷いものであった。その詳細についてはここで述べる必要はないだろう。それから、これは少し前のイギリスの実際家の綿紡工場主オーエンのことだが、彼はイギリスで婦人と児童との労働を軽減し、児童に教育を与え、協同組合、全国労働組合連合の結成にも尽力し、一八三三年には工場法の制定にまで影響を及ぼしたのだが、その間、オーエンは一八二五年に全財産を投じて北アメリカのインディアナのニューハーモニーに、理想とする自給自足、完全平等の協同社会の建設を試みたが、この事業は完全に失敗した。新大陸、新天地はよほど何か新しいことができる可能性がある土地だと思えたということだろう。

以上、主としてヨーロッパからのアメリカへの移住について概観した。が、一つ特筆したいことがある。それは一八四七年からニューヨークの移民管理官が正確な記録を残すようになったことだ。現在でも私は合衆国がさまざまな統計を日々発表していることに感嘆しているが、今から一八〇年弱前にこのような記録を取り始めたことに敬意を評する。そして、まさにこの年に最初の中国人移民が三五人、中国の広東から外洋航海用のジャンク船に乗ってニューヨークに到着したという。ただ、注68でみるように、翌年にゴールドラッシュが始まってからは中国人のカリフォルニアへの到来は急増する。また、注60で述べたように、この一八四七年から一八六〇年までにニューヨーク港だけで約二五〇万人の移民が合衆国に入国し、そのうち一〇〇万人以上がアイルランド出身者だったそうである。なお、ニューオーリンズから入った移民の数はどうだったか。

「翌年の一八四八年の一月一日から一〇月一日の一〇ヶ月間に来た移民の数は一六万人以上にのぼり、そのうち一三万人はミシシッピー川流域に向かった。多数だったのは、あまりつき合いのよくない七万九〇〇〇人のアイルランド人。そして次の人々が数えられた。四万四〇〇〇人のドイツ人、二万人の英国人、五六〇〇人のスコットランド人、二二四六人のフランス人、一四一四人のスイス人、二五一一人のオランダ人、三五三人のアンティル諸島の植民者、二五一一人のイタリア人、二三〇人のスペイン人、一一人のロシア人、一人の中国人」（L四〇四頁、ニューオーリンズ領事館の統計によるという注記）。

第2節　一八三〇年

(1) 一八三〇年　ニューオーリンズ

さて、アメリカ合衆国の成立以降のルイジアナを見るためには、そのとき、ルイジアナには概ねフランス人が、もっと多数の黒人（ほとんどが奴隷63）と一緒に住んでいたということを念頭に、合衆国全体がどのようなものであったかを考えねばならない。最初に、ルイジアナがイギリス系の人々のものにならずに済んだ理由として、イギリスとスペインの一七七九年の戦争を見るのがよいだろう。スペインはイギリスにアメリカのイギリス植民地との交戦をやめて後者の独立を認めるよう要請するが、イギリスは逆に植民地支援から手を引くことを要請、交換条件としてフロリダ、ジブラルタル、ニューファンドランド島沖のタラ漁の漁業権を放棄すると申し出る。けれどもスペインはイギリスに宣戦布告。そして、同年のバトンルージュ［この地については本章第3節(1)で説明する］の戦いでイギリスのミシシッピー川流域制圧の望みに終止符を打った（PC二五八～二五九頁）。

次に、ルイジアナの中の都市、ニューオーリンズの一八三〇年頃を見てみよう。

アメリカ大陸北部の先駆者たち（ケベックとアカディア）に遅れて一七二〇年頃からルイジアナに住みついた、フランスからやってきて農場主となった人たちがいて、地域全体がフランス語（クレオール）使用の地となった。使用が不可欠なドルも「ピアストル」と呼ぶなどした。ルイジアナの自分たちの土地を去って何処かに移り住むというようなことは、少なくとも上流階級の人たちには考えられなかった。そして、農場と「ラ・ヌーヴェル・オルレアン」として一七一八年に設立されていたニューオーリンズ、今や繁栄する商業都市とを行き来していた。ニューオーリンズは一八二〇年から三〇年の間に急速に繁栄の道を歩んだ。

「一八二六年以来、繁栄に満ちたこの都市の主要道路はベルギーから輸入された敷石で舗装され、広い歩道で縁取られ、それらの歩道に沿っては暑い季節には大気を涼しくするべくミシシッピー川の水を運河が運び、春にそれらの活き活きした幹線道路を辿るのは実に楽しいことだった」(L一四)。

「［実に］一七二三年に植民地に派遣されたフランス国王の技師、ルブロン・ド・ラ・ツールの古い計画に従って直角に交差するよう道が付けられた街路に沿って、五百軒以上の店、四百軒以上の宿屋や居酒屋が開かれていた。［中略］地区全体としては［一八〇三年のアメリカへの編入のときの儀式の描写では中央の街並みだけが注目されていたのだろう］、五年ほど前［一八二五年］にはほとんど、人影のない沼地か、建物正面の柱は継ぎ目がしっかりせず、夕立と日照りが交互に訪れるため屋根が膨れ上がっている、無秩序に建てられた貧相な木造住宅しか見られなかったのが、ちょっとの年月で美しい煉瓦造りの建物で覆われた。それらが公共建造物であれ、大きな店舗あるいは住宅であれ、すべては商業の途方もない飛躍を証明していた」(同頁)。

そして建物の描写が続く。ギリシア風(円柱の柱)、スペイン支配の名残り(細かい細工が施されたバルコニー、細い柱に支えられ線上に連なる花装飾や金属もしくは木材のレースで飾られた回廊、涼しくて、小さな泉が時折り歌う緑の樹木で囲まれた場所は宝石箱のよう)、フランス趣味(簡素で、大きな窓のあるファサード、規則的に石灰で白く塗られた欄間)。

運河沿いの道路から街中の様子、立派な建物まで、目に浮かぶような描写だ。土地と建物とは其処に住む人々の生活を想像させる。けれども、ニューオーリンズは商業都市で、お金とそれが手に入れさせてくる享楽のことしか考えていなかったようだった。では、そのお金は何処から？　ここでも交易である。沢山の船舶が外洋港から河の波止場まで、更に上流へと、そして逆方向へと行き交っていた。

第２章第２節⑷で、ルイジアナが合衆国の領土となったとき、つまり一八〇三年のニューオーリンズの人口はおよそ一万人だったと述べたが、一八一〇年のニューオーリンズの人口は二万四五六二人、ルイジアナ全体で約七万人だったという。他方、西部のどの都市も数千人から千人ほど。多いピッツバーグで四七六七人等々である。アメリカで最大の都市はフィラデルフィアを抜いたニューヨークとのこと。ただ、これら二つの都市の人口は私には調べられなかった。

⑵一八三〇年　合衆国の交通インフラ

では、その船舶はどのように運行していたのか。ここで、合衆国の交通状況を見てみよう。以下は、トレガー『トピックス・エピソード世界史大年表』（ＰＣと略記）とドニュジエールの二つの作品（ＬおよびＦＲと略記）から得た情報である。

一八三〇年はミシガン湖畔にシカゴの町としての建設が始まった年である。一八二五年日一〇月二六日にエリー運河が開通し、五大湖とハドソン川が結ばれ、ハドソン川はニューヨーク湾に注ぐので、五大湖は運河と川とで大西洋ともつながったわけである。それゆえ、一八二五年にはシカゴは未だフォート・ディアボーンの砦として七〇人の守備隊がいただけだったが、三〇年からは急速に発展し始めた。

エリー運河は州の所有で八百万ドルが投じられ、長さ三六三マイル、幅四〇フィート、水深四フィートで、一時間に一、五マイルの速さで船を曳くラバ用の曳き船道があった。中西部から大西洋まで貨物を運ぶのに必要な日数は、二〇日ないし三〇日から八日ないし一〇日に短縮、貨物輸送料は百ドルから五ドルに下がった。

ところで、蒸気船の方はどうか。以下、進展の歴史を記す。

一七八七年八月　アメリカの発明家ジョン・フィッチがデラウェア川で蒸気船を進水させ、九一年に蒸気船の特許発行を受ける。だが、翌九二年に四隻目の蒸気船が嵐で難破し、資金提供者たちを失望させた。

一七八七年一二月　メリーランド（アメリカ）の発明家ジェームズ・ラムゼーが、ポトマック川で蒸気船を航海運転。この蒸気船は、蒸気ポンプで船尾に水流を起こして動かす。

一七八八年　スコットランドの技師ウィリアム・サイミントンが最初の実用蒸気船を発明。彼は外輪船に直接駆動蒸気機関を設置。ただ、商用として注目はされなかった。

一八〇七年　商業的に成功を収めたロバート・フルトン設計の最初の蒸気船がハドソン川を航行し、三二時間後にオルバニーに到着、ニューヨーク～オルバニー間の定期便が始まった。動力源はイギリス製。

一八〇八年　ニュージャージー州の技師ジョン・スティーブンズが建造した船はアメリカ製エンジンを取り付けた最初の蒸気船。

一八〇九年　やはりスティーブンズが建造した船が最初の外洋航海に成功。ニューヨークからサンディ・フックとケープ・メイを廻り、デラウェア川に到着。

一八一九年

上記の推進力を利用した船（三五〇トン）が初めて大西洋を横断。五月二二日にジョージアの港を出て、六月三〇日にリヴァプールに到着。ただし、航海中に蒸気の力を用いたのは八〇時間に過ぎない。エンジンは帆の働きを補う外輪を動かす低圧の一基だった。また、三二室の特等船室があったが、九〇馬力のエンジンの危険性に二の足を踏んで、乗客は一人もいなかった。

一八二六年

オランダ船が、完全に蒸気の力だけによるのではないが（汽罐——ボイラー——に必要な淡水が不足するゆえ）、蒸気力による大西洋横断輸送機関の先駆となる。

一八三〇年

汽罐に真水を供給するという問題が、表面凝縮器の発明によって解決される。

一八三八年

二隻のイギリス船（木造）が、一隻（七〇三トン）はロンドンからニューヨークまで一九日、もう一隻、船体が大きく船足も早い船、グレートウェスタン号（一四四〇トン）はブリストルからニューヨークまで一五日。（因みに、一八二七年に大型帆船がニューオーリンズからリヴァプールまで二六日という記録的な時間で走破していた。）両方の設計者イギリス人のザムバード・キングダム・ブルネルの父は、イギリスでロンドンとブリストルの間のグレートウェスタン鉄道のウォッピングからロザハイズに通じるテムズ・トンネルを開通させ、船を設計した息子のブルネルは、鉄道の軌道を広軌に改め、グレートウェスタン鉄道の陸橋、トンネル、橋なども設計した。船の名はこの鉄道にちなんで命名されたのである。なお、鉄製蒸気船の就航は一八五五年。

ところで、一八三〇年には、ニューオーリンズの港に一年間に二千回以上(本当?)貿易船が出入りしたといい、ミシシッピー川を内陸深くまで航行する蒸気船の方は一八四〇年に二〇〇隻以上、一八二〇年代半ばの二倍。ニューオーリンズはアメリカ第四位の大都市となり、次の一〇年間に合衆国の輸出品の半分以上がこの港から積み出され、船荷の量ではニューヨークを凌ぐようになる。そして船舶は、セント＝フィリップ要塞の下で停船し、船長は積み荷目録を提出、次に一二海里進んで検疫官と医師を迎えるために二度目の停船で(これは一八二五年に、煩雑さと船の混雑、遅滞を避けるために市長が廃止を宣言)、帆をあげるマストの数が三本か二本かによって一〇ピアストルか六ピアストルを支払う。そして次は税関で「法定重量に足りない貨幣」やトン当たりの税金を徴収される。税官吏へのチップ、「袖の下」のようなものが五ピアストル。それから市税としての埠頭税が加わる。

なお、ミシシッピー川を行き来する蒸気船での問題は、しばしばボイラーが爆発して船が炎上することであった。船長たちは、暴走を禁ずる法律を無視して競争し合うことが多く、ボイラーを過加熱させるのであった。ボイラーは「湯沸かし」と呼ばれていた。また、衝突による火事もあった。一八一〇年から一八四一年の間に四千人近くの人が犠牲になった。一八三一年から三三年にかけては八隻に一隻の割合で蒸気船が沈没。そこで、一八三八年に競争を強く禁じる法令が定められた。

序でながら、南部には当分の間は関係ない鉄道の方はどうだっただろうか。一八二七年にメリーランド州から特許がおりた、一般貨物と乗客輸送用のボルティモア・アンド・オハイオ鉄道の建設が二八年に始まり、三〇年には最初の一区間(ボルティモアとエリコット・ミルズ間一三マイル)が完成。アメリカで作られた最初の機関車「親指トム号」が列車を牽引して駅馬車と競争。滑車のベルトが外れて最後の瞬間に負ける。(初めてアメリカで蒸気機関車が走ったのは前年一八二九年で、イギリスから輸入したものであった。なお、ボルティモア・アンド・オハイオ鉄道がオハイオ川のホイーリングに達するのは一八五四年。）

以上から分かるのは、新しい発明、技術が続々生まれ、直ちに実用化されたということ、それから、交通のインフラが如何に重要視されたか、そして交通の要衝に都市が形成されたということである。なお、上記の技術者たちの年齢は記さなかったが、若い人が多かった。

蒸気をエネルギーとするという技術はイギリスが牽引し、それが直ぐにアメリカやフランスに伝播した。フランスの最初の鉄道もイギリスの機関車を用いたもので、一八二九年、リヨン〜サンテティエンヌ間であった。交通の便を図ることは広大な土地のアメリカでは特に重要であった。ジェームズ・ワットが一七六五年に発明した蒸気機関に改良を加えたとき、実験費用を出してくれたのは鉄工所経営者で、ワットは六九年に特許を得ると機関の工場を創立。更に八二年には複動回転式の新型蒸気機関を造り、あらゆる機械の動力となることを望んだ。実際、八五年には紡織機に使われ、綿織工場に設置されるなどした。が、手工業から機械工業への移りゆきはもちろん重要だが、蒸気船や鉄道という物や人の移動に関わる事柄の重要性は計り知れない。

特に人の移動とは土地や河川、海の利用に直結し、物の移動は人の移動に伴うものである。そして、交通路の起点や終点、交わるところでは都市が発展する。シカゴが重要な都市になったのは、交通の中心であるゆえである。一八二五年のエリー運河は五大湖を大西洋につないだが、南北には四八年に五大湖からオハイオ川、ミシシッピー川を経てメキシコ湾へ至るイリノイ・ミシガン運河ができ、これによって発展は加速し、また五五年には幹線一〇本、一一本の支線が集まる鉄道網の中心となった。なお、鉄道については、リンカーンに関して述べる本章第4節(1)で取り上げる。

因みに、昔から人の移動そのことが作ってきた道路の方は、この頃のアメリカではどうだったのか。一八一七年に、カンバーランド・ロードがポトマック川沿いのカンバーランドから、西のオハイオ河岸のバージニア州ホイーリングに達していたが、ジャクソン大統領はその国道を更に西に延長すべく「ナショナル・プロジェクト」として一三万ドルの予算を割り当てる法案に署名。この国道は、下が石で、中央部には幅三〇フィートにわたり砂利が敷いてあった。

また、一八三〇年は、最初の幌馬車隊がミズーリ川からロッキー山脈へと進んだ年だ。これは毛皮交易のためである。東部の陸地からカリフォルニアへの移民の大移動のルートとなる幌馬車街道が、サンタ・フェからサン・ディエゴまで通じるのは一八四七年。合衆国の中佐に指揮された、次の(3)で述べるモルモンの大隊およそ四百人の力によってである。彼らは道々井戸を掘りながら、敵意あるアパッチ族の支配する土地を通り抜けたのである。

また一八三〇年の前年は、ボストンに全く新しいホテル、一七〇室のトレモント・ハウスが開業した年でもある。

「それまで、見知らぬ宿泊者三、四人が一つのベッドで〈スプーンのように〉横たわったり、時には女性が男性と同じような部屋に泊まったりというようなこともあったが、ガス灯もあるこのホテルでは、一人ひとり、もしくはカップルで鍵付きの個室が与えられた。一日二ドルで、毎日四食と無料の石けん一個が提供された。ただし、風呂はあるがすべて地下室で、通りに面した入口から入らなければならなかった」(PC三三二頁)。

風呂付き部屋のあるホテル(マウント・バーノン・ホテル)ができるのは一八五三年だという(PC三六九頁)。なお、同じ年の一八二九年に、ドイツの出版業者カール・ベデカーが旅行案内書を出版。それはドイツのコブレンツ市の案内書だったが、以降、この案内書には、ドイツ語、フランス語、英語で、ベデカーが多くは変名で訪れたオリエント、北アメリカ、ヨーロッパの各都市の名所、食物、宿泊所が記載されるようになる。

⑶一八三〇年　合衆国の話題

さて、一八三〇年の合衆国の話題としては、以上の他に何があるだろうか。

第一に、ジャクソン大統領による「インディアン移住法」。インディアンはミシシッピー川より西へ移住することを定めた。合衆国のインディアンに対する仕打ちは酷くなるばかりだった。

第二に、他の法案として、二年前の一八二八年五月に立案者たちの意に反して調印された、輸入品の関税を引き上げる「忌まわしい関税法」と呼ばれる法を巡っての、ジャクソン大統領と副大統領カルフーンとの戦い。この戦いは長く続くし、それから生まれたカルフーンの州権論は、南北戦争前夜の南部の人々にとって一つの拠り所ともなった。この関税法に戻れば、これはアダムズ大統領の信用を落としジャクソンを大統領に選出する目的のもとで考えられ、議会で可決されることは想定していなかったという。この法案はニューイングランドの製造業者と西部農民たちを利するものであった。南部でも砂糖黍栽培者は外国との競争に直面していたので保護主義に同調した。経過は次の通りである。

一八二八年にニューヨークの上院議員マーチン・バン・ビューレンは、一八一三年のクーリー族インディアンとの戦いで有名を馳せたジャクソンの愛国的虚栄心をそそのかして大統領に立候補するよう説得した。立候補するとジャクソンは工業と商業のブルジョワによる独占に対する敵意を宣言した。ブルジョワたちは合衆国の北部で影響力を絶えず大きくしていた。この一八二八年にジャクソンは圧倒的票を獲得して大統領になったが、この関税法案に反対する南部の支持者たちは期待を裏切られた。当選したジャクソンは「戦利品」と呼ばれたシステム、すなわち連邦の公共機能のすべてを彼の選出を助けたメンバーたち、北部の実業家たちにつながる連中に分け与える体制を創出したのである（L二七〇頁）。

この体制について、一八三二年にニューヨーク州代表の上院議員ウィリアム・ラーニッド・マーシーは「勝利者が戦利品（スポイルズ）を我がものにしてどこが悪いのか」と言った。〈猟官制度（スポイルズ・システム）〉という言葉がこれ以降、用いられるようになる。マーシーは二〇年間、州知事、陸軍長官、国務長官を歴任（PC三二五〜三二六頁）。いつでも何処でもみられる政治と経済的利害との結託である。猟官制度は、一八八一年に猟官運動に失敗した男が時の大統領を暗殺したという事件を受けて、やっと一八八三年に〈官吏任用改革法（ペンドルトン法）〉によって廃止という方向にゆく。

法律は制度を定め、それに従うことを関係する人々に強制するという点で強力なものだ。けれども、経済を支配する人々の意向無しでは、この政治的な力は発揮できない。政治が民意を掬い上げるという建て前での民意とは、一部有力者の見解でしかない。もちろん、北部の実業家たちは自分たちが経営する工場の労働者や製品の消費者たちの立場を考慮するので、場合によってはそれらの人たちが持つと思われる考えを推し量った上で己の見解を定めるのだろうが。砂糖黍生産者で言えば、彼らが積極的に保護主義の法案を立案ないし訴えを行ったわけではなく、法案を知らされて歓迎したに過ぎない。

一方、アダムズ大統領とジャクソン大統領と、どちらのもとでも副大統領であったカルフーンは直ちに、この法は「素材と製品の価格を押し上げ、民衆の怒りをかっている」と抗議。この抗議文はサウス・カロライナ州議会に報告され、議会はその印刷を命じた（PC三一八頁）。カルフーンの副大統領選出について詳しく言えば、一八二四年の大統領選挙では大統領は決まらないが、カルフーンは副大統領に選出、翌年、アダムズが大統領に選ばれた（PC三一二頁、三一四頁）。

その後、関税を下げるのは南部諸州の願いであった。一八三二年に新関税法が七月に下院を通過したが、幾らかの緩和がみられるものの、保護主義の原理は保持されたままであった。保護は英国やフランスの繊維産業の製品が北部実業家の企業に対して持つ競争力を制限するためのものであった。けれども、南部の綿花に対しては、アメリカ国旗を掲げない船で運ばれるとき、綿花トン当たり二〇フランの差別関税が課せられ、これはヨーロッパの買い手にとっては由々しきものであった（L九六頁）。

ところで、カルフーンに関して重要なのは、州権論であって。この年の八月にサウス・カロライナ州知事に宛てた書簡で述べられている。この理論に基づき、サウス・カロライナ州議会は一一月に「無効法」を成立させ、関税法案はサウス・カロライナでは無効かつ空虚なものであって、法ではないとみなした。憲法違反と判断される国会の法案を州は無効だと宣言する権利を持つというのである。このカルフーンの考えは、後々まで、南部諸州で、合衆国からの独立という考えの拠り所とされた。合衆国に加入したのと同様に全く自由に脱退する権利を持つというのである。これは、カナダにおける州がカナダという国家から独立する権利を持つというのに似ている。ただカナダでは、その分離の可能性に備えて、その場合の手続きを前もって決めておくということにまで進んだ。だから、既に述べたように、ケベックはその手続きに従って独立に関して投票を行ったのである。なお、ケベック州は独立はしなかったがカナダ国家の一九八二年憲法を今もって認めていない。

ところで、ジャクソン大統領は無効主義者を激しく非難。彼の副大統領候補の名簿上ではカルフーンの名が、ジャクソンの大統領への道を開いたマーチン・バン・ビューレンと置き換えられていた。カルフーンは副大統領の地位を辞し、上院議員の席につく。一方、ビューレンは一八四八年に大統領になる。

三番目に、ジョゼフ・スミスの「モルモンの書」の出版。一八三九年には、一万人のモルモン教徒がミズーリから追われてミシシッピー川沿岸のコマースに住みつく。「ノーブー」と命名されたその町はイリノイ州最大の都市になる。更に一八四六年、一八四四年に暴徒によって殺されたスミスのあとの指導者となったブリガム・ヤングが、モルモン教徒を引き連れ、合衆国の西の境界を越えてメキシコ領内に入り、グレート・ソルト・バレーに留まる。そして一八四八年に、モルモン教徒はグレート・ソルト・レイクの岸を耕すに当たって、合衆国の農業史上初めての灌漑を導入した。（ソルトレイク・シティのヤングが定めた場所にモルモン教――末日聖徒教会――教会堂が完成するのは一八九三年である。）

アメリカでは、フランクリンが活躍した頃から、一人だけの宗教、三人が集まるとまた新しい宗派という具合に、さまざまな宗教、宗派が続々と起きたが、モルモン教は一大集団となった。一九九〇年の国勢調査によれば、一二〇の宗派と一二〇〇の宗教団体が存在していた（この調査に関してはブシャールからの情報、前掲『ケベックの……』四〇五頁)。アメリカへの移民に関して、ピルグリムファーザーズの信仰に焦点をおく見方は一面的である。アングロ・サクソン系で新教徒の白人、いわゆるワスプは、確かに「支配的特権的階級として、生産手段と政治的決定機関と社会機構を手中に納めた」(前掲『移民の……』二一三頁)のではあるけれども。

第3節　大地

⑴一八三〇年　大地と農場主

さて、ルイジアナの中心は確かにニューオーリンズであった。だが、この都市は貿易都市である。其処には外国からさまざまな物資が運び込まれ、川幅の広いミシシッピー川は内陸へと深く伸びていて、船は其処を往き来した。しかるに、ルイジアナ定住植民の創設の地は港ではなかった。列強の競争、争いに備えた要塞ではなく、定住するために、まずは食べ物を得るための農地を開拓しなければならないからである。その地は、現在のルイジアナ州の州都バトンルージュの西地区で、一七二二年のことである。

一六八二年のラ・サールによる「ルイジアナ」命名については既に述べた。その後

「一六九九年三月、ルモワーヌ・ディベルヴィルはミシシッピー川をバトンルージュの北まで溯って、川の大きく曲がっている所にきた。探検家たちは支流と思われた水路を発見し、鬱蒼とした木々が両岸を覆う中に迷い込んだ。それからもっと大きい流れを辿ることになり、ディベルヴィルと仲間たちは、

明くる日に、自分たちがミシシッピー川の川幅が異なる二つの腕のような支流に囲まれた島を一周したことに気づいた。彼らはこの島をプワント・クーペと名付けた。その後［本章第1節(1)で話題にした］ジョン・ローの宣伝でやってきた植民者たちは、泥地で肥沃なものになっていたこの二つの水路の周りと島とを開発した。島を囲む水路は洪水対策のため一部堰き止められ、川状の湖となり、フォス・リヴィエール（偽りの川）と呼ばれるようになった」（L八四頁）。

（「フォス・リヴィエール」はドニュジエールの『ルイジアナ』第二巻の表題として選ばれている。）

「誰も足を踏み入れたことのないジャングルに覆われた土地で入植者たちの最初はどんなに困難なものであったことか。彼らはインディアンとその時代には森にうようよしていた危険な獣たちから自分たちを守りながら、何千という木々を切り倒し、開発し続けた。そして、長い間、或る人たちは奴隷商人から買うことができた少数の奴隷と一緒に掘っ立て小屋で暮らした。侯爵の称号を持つような身分が高い人たちは川［ミシシッピー川］に直角の帯状地帯の良い土地を分け合い、お金に恵まれなかった人たちはエンドウ豆の形をしたかつては島であった場所、人々が「鳩小屋」と呼んだところに住んだ（L八五頁）。

彼らは月に二〇ドルか三〇ドルで二人の奴隷を借り受けるだけのお金しかなく、居心地の良くない家で奴隷の家族ともども一緒に暮らし、家具を自分たちで造り、薫製ハムを付けで買い、水しか飲まなかった。黒人同様、スコップと鶴嘴（つるはし）しか持たず、贅沢としてはメロンと幾つかのすぐりの木を栽培した。税金は払うが、子どもたちを学校に通わせることは無視した。けれども、事が自分たちの自由に関することとなると、自由のために戦った（L二六五頁）。

幾つかの家系は、藍、ついで綿花、時には米を栽培して財産を拵えたが、多くの植民者は、子どもたちへの遺産として貧相なあばら屋とブレ・インディアン［トウモロコシのこと］しか生えない僅かばかりの土地しか残さないで死亡した（同八六頁）。

藍はかつてはルイジアナの主要栽培物だったが、綿花と砂糖黍栽培のために見捨てられた。が、アタカパスやオピリサスの高地では、幾人かのプランターたちが、綿花の値段が安くなったときに再び植えた。とは言え、藍の収穫量はルイジアナと隣接した諸州との消費に必要な量を越えることはほとんどなかった。「藍は綿花よりはずっと手入れが要らないので、その畑〈青い四角な土地〉で働く年老いた黒人たちは、特権階級のような顔つきをしていた」（一二八頁）。

そして人々はやはり結婚し、子どもを育て、そして小さな墓地で土に還ったのであった。

「イエズス会の神父たちの手で結婚し、子どもたちの洗礼を受け、葬られた。その墓にはブルターニュ、リムーザン、ヴァンデ地方出身のフランス系の名前が刻まれている」（L八六頁）。

なお、この場所ではなく、後からは平原の方を開拓した人たちもいて、其処の小さな灰色の屋根板で覆われた家々には、一八三〇年の時点でも開拓者たちの子孫が住んでいた。彼らは、魅力ない生活であったにも拘わらず、合衆国へのルイジアナ売却の際にナポレオンによって提供されたフランスへの帰還という機会を利用しなかった。ただ、その土地すら、法的な所有権がどうのと言い出す後から来た人たちに奪われることすらあった。

さて、成功した農場主たちはどうだったのだろうか。何らかの仕方で貴族の称号を得ていた場合も多く、王朝の創設者たちのように自尊心を失わず、その役割をこの地で果たしているつもりだった(だから、農場を管理するが実際の労働は黒人奴隷が行った)。

ケベックのエリートたちのように母国に帰ることは問題外だった。すっかりルイジアナの大地に根を下ろし、この地でブルボン朝のフランスに根を持つ自分たちの文化を築いたのだ。本国では革命、帝政、王政復古、更なる革命と大きく歴史は動いていたのだけれども。

一八三〇年(七月二九日)はシャルル一〇世が退位し、五六歳のブルボン家オルレアン公がルイ・フィリップとして王位についた、いわゆる七月革命の年であった。七月二七日にシャルルによって発布された五つの勅令(定期刊行物の自由の停止、議会の解散、政府の厳しい統制など)への抗議文をジャーナリストのティエールが起草。急進主義者たちはパリの街路にバリケードを築き、ラ・ファイエットを大統領に推そうとしたのだが、ティエールと自由主義者政治家に機先を制されたのである。

当時におけるルイジアナにおける独特なフランス文化の根強さは、先にルイジアナが合衆国のものとなった時のニューオーリンズの様子からも窺えるが、次の事柄もそれを物語っている。

「工場からの薄煙や場末のぼろ家があるイギリスの都市からルイジアナを訪れる人は、其処にヨーロッパが戦争や革命を通して少しずつ否定していった上品な文明を再発見できるのを好んだ」(L二九頁)。

一八〇三年にルイジアナが合衆国のものになったとき、人々は男女を問わず

「名前はアメリカだが、感情ではいつもフランス的。

〔中略〕

ルイジアナは政治制度上はアメリカになったが、日常の暮らしや社会のことの遣り方を支配している風習や習慣はいつまでもフランス的だろうと予想できる。用事があってこの地に来るアメリカ人や更に英国人でさえ、知らず知らず此処に住む古い人々のうちに溶け込んでしまう[64]」(L八八頁)。

この「いつまでも」という予想は外れたが、当時の人々が自分たちの文化の強さを信じていたことが窺える。ただ、フランス本国のかつての文化とは決定に異なる様相があった。それは黒人奴隷の存在である。黒人の扱いは農場によってさまざまだが、一般的には過酷であった。けれども、本書では沢山の人々によって散々論じられてきた奴隷問題は扱わない。扱うとすると大部になるし、どのみち私はさまざまな書物等で学

んだことを私なりの仕方で要約することしかできない。一八三〇年の合衆国の人口は一二九〇万人で、そのうち三五〇万人は黒人奴隷であった。一八六三年に奴隷解放宣言が効力を持って、およそ四〇〇万近くのアメリカ奴隷が解放。六五年に奴隷制度廃止が憲法によって条文化されたときも、サウス・カロライナ州とミシシッピー州の全白人家族の半数が奴隷を所有し、また全奴隷所有者の一二パーセントが二〇人以上の奴隷を所有。そしてルイジアナでは、一八四〇年に白人一五万、黒人二〇万、一八六六年には白人三四万、黒人三六万人となり、黒人の比率は下がった。南部の全自由人のうち七五パーセントは奴隷と直接の関わりを持っていなかった（PC三九二頁その他）。

（それから、英国で、スコットランドの炭坑夫、そして女性と子どもが実質的に奴隷として働かされていたことにも注意したい。子どもたちの多くは八歳以下で女性たちと同じく一日に一〇時間から一二時間も働く。そして、雇用主が必要としなくなると、彼らは炭坑夫や岩塩坑と一緒に譲渡されていた（PC二五四頁）。彼らを解放する勅令にジョージ三世が署名するのは一七七五年。七八年に解放されるが、完全な自由を得るのは翌年である。また、アメリカでは中国からやってきたクーリーの労働状態のことも考慮しなければならない。これについては、注68を参照。なお、ヴォルフによれば——前掲 *EUROPE and the* .... 三頁——、アイルランドの子どもたちが西インドに奴隷として売られたことにも注意したい。）

なお、フランス本土では黒人奴隷はいなかったが、奴隷貿易を行っていたし、フランス革命の国民議会（国民公会）が一七九四年に奴隷制廃止を宣言したが、ナポレオンが一八〇二年に復活させた。植民地は奴隷制無しではやってゆけないと考えたのである。フランスが黒人奴隷制を最終的に廃止したのは第二共和政の時代、一八四八年である。なお、注33で著作を紹介した中世史家ペルヌーは、中世には女性が財産権を有していたことに象徴されるように女性の社会的地位は高かったのが、ナポレオン法典において女性の地位は最下点まで落ちたと指摘している[65]。

デンマークが奴隷貿易をやめた最初の国である。一七九二年のことである（PC二七三頁）。スウェーデンは一八一三年に奴隷貿易を断念。イギリスは一八〇七年に廃止。ただ、その前史として一七七三年のサマセット事件の裁判結果〈奴隷はイギリスに入国次第、自由になる〉という判決が出て、これが転機となる（PC二五〇頁）。サマセットは一七六九年にイギリスに連れてこられ二一年に逃亡したがジャマイカに送られて投獄。翌年からこの件で裁判と言われている。だが、真相は次のようであるようだ。慈善家のグランビル・シャープが法律家に打ち据えられてロンドンの路上に放置された奴隷を見つけ、看病。その健康が回復した奴隷を法律家が誘拐してジャマイカに売ったと。この事件に世間は激しい非難の声を挙げたという（PC二四四頁）。そしてイギリスは一八一八年には本格的に「反奴隷西アフリカ艦隊」を編成しアフリカ西海岸の奴隷海岸に送り込み、各国の奴隷船と激しく戦い、また奴隷商館を破壊した。合衆国では一八〇七年に奴隷輸入の禁止法案が発効した〇八年以降も奴隷の密輸入は続いていたし（PC二九二頁）、一八一四年に合衆国とイギリスとのヘントの講和条約奴隷では貿易禁止協力で合意するが、合衆国のボルティモアやロードアイランドの港などで建造された船はイギリスの軍艦より船足が速く、奴隷貿易は拡大した（PC三〇〇頁）。

なお、一八三八年に、アメリカでは次のようなこともあった。フィラデルフィアの奴隷制賛成派が、奴隷を解放すると彼らに仕事を奪われるのではないかと懼れるアイルランド移民など、労働者の不安に訴えたのである（PC三三六頁）。因みに先立つ一八三四年に、合衆国の不熟練労働者が、解放された奴隷に仕事を奪われることを懼れて、奴隷制廃止論者に対抗してデモを行った（PC三二九頁）。

さて、黒人奴隷労働に支えられているという事実は措いて、ルイジアナの文化は、農場主たちが決して離れることなく住み続ける大地から切り離せなかった。他方、合衆国の別の地域では、けっこう沢山の人たちが住む場所を変えている。『大きな森の小さな家』から始まる、ローラ・インガルス・ワイルダーの物語を知っている人は多いだろうが、そのシリーズを読むとこのことは納得できるだろう。ローラの母のキャロラインの（従って当然にキャロラインの母の）物語『クワイナー一家の物語』シリーズでも、アメリカ内で移住を繰り返す人々の姿が描かれている。——とは言え、もちろん、多くの人々は自分たちの生活が成り立つ場所に居続けるというのは当然であるけれども、しかし、そのことはその場所に強い愛着を持つかということとは別問題である。ルイジアナの農場主たちは、とても強い愛着を持っていたのである。

⑵文化

では、どのような文化だったろうか。

まず、結婚。

「若い娘は一五歳で婚約し、一六歳で結婚するような地方であった」（L一〇六頁、イタリアで女性の結婚年齢の下限が一二歳に引き上げられたことも想い起こそう）。

「或る家で幾つかの家族が集まるパーティを催すとき、家から少し離れたところの庭に、ロマンティックな木立に隠された場所にベンチを並べ、〈クールティング・ヤード〉を設けるということもなされた。その場所は文字通りには〈女性を口説く［恐らくフランス語と英語とで合成した語］ための場所〉なのだが、木立に囲まれて若い男と若い女性とが家族から離れて出会うことができる場所だった」(L一〇三頁)。

結婚前の男女は概して慎み深かった。けれども、男たちは若いうちから女性奴隷と関係を持ったし、子どもが生まれると、その子も奴隷として所有し、場合によっては売り払う、そのような奴隷の主人もいた。(ミシシッピー川の南では、その北部では白人として通用するような見かけの混血児を直ちに黒人と見分けることができた。)それでいて結婚すると、自分の跡継ぎが生まれることを待ち望んだ。跡継ぎは男の子でなければならなかった。なお、裕福な家庭の婦人はいわゆる不倫もし、そのことを

「周りの人々は知らぬ振りをしていたし、妻は夫が若い頃の性癖を持ち続ける場合には見て見ぬ振りをした」(L一二〇頁)。

「母親は、女性のものとされている家庭の飾りつけや家事の仕事ができるよう娘たちを準備させるべく心配りし、〈完璧なレディ〉に育てようとし(この部分はL一一八頁から)、父親の方は息子たちを完璧な青年、つまりは〈カヴァリエ［カヴァリア、本義は馬の乗り手、あるいは騎士］〉になるよう努めた。お金に余裕があるプランターたちは息子を北部の大学、イエールかハーバードに送り、それから学業を終えると、父親は息子にヨーロッパ旅行を提供するのであった。息子たちは一人の世継ぎを除き、軍の仕事、あるいは政治のキャリアを選択し、稀に医師、弁護士、建築家などの自由業に就いた。商業や工

業という軽蔑すべき道を拒否したからである。そのような仕事はスコットランドとイングランドのピューリタンの子孫であるサクソン人、アングロ・サクソン人、ヤンキーたちに任せるべきものであった」(L二一九頁)。

なお、軍に入るということは、国家の命令に従うということである。当時、合衆国はインディアンとの戦いに明け暮れていたので、実際に従軍することが求められた。そのような軍内部では階級によるヒエラルキーが厳密に維持されていた。

カヴァリアとはどのような人物か。

「ルイジアナでは他の何処よりも、特にジョージアやバージニアより、フランスの影響が人間の新しい種族の誕生、開花に一役買っていた。北部の連中は、彼らの時代遅れの趣味を嘲(あざけ)ったが、馬の乗り方、カドリーユを易々と踊ること、婦人たちに話しかける仕方、不当な言葉や無礼な視線に接するや剣を抜く傾向に感嘆した」(L二一九頁)。

といっても、剣を抜くとしても怒りに任せてというのではない。決闘の申し込みのようなものである。そして決闘は名誉の問題としてなされるゆえに避けられず、けっこう多かった。

「カヴァリアはどんな状況でも、自分を失うべきでなく、女性には決して質問せず、花か本しかプレゼントせず、女性のあらゆる意志に従おうとしていた。女性に心を打ち明けることが許されると、節度を持って、吟遊詩人の言葉から得た言葉でしか表明できなかった」(L一二〇頁)

「一世紀の間に、ミシシッピー川の畔(ほとり)に、規範と礼儀作法を具えた新しい騎士道が生まれていた。パイオニアであった貴族によってヨーロッパから持ち込まれた上品な風習の遺産相続者としての騎士道である」(L一一九頁)。

その室内には、ユトレヒト産のビロードで覆われた長椅子、［ルイ一四世の宮廷家具師］シャルル・ブール様式のテーブル(PC一九〇頁)、セーヴルの花瓶、パリのプレイエルのピアノ(PC二七二頁)などがあった。では、衣食住の中の衣類はどうか、裕福な家の女性たちはニューオーリンズに出かけ、流行の服を買い求め、それはマリーヌ(ベルギー)産のレースのようにヨーロッパから来たもののことが多かった。また、女性たちはパリで流行する服と同じようなものを自分たちで作ろうとした。建物に関して言えば、侯爵の称号を有する農場主の大きな館は、「綿花の白い海の只中に乗り上げたカラヴェル船［一五、六世紀に用いられた軽装帆船］のようだった(L一一七頁)。

最後に、料理はどのようなものだったろうか。第2章第2節(4)の最後の方で、一八〇三年暮れの、ルイジアナを合衆国に引き渡す儀式のときに催されたお祭り騒ぎに触れたが、その宴会で給仕されたものには二四種類の「ゴンボ」というクレオール風［植民地風］のスープ、八頭の海ガメが給仕されたという。ゴンボは食事担当の黒人奴隷が作るものは絶品だったというので、その地で早くから作られていたものだろう。スープ類はよく好まれた。牡蠣のスープもある。それからパーティでは果物の砂糖煮付きのローストされた七面鳥の雌、甘くいい塩梅にねとねとしたインディアン・プディングが饗され、甘口のボルドーワインを飲みたくさせた（L一〇八頁）。

食材が現地で手に入るものであるのは当然で、それに合った料理法のものが人々をいたく満足させた。ワインは輸入物でも、「ルート・ビア［英語］」というのはアメリカ生まれの、ジンジャーエールの先祖である。また、ルイジアナの典型的な飲み物としては、ミント・ジュレップというものがあった。新鮮なミントの葉を覆う砕いた氷の上にバーボンウイスキーを注ぐのである。ただし、以上さまざまに挙げた飲食物のほとんどは裕福な人たちだけが味わうことができた。

あと、「バーベキュー」と呼ばれるピクニックも人々の楽しみであった。また踊りでは、四組の男女のカップルがスクエア（四角）になって踊る「カドリーユ」というダンスが一般的だった。これは、男女の品定めができるダンスでもあった。男女の踊り手の体は、どんな場合でも相手の肘下の腕に手を添える以外の接触をしてはならなかった。人前で腰の辺りを抱くのはスキャンダラスなことだった（L一一三頁）。そしてワルツは〈扇情的な輪をぐるぐる描く舞い〉で、ドイツの移民たちだけが踊るものだった（一一五頁）。令嬢たちは密かにワルツに憧れたが、ワルツがルイジアナで認められるようになったのは一八四四年だという（三九四頁）。

こうして、次のように言うことができた。

「彼らは一つの社会だけでなく、一つの文明を生み出した」(L一一八頁)。

だが、その文明もいつか消えてしまった。彼らの文化の根幹であったフランス語さえどうなったか。既に人は予言した。この辺りの人々は「学校がすべての人々を英語化してしまう前のフランス語を話す最後の人々となるのでしょう」(FR二六一頁)と。ということは、フランス語使用が制度に組み込まれたケベックにおけるのと違って、いつか廃れてゆくということである。ドニュジエールが書物を著す切っ掛けとなったのは第2章第2節(4)で紹介したように、完璧な古いフランス語を話す老婦人を見つけたことであったが(その老婦人の話を聞きルポルタージュをしたためることが、彼が最初にやったことだ)、そのような人がいることが驚きであったということは、ルイジアナにおけるフランス語話者の衰退、いや、むしろ消滅を物語っている。ルイジアナでは、スペインによる統治という時代にあってさえフランス語が話され続けたというのにである。

では、ルイジアナではどうして文化の根幹であるフランス語さえ使われなくなったのか。もちろん南北戦争で敗れたこととの影響が大きい。しかし、この地に勝者として北部からやってくる人々の他にも、アメリカ全土と同じようにアメリカの富もしくは自由に魅せられ新たな移民が続々と押し寄せ、フランス系の人々は少数派になって埋没していったからだろう66。フランス由来の文化全般ではなくても少なくともフランス語の使用だけは手放さなかったケベックと違う。やはり制度の意義は大きい。そして今日では、どの言語を使用するかに関係なしに、利害を表す言葉と、ビジネスと労働とが円滑になされるために必要な言葉が大手を振って行き交い、力を増しているのではないか。

そして、このようにかつての文化が消滅したゆえ、恐らく過去を振り返る人々もほとんどいなくなったのではないか。ケベックの場合とは大きく異なる。

ケベックでは政治家たち、それから知識人たちはケベックの過去のことをいつも気にしているようだし、一般の人々も、独立を問う投票において独立賛成の人々が半数近くもいたということは、やはりこれまでのケベックの歩みを振り返る機会があって思うところがあるということだ。特に家系がフランス系の人間として代々ずっとケベック州で暮らしてきた人たちはそうだろう。イグナティエフが次のように言っていることが本当なら、この人々にとっては、過去はしばしば想い起こすものかも知れない。イグナティエフ曰く、

「フランス語使用者が心からくつろいで自分の故郷にいると実感することができる国をつくることはできませんでした」(前掲書九一頁)。

なお、投票にしても、新しく流入した人々も多数ケベック州に住んでいることを見落とすわけにはゆくまい。また逆に、ケベック州からマニトバ州やアルバータ州、オンタリオ州に移り住んだ人々は、更にその子孫はどうなんだろうか。ケベックでの新しい動きのニュースのとき、何かを思う、その程度ではないかと想像する。

そしてアカディア起源の人々について言えば、彼らは自分たちが住まう州で多数派であるわけではないがフランス語を話すゆえに、自分たちの立場を、聞き知った過去の物語と結びつけて考えるのではないか。

こうしてみると、言語というものが如何に重要な役割を果たすかが理解できる。風習、さまざまな伝統的行事、音楽など、自分たちを過去に結びつけるものは沢山あるが、それらとは別格の力を言葉は持っている。私のことで言えば、私は生まれ育った熊本の方言を日常的に使う人間である。そして、標準語と比べるとそのかなり風変わりな言葉、表現に気づくとき、故郷を思う。自分の子ども時代を想い出す。方言ですらこのように力を持つ。

今の世では、料理でも音楽でも衣服でも、あるいはハロウィンとかの行事においてすら、どんどん世界各地発祥のものが私たちの生活の中に入り込んでいる。料理だと、食品分析によってこれこれの成分はこういう働きをするから、ヘルシーなメニューはこういうものです、という提案がいろいろな立場の人から提案され、伝統食を見直すことさえする人たちも多いのではないか。また、新しいグルメ食としてこんなものは流行(はや)ってますというたぐいの情報が新しい食べ物へと人を向かわせる。だが、多くの事柄で変化のスピードが速い世界で、言葉は最も保守的なものである。流行言葉も次から次に生まれるが直ぐに廃れてゆき、各言語の根幹は維持される。語彙もそうだし、何より文における語の順序というような文法はしっかりしている。

(3)アメリカの中のフランス起源の文化——国籍の選択——

さて、フランス起源の、しかし或る意味で一つの文明を生み出したとさえ言える彼らは、ルイジアナが合衆国のものになって、どのように考えたのだろうか。伝統的文化を守る、維持するということと、国家への帰属とは別ものであると考える人々と、そうではない人々がいた。裕福な農場主、アドリアン・ド・ダムヴィリエ侯爵（フィクション上の人物）は次のように言う。

「頭髪が褐色だとかブロンドとかいう意味で、私はフランス人です。これはダムヴィリエ家の人間が永久に失わないだろう遺伝的な性格でしょう。しかし私の父はアメリカ人であることを選んだのです。祖国を否定することによってではなく、出生と国籍とをはっきりと区別することによってね。だから私はアメリカ人です。新世界に領地を勝ち取った植民者の息子および孫としてね。［中略］私はフランスへは一度も行ったことがない。ですから私にとってフランスは、ルイ一五世の死で幕を閉じる歴史の教科書のようなものです。その続きは、私たちダムヴィリエ家にとって、ミシシッピー河畔から始まっています」（L二三五頁）。

これは、ケベックに関する章で参照したブシャールの新集合体という概念にぴったりの考え方ではないか。そして、ダムヴィリエ家が一七二〇年から同じ土地に定着し、元の国籍（フランス国籍）を持ち続けようとしてきた他のプランターたちとは反対に、父親がアメリカ国籍を選んだという事実は、侯爵に威光と権威とを与えたのである（L二七〇頁）。

「祖国という概念は合衆国の法律に対する尊重の上にしか基づかない。国民としてのアメリカ人は未だ存在していない。土地に結びついて遺伝的にアメリカという種族が現実に存在するまでには、多くの世代が生まれ、死んでゆく必要があるでしょう。私たちのところを訪れる外国人は、合衆国の中に明確な共同体、つまり、利益、宗教、伝統、習俗のどれかによって成立している共同体を全く見いだし得ないことに驚いていています。彼らは、征服した土地に一緒に住んでいる植民者しか見ない」（L二七一頁）。

そこで、

「ニューイングランドやジョージアでは英国人に、ニューヨークではドイツ人やアイルランド人に、フロリダではスペイン人に、ルイジアナではフランス人に出会う。皆が自分はアメリカ人だと称している」(L二七一～二七二頁)。

これらの人々の皆がアメリカ国籍を有しているわけではなかった。それでも、アメリカに暮らしてゆく以上はアメリカ人となるという意識があった。先に、バスクから来た羊飼いを話題にしたが、故郷に帰るか、アメリカの農場に留まるかの選択で後者を選んだ人たちは、その時点で国籍のことは考えずにアメリカ人になると決めたのだった。二つの選択の中で迷い続けた人もいるけれども。

それから、アドリアンの予測、遺伝的にアメリカという種族が何世代ものあとでは生まれるのではないかという予測は外れた。混血がないわけではない。けれども、多くの人々は民族ないし家系という集団を尊重して生きてきた。ケープ・ブレトン島に住みついたスコットランド系の人々とその子孫が故郷に想いを寄せるのをやめないのは、その一つの例ではないか。アリステア・マクラウドの『彼方なる歌に耳を澄ませよ』を始めとする諸作品では、この様子がしばしば描かれている。そして、ほとんどの多民族国家で絶えず緊張があるのも、国家という政治的枠組みの中で、国家が定める集団よりも民族というものが、いや、血のつながりと風土とが作った集団が、ずっと強固な集団であることを証(あかし)していると思われる。

しかし他方、大集団で暮らす限り、やはり国家は必要である。私は「権利」の概念をイグナティエフの言うところを踏まえて明確にしようとしたが、まさに彼の次の言をここで紹介したい。

「カナダは憲法だけでなく、非常に強固な共通の祖先との関係によって結合しています。しかしながら問題は、私たちの祖先には二つ、いや三つの系統があることなのです。ケベックでの多数派であるフランス語使用者のコミュニティの先祖は、最初のフランス系植民にまで辿ることができます。また、イギリス系カナダ人は、一八世紀以来ずっと未開地を切り開いてきたスコットランド、イングランド、アイルランドの移民にまで遡ることができます。その一方で、百万人の先住カナダ人は、北アメリカの先住部族の先祖に遡ることができるのです。このように三つの先祖を持っているからといって、必ずしもこの国が弱体化しているわけではありません——逆に、強化されることさえあります。しかし、だからといって、この国の国民共同体の原理は、三つの祖先を共通の起源とすることで確固としたものにできる、というわけでもありません。

これこそが、なぜカナダは権利に賭けるしかないのか、国民統合をシヴィック・ナショナリズムの原理に基づいたものにするしか選択肢がないのか、その理由です。カナダの国民統合は共通の起源ではなく共通の原理から導かなければなりません。国民統合の原理は、移民の影響によって倍増しています」

（前掲『ライツ……』一八〇〜一八一頁）。

⑷大地

さて、裕福な農場主たちの富の主要な源は綿花であった。綿花とは何か。大地の恵みである。もちろん、黒人奴隷の労働無しでは恵みとならないものである。だが、先に述べたように、黒人奴隷の件は措く。大地に関する農場主たちの考えを見よう。以下は一八三〇年にアドリアンがイギリスの取り引き商人と交わした会話である。

「土地から何かを引き出すことを一切知らないヤンキーたちを、私たちは恐れていませんよ。私たちの綿花無しで彼らの織物工たちはどうすりゃいいんです？　私たちの砂糖黍や米、オハイオの牛や豚、私たちの小麦とトウモロコシ無しで、彼らは何を食べるというのでしょうか。彼らがやたらと自慢している工場だって、もし英国が鋼鉄を、ミズーリが鉛を供給しないなら、どのようにして機械を回すというんでしょう？」（L一四一頁）。

ここには、ルイジアナだけではない南部諸州と、北部との違いと対立の意識が濃厚に反映されている。アドリアンが翌年、取り引き商人の案内でイギリスのマンチェスターに赴き、織物工場、製紙工場、各種綿製品の工場を訪れたときのこと、

「［彼は］綿花が形を変えるのは興味深く見たのだが、彼にとっては綿花は、布地、シーツ、あるいは女性用下着を隠す薄物の形のもとでさえ、大地の産物であった」（L二二五頁）。

「われわれはとても古い種族に属している。今なお自然の合図を理解でき、この柏の木みたいに大地にくくりつけられている」(L一四七頁)。

「大地だけなんだ。すべては其処から生まれ、其処へ帰ってゆく。人間の幸福は、自分の畠の真ん中とは別のところにはありえない、どんなに小さくてもね」(L四八七頁)。

大地に根づくことと文化を育むこととは一体であった。確かにニューオーリンズに出かけることもあるが、それは偶(たま)さかでしかない。銀行決済のため、また、贅沢な品々を買い、劇場で楽しむため。それから人によっては避寒のために幾らかは長逗留する。だが、本拠地は飽くまで農場である。そして、ニューオーリンズでは、英語、フランス語、スペイン語、クレオールが声高に話されていたが、農場は完全にフランス語圏であった。ニューオーリンズでもフランス語は主たる言語の一つであったから、彼らは取り引きのために英語を使う必要はなかった。一八三六年に市の「アメリカ地区と呼ばれていた」第二地区の市長が「今後は公用語、つまり英語でしか文書を作成しないこと」を要求したが、反対の憂き目を見て撤回された(L二九五頁)。

アドリアンがイギリスの、綿織物工場が林立するマンチェスターを訪れたときのこと、

「樹木が余りに少ないことに驚き、午前中から服の胸飾りの中にまで入り込んでくる大気の中では息をするのも苦しい。そして、ブルジョワたちの立派に建てられた家々は地味で、間口が狭いことに驚か

される」(L二二七頁)。

「石やレンガで息が詰まりそうだ」(L二二八頁)。

「ブローカー、貿易商、銀行家、仲買取り次ぎ業者たちは自宅では仕事をせず、毎朝、早朝から工場に急ぐ数千の工員、女工たちと同じようにオフィスに急ぐ。

[中略]

これらの人々は生きる時間を持ってないではないか」(L二二五頁)。

対するに、

「あらゆる成功をドルで見積もる北部育ちの人々の金儲け主義のダイナミズムと反対に、カヴァリアたちは、野心を持たない裕福な者の礼儀正しい控えめな態度を取っていた。夢想に傾き、感傷的にもなった。物質主義者のヤンキーたちよりはずっとしばしば、人間存在の質について自問した。そしてそれは彼らをメランコリックにした」(L二一九頁)。

北部が勝利した南北戦争後でも南部のプランターたちは次のように言う。

「私たちは、大地によって作り出されるものだけが立派な利益だと考える最後の人間です」（FR二四一頁）。

「私たちは南部で、お金を耕すことには慣れていない。土地、綿花そして砂糖黍は季節の終わりにしかドルをもたらさない。私たちの仕事や苦労から報いを得ることができるのかどうか決して分からない。というのも、自然は気まぐれなパートナーだからだ。私たちは宇宙の偉大なリズムに合わせることを知っているという満足を絶えず得ている。初代のダムヴィリエが森を、糸杉の木々を切り開いたとき、彼は鉄道を建設した人よりもずっと重要な征服を成し遂げたんだ。大地は懇願するものであって、所有するものではない。人が食べ、服を着るために、いつだって人が耕さなければならない。ドルは代用品なんだ。その価値は約定（やくじょう）によるもので、他方、大地の価値は内在するものだ。人がどんな値段を大地に付けようと、大地はいつだって有りのままで、ちゃんと目の前にあって、いつでも豊かなものだ」（FR二七八頁）。

「自然はその時間を有している。周りでどう騒ごうと、綿花を今以上に速く成長させることも、あるいはミシシッピーの水位を下げることもできない。私たちの時計は太陽の時間に合わせているのであって、株式市場の時間に合わせているのではない」（FR三三七頁）。

⑸ケイジャン――アカディアからの移住者――

大地こそ人が生きることを可能にするものであるという考えはケイジャン(ルイジアナのアカディアン)も共有していた。第3章第3節⑴でスペインが積極的にアカディアの人々のルイジアナへの移住を支援したと述べた。それは一八六二年にルイジアナはフォンテーヌブローの密約でフランスからスペインに移譲されていたからである。ところで、そのときの様子をドニュジエールは次のように記している。

「スペインの当局者は新しい植民者たちに寛大さを示した。植民者たちはとても穏和で平和を好むインディアンのアタカパス族とオペルーサス族の土地に身を落ちつけた。フランスの執行官であるフーコーは、新しく到着したばかりの人々に食糧、弾薬、薬、それから有利な条件で一家族当たり五頭の雌牛と一頭の雄牛さえ［有償で］提供した。植民者たちは最初の投資のために支払うのに、もはや価値のない「カナダの紙幣」しか持っていなかったが、諸々の困難にも拘わらず、食料の栽培から始めた」(FR一〇四頁)。

彼らは、アカディアで熟達した持ち前の技術を駆使して、トウモロコシ、燕麦、ジャガイモ、野菜、そして雄牛と雌牛の群れを自然の中で育て、川では美味しい魚を釣った。やがて、ルイジアナに前からいた農場主たちを真似て綿花と砂糖黍という売るための作物も栽培した。そのうち成功した者は徐々に広大な土地を手に入れていった。湿地や沼、森など、迷路のような場所でも、また、見えない地下の水路や地質も含めて、知り尽くし、野生の七面鳥や子鹿、魚も捕獲。根っからの百姓、いや、野生児であった。当地のインディアンとも仲良くし、皮革の取引も行った。製材所の経営にも乗り出すが、これも森林あってのことだ。森は彼らにとって宝であった。一五種ものの柏、胡桃が五種類、松も五種類、そしてイギリスのどの植民地よりも綺麗な木蓮。トネリコ、楓、楡、ブナ、ユリノキ、アカシア、サッサフラスの木。どの木をどのように利用するか熟知していた。糸杉は船、家具、家の床板に、松は暖房用の燃料、あるいは箱材に、檜類は樽や建物の大きな構造材に、という具合だ（FR一〇四〜一〇五頁）。ケイジャンにとっても大地（川、沼、海を含む）こそが富を生み出すのである。

けれども彼らの文化はプランターたちの文化とは当然に異なっていた。たとえば言葉。'sha-oui'は［恐らくsavonからきている］石鹸のことで、「石鹸のように悲しい」という言い回しがある。また、「箱船は漂うままにしときなさい」というのは「くよくよしない」という意味の諺である（FR三四〇頁）。ルイジアナに落ち着くことができたかつてのアカディア人、ケイジャンは人生を良い面から捉えようとするのであった。だから他方、「良い時はそのまま転がしておけ」（FR三二一頁）と言う。

次に料理。一七八四年にカナダの料理法とインディアンの料理法を組み合わせて確立されたといわれるが、徐々に生まれたのではないか。よく分からない。米と肉を詰めたソーセージ。それからジャンバラヤ（トマトペースト、ソーセージや塩漬け豚肉、タマネギなどがたっぷり入った濃厚なソースを白いご飯の上にかけたもの）、オクラ入りのザリガニスープなど。

そして、自由の有難さを知っていた彼らは、奴隷たちを自由な労働者のように扱ったし、新しく生まれた黒人の子どもたちを解放した。

それから男女交際に関しては極めて保守的で、結婚後は多産だった。子どもは繁栄の証しであった。結婚に至るプロセスは次のようなものだった。

「それは簡単な遣り方よ。私たちのところでは、若い男性には忍耐が要る遣り方を取ってるの。誰か若い女性が気に入ったとき、男の人は日曜のミサのあとで彼女を彼女の家まで送ってゆくのよ。それから、勇気があるなら、宵に家を訪問するわけ。このような日々のあとで、身なりを整えて、選んだ彼女の家を訪問します。其処で彼女の両親や兄弟、姉妹とトランプを楽しんだり、政治の話をしたり、お年寄りがする古き良き時代の想い出話を聞くんです。冬にはこのような集まりは暖炉の近くで、夏だったら回廊で。或る期間が過ぎたら、男の人がいつでも若い女性の近くの椅子に座れるように人が塩梅します。それから、まだあって、もっと経ってから、若い恋人たちはサロンの一方の端で低い声で会話することが許され、もう一方の端で、残りの家族はこれら二人のことを無視している振りをして声高に議論したりするのよね。それから晴れた夕方に、男性は女性に小さな贈り物を持ってゆきます。そして別の夕方、女性は一緒に庭を散歩することを承諾し、付き添いとして自分の小さな弟、または小さな妹を伴うんだけど、それは、小さな子は年上の人たちの会話を理解するにはとても無邪気だからよ。この段階に来たら、〈婚約者〉と見なされます。だから、男性は速やかに結婚のことを口にしなければなりません。それは女性を不意打ちするのではないのに、彼女は幾らか驚きを示さなければならないのよ。既に長い間、どうしたらいいか分かっていた娘の両親は、自分たちが満足していること、わざと知らん振りをしていたことをほのめかしによって二人に知らせます。正式な申し込みの時に達すると、誰もが賛成し、婚約期間が告知され、男性は週に三回、土曜、日曜、木曜に訪れることが許されるわけ」（FR二八一頁)。

第4節　富の入手

(1)六つの方法

アメリカに行けば暮らせる、これは、強制的に連れてこられた人々を別にすれば、移住者すべての思いではなかったか。その意味は、人によっては迫害を逃れてという場合のこともあったが、概して、食べてゆけるだろうということに違いない。農民として開拓するという人々、何か働き口があるだろうと、それを当てにする人、ゴールドラッシュのときのように一山当てて、一攫千金の夢を追う人、さまざまだ。そしてゴールドラッシュのように人々を駆り立てる夢はずっと続く。そのうちの南部での夢はというと、南北戦争後に石油探査活動会社は石油と、純粋で結晶化した硫黄の層も見つけた。南部では「奴隷制を支持する怠け者たちには絶対に開発できなかった財産が溢れているという風説」が、毎月あらゆる国籍の移民を引き寄せていた。たとえば、

「一八六七年一月一日から一八六八年四月一日までの一五ヶ月間に、背中に袋を背負い、手にあれこれの道具を持ち、人によっては妻や子どもたちも一緒の一万二〇〇〇人の外国人たちが［ニューオーリンズの港で］下船するのが見られた。三八九四人のイギリス人、二六七二人のドイツ人、二五九二人のフランス人、一二六四人のスペイン人、九八三人のイタリア人、六一一人のメキシコ人、そしてス

ウェーデンやギリシアなどの雑多な国籍の五五〇人から成る外国人がルイジアナにやってきた」(FR二七〇〜二七一頁)。

こちらの場合は、金を掘り当てるというのとは違って、働き口は溢れているだろうし、あわよくば、ということもあっただろう。が、少なくとも「金を探しに」という夢の場合の一攫千金とは、言い方を変えれば、手っ取り早くということではないか。だが、金にぶち当たるというように、手っ取り早くというのはなかなか難しいことで少数の人々だけが運にありついただけだ。現実は厳しい。

ここで、第2章第1節(2)で述べた、富もしくは富とは言えないけれども少なくとも人の生活を成り立たせるものとしての財の入手仕方の六つの方法と照らし合わせる仕方で考えてゆこう。番号(①〜⑥)はその箇所で記したものに合わせることにする。その順序は次のようになる。

②労せずに富を手に入れる方法。この部分については多くの例を紹介しようと思う。

①大地や海などからこそ富を得る方法。この仕方についてはアカディアの人々による干拓やケベックの人々が何とか農地を広げようとしたこと、それから特にルイジアナの農場主の考えを見たので、確認だけをする。

④自分らのために他人を働かせ、金を儲けるという方法と

⑤働く側の人々の方の、何とか生きてゆけるための財を手に入れる仕方としての労働という方法。

これら二つは組になっていて、本書では奴隷やアメリカへの移民たちの過酷な労働の様子を述べたし、現代の私たちの多くが賃金労働に携わっていて目の当たりにしていることではあるし、だから改めてはほとん

ど確認するだけにする。ただ、⑤については考察の直前で注68を設けるので、そちらも読んでいただきたい。

③交易という方法。これについては、既に毛皮交易や合衆国北部の貿易について述べてはいるが、幾らか補足する。

⑥技術の開発によって手に入れる方法。これは項を改め、本節⑵で或る面に関して論じる。

さて、金探しとは別に、本当に手っ取り早くというか、労せずにして富を手に入れる方法（②）を知っていた人たちがいた。その人たちとはどのような人たちで、その方法とはどのようなものであったか。一部の実業家、そして彼らと組む政治に関わる少数の者である。方法とは投資ないしは投機とそれらに絡む金融。これは南北戦争以前からの北部での遣り口であるし、世界的にみても或る時代以降、何処にでもみられる。たとえば一八五〇年、合衆国議会はイリノイ・セントラル鉄道に約二六〇万エーカーの土地を無償で払い下げ、会社は入植者に一エーカー五ドル～一五ドルで売る。これは鉄道会社への最初の無償で払い下げである。以下、鉄道に関してはトレガーの『世界史大年表（PC）』と、クリスティア・ウォルマーの『世界鉄道史』による。

一八六二年に、大陸横断鉄道の熱心な唱道者であるリンカーン大統領は、「太平洋鉄道法案」を議会にかけて成立させた。それまでは議員の地域エゴでルートが決まらず立ち消えになっていた構想が、南北戦争のお陰で南部の政治家たちが不在で彼らに妨害されずに済んだからである。そして翌年、二つの会社、「セントラル・パシフィック鉄道会社」と「ユニオン・パシフィック鉄道会社」に次のような条件を示したのである。鉄道一マイル毎に、平地一万六千ドル、山間地三万二千ドル、山地四万八千ドルを支給し、通行権とともに線路の片側の幅一〇マイル（約一六キロメートル）の土地を与えると。この土地に偶々インディアンが住んでいた場合も、インディアンにはいかなる権利も請求も認めないとの定めつきである。これが、黒人奴隷解放を唱ったリンカーンがやったことであるのには注意したい。インディアンには容赦ない。彼は一八六五年に「コロラド川インディアン保留地」[67]を設定したが、その住居地は荒涼としたモハーベ砂漠にあって、平均気温が冬には華氏三九度（三・九℃）くらいだが、夏には華氏一一〇〜一一三度（四三・三〜四五・〇℃）に上がるという場所であった（ＰＣ三九九頁）。一八〇〇年頃一二〇〇万人を越えていた先住民は一〇〇年後には二五万人。鉄道建設は五〇〇〇万頭いたバッファローの全滅にも手を貸した。なお、横断鉄道が旅客を運ぶようになったとき、先住民は無料で鉄道を利用できることになったが、車輌と車輌との連結部に限るのであった。冬や二〇〇〇メートルを越す山間部の冷たい風が吹くときでも、ストーブがある客車内に入ることは許されなかった。そして奴隷解放についても、次のことは頭に入れておく方がいい。彼は一八六二年に「ニューヨークトリビューン」紙に宛てた八月二二日付けの手紙で次のように述べたのである。

「この戦い［南北戦争］における私の最大の目的は連邦を救うことであり、奴隷制度を擁護することでも廃止することでもない。奴隷を一人も解放しないことによって連邦が救えるとすれば、私はそうするであろうし、すべての奴隷の解放によって連邦が救えるとすれば、私はそうするであろう。また、一部の奴隷を解放し残りを解放しないことによって連邦が救えるなら、そうもするであろう」（ＰＣ三九〇頁）。

そして現実の事柄としては、ちょうど一ヶ月後の九月二二日には奴隷解放宣言を行い、翌年一月一日に奴隷は自由になるとした。この宣言は南北戦争の大義名分としてとても有効であるからだと思われる。振り返れば、ジェファーソンが起草した独立宣言にみられる「人権」の概念も、政治に利用されたと言ってよいのではと私は思う。ケベックの歴史を見たとき、人権の概念は政治に先立つものだ（先立つべき）と述べたが、現在もこの概念は政治利用されている。また、リンカーンの大陸横断鉄道への思い入れも、合衆国領土の東西を一つに纏めることが目的であったのだろう。そして、この目的こそがリンカーンを動かしていたことは、南北戦争が北軍の勝利で終結したとき、南部の人々がリンカーンの死を惜しむことすらしたことに窺える。南部一〇州が連邦議会において発言権を与えられない中、一八六六年三月二日、連邦議会は南部のリコンストラクションのための法案を通過させ、南部一〇州に戒厳令を敷き、属州のごとく扱った。翻るに、リンカーンは、一八六五年四月一一日、死の三日前に次のように言ったのだった。

「我々は次の点では一致している。分離されている諸州は連邦との関係で正常な状態にないのであり、連邦政府の目的はそれら諸州を正規の立場に置くことである」（FR一九九頁）。

さて、鉄道建設に戻れば、ユニオン・パシフィック鉄道はオマハ（有名なオマハの賢人バフェットがバークシャーを率いて根拠地として住んでいる町）から西へと建設を進めたのであり、だからこのときの「大陸横断」鉄道大号令という名称から受ける印象と違って、大西洋岸（ないしその近く）を起点としていたのではない。ただ、シカゴの発展について述べたことから分かるようにシカゴがあるイリノイ州以東は多くの会社によって何本も鉄道が建設されていた。ただし、バラバラで接続が悪かった。それが、南北戦争で北部が兵士の輸送に用いるというので急速に接続の便をよくするようになっていた。それでも大陸横断鉄道の建設はいつでも夢に留まっていた。それから、序でながら、このようにユニオン鉄道の方が大陸の中央部を横切る鉄道であったのに、セントラル鉄道は、その名のイメージに反し西側を領分とした。こちらの鉄道建設の一番の難所はシエラネバダ山脈であった。二年を費やしても、それを越えることはできなかった。注68で述べるが、中国人労働者のお陰で突破したのである。セントラルの方はアイルランド人が中心であった。

ところでリンカーンは、契約では二つの鉄道会社がどれだけ建設するかは決めておらず、競争を促した。この一八六三年に最初にスタートしたのはセントラル・パシフィック鉄道である。この会社設立の立役者ジューダは、既にカリフォルニア州政府からサクラメント（モルモン教徒の住むグレート・ソルト湖の北）からネヴァダとの州境へと東に伸びる鉄道建設法案を勝ち取っていたし、一八六〇年にはサクラメントで出資者を募り、路線調査を開始していた。このとき彼は出資者たちに、「ネヴァダの銀山から銀鉱を輸送し手っ取り早く一儲けできる」（『世界鉄道史』（二〇四頁）と口説いたのだった。大陸横断鉄道という壮大な計画は胸にしまったままの見せかけである。壮大過ぎると成否に関して懐疑的になるかも知れないし、また、自分たちの小さな町は、その計画のほとんど無視されるかも知れない一部分に過ぎないという思いを持つかも知れない。それが地元のことで大きな利益が見込める、約束されていると思えば、話に乗るというものだ。

さて、鉄道に関わる利権による富の取得としては二つの例だけを紹介する。一つは、建設費が高くつく傾斜地を嫌って、起伏があるたびに大きく迂回するルートを取り（それゆえ、やたらとカーブが多く、また線路の距離だけを考えて粗悪な軌道敷設の場所もあり、列車はスピードを出すことができず、長距離の旅行は拷問のようだったという）、また、二つの鉄道が互いに競争相手を通り越して、なお工事を続けて並行する線路を敷設したのである。何しろ一マイルにつき幾らという政府による気前の良い資金援助があったからである。

もう一つ、両鉄道会社は供給子会社を設立して、子会社から多額の経費を親会社に請求させた。親会社には政府がバックについているから大丈夫というわけだ。会計規則違反を承知で、実際の必要経費を大きく上回って請求し、親子の会社に関わる人々、会社の上層部と投資家の私腹を肥やすことができた。セントラルの子会社「建設請負資金調達会社」は、「帳簿を誤って廃棄」したとして、捜査不能にしたし、ユニオンの子会社「クレディ・モビリエ」は、建設中の鉄道の利益独占から議会の目を逸らすために、この会社の株を一八六七年に合衆国下院の議員たちに額面価格で売った。株価が上昇すれば、あっと言う間に富が転がり込む仕掛けである。一八七三年にはグラント政権の副大統領を辞任したコルファクスがモビリエの不正に関わっていたことが明るみに出たことを始め、グラント政権の腐敗の証拠が続々出てくる(PC四二三頁)。ウォルマーは言う、「一九世紀の終わりまで、アメリカの鉄道はほとんど日常的に、途方もない規模の犯罪行為に関わっていく」(『世界鉄道史』二〇二頁)。

なお、ジューダに口説かれて出資したサクラメントの四人は合わせて六千三百万ドルを着服し、九〇〇万エーカーの土地を取得したと、これは政府委員会の計算による数値である。序でながら、『世界鉄道史』(二〇九頁)によれば、その四人のうちの一人スタンフォードが、若くして亡くなった息子をしのんで設立したのが、今日の名門スタンフォード大学である。

ところで、並行して敷設された線路をどうつなぐか。リンカーンのあとを継いだアンドリュー・ジョンソン大統領の決定によって、両者の機関車が砂漠の真ん中（ユタ準州）のプロモントリーで向き合い、両機関車の目の前で最後のレールを留める黄金の釘が打たれた。大陸横断鉄道の開通である。そして二つのレールの連結時の槌音を人は電信機のお陰で遠く離れた地で聞くことができ、技術の発展に驚いた。また、そのときの光景はあらゆる州の新聞、更にパリのイリュストラシオン紙にも掲載された。情報が駆けめぐる速さも新しい技術の賜物である。

その他、一八六一年にフィラデルフィアの肉屋ワイドナーが政府と契約を結んで、フィラデルフィア近辺の連邦軍に羊肉を供給して巨万の富を築いたこと（ＰＣ三八九頁）、一八六四年、アーマーが、グラント将軍がリッチモンドへの進軍を計画したことを知って北部の勝利を見越して豚肉の売り買いで瞬くまに財産を拵えたこと（ＰＣ三九八頁）、一八六九年に、フィスクとグールド、グラント大統領の義兄弟たちの悪徳相場師による金の買い占めによって金価格を釣り上げて、その高値で売り抜けた（ないし途中で失敗に終わった時点からは売り抜けようとして）ニューヨークの銀行や企業の半数を破滅寸前に追い込んだこと（ＰＣ四一二頁）などがある。フィスクの死によって、彼らがエリー鉄道の資産を横領していたこと、グラント政権下で頻発する不正事件が明るみに出た（ＰＣ四一九頁）。多くの人々を引きつけ、時に破産させもした鉄道会社の株式や債権への投資はリスクを伴うが未だまともなものであった。

それから時代を遡り、英国におけることだが、有名な例を一つ。一八一五年に、ロンドンの銀行家ネーサン・メーヤー・ロスチャイルドは、ベルギーからの伝書鳩によって、ワーテルローにおけるナポレオンの敗北を知らせる報告を受け取り、次のことをなした。意気消沈を装ってイギリスのコンソル公債を空売りして価格を引き下げさせた上で、投げ売り価格で代理人に買わせたのである。ウェリントンの勝利が伝わると公債価格は天井知らずの高騰、このときロスチャイルドは売りに回って巨額の利益を得た（PC三〇一頁）。因みに、ネーサンとその兄弟七人と父親とは、一八一二年のイベリア半島での英国（ウェリントン公）とフランスの戦いの際にイギリスを支援したのだが、それは、金、イギリスのギニー貨、オランダのグルデン貨、ナポレオン金貨などを密かに持ち込むことによってであった。そのとき、フランクフルト在住でイディッシュ語しか知らないロスチャイルド（ユダヤ名ではロートシルト）一家は、偽のパスポート、偽名、返送、賄賂などによってフランス軍の目をかすめ、最初の国際的な手形交換所と言えるものを設立したのだった（PC二九七頁）。

南北戦争後の南部農場主たちに関係することを例にすると、彼らにとって第一に重要な土地も、その手段となる。腐敗した役人たちが最新の遣り方として見つけたのは公共事業を介入させる遣り方だった。

「運河化工事やミシシッピー川支流の土手の直線化を要求する公益の名のもとに人々から土地を収用する権利が、新たな権力者のもとの州政府によって〈ミシシッピー・アンド・メキシコ湾運河会社〉に与えられ、そこで、あそこのプランテーションの所有地の一部は削られるだろうという噂を流しさえすれば価格は暴落する（一二万ドルの価値がある土地が五万ドルで投げ売り）、そこで安く買った土地の一部を体制側の友人、あるいは情報に通じた友人に払い下げる」（FR二五七頁）。

この場合、土地は（あとでどのように使われるかはともかく）、政策や風評等の操作によって得る富の手段でしかない。

他方、既に述べたように、土地からこそ富は得られる(①)というのが、南部農場主たちの考えであった。もちろん、これは現在でも合衆国各地で、いわゆる世界の各地で農業従事者がやっていることではある。水産業も同列のことである。因みに、一八二〇年頃、合衆国の農業従事者は就業人口の八三パーセントだったが、一八六〇年前後には、半数ほどになっている(PC三六九頁、四〇七頁)。

ところで、鉄道会社とその出資者には大きな利益が約束されていたが、中国人労働者(クーリー)やアイルランドの鍛冶職人のような労働者無しでは鉄道はできない。そして、ニューオーリンズに船から降り立った数百人のクーリー、彼らは内陸で鉄道の枕木を敷くために、またトンネルを掘るために来たのだったが、彼らは新たな形の奴隷のようでさえあった68。

そこで、お金を操って、自分らのために他人を働かせ、金を儲けるという方法(④、これを南部人は軽蔑していた)と、働く側の人々の方の、何とか生きてゆける手段としての労働(⑤)と、組になった二つの方法がある。後者の労働によって得ることができるものは、もちろん富と言えるものではない。どのような労働かは現場ごと、時代の流れによってさまざまとなるが、必ず仕事が見つかるわけではない。仕事にありつけばあくせく働くしかない賃金労働者の群れが生まれ、彼らは雇用者の懐を肥やすのである。そして一八六〇年代後半では、奴隷の身分から解放された黒人も、自由と引き換えに雇い主を探さなければならなくなった。その上、相変わらず人種的差別を受け続ける。

マルクスが、この種の労働こそが価値を生むと考えたことも想い起こしたい。同時に、賃金を払う側の人々の或る種の労働の驚くべき凄まじさを、ルイジアナの農場主が感じたという、本章第3節(4)での引用も想い出そう。(「早朝から工場に急ぐ数千の工員、女工たちと同じようにオフィスに急ぐ。……これでは生きる時間がないではないか」。)実業家が手に入れる富の大きさは労働者が得るささやかな財とは比較にもならないけれども。なお、著者のドニュジエールは、アメリカの三〇年代ではカーライルの金言として次のものがもてはやされたと記しているが、私には真偽のほどは分からない。「労働は健全なものだ。すべての労働は、綿を紡ぐのでさえ、気高い。労働だけが気高い」(L二二五頁)。

では、第1章第1節(2)で述べた富入手の方法、③交易はどうであったか。ニューオーリンズ、それからニューヨークの港の繁栄が示すように、これはやはり実に有効な富を得る方法であった。そして、関税を巡る争いが示すように、時の政府と結託して有利な条件を勝ち取るというのが一般的であった。しかし、もっと一般的な条件を考えるべきだろう。交易で人々が富を得て繁栄する場所は、なぜ港なのだろうか。港であろうとなかろうと、人々が価値を求める物資を他所から持ってきて降ろし(船の場合だと陸揚げし)、逆に、できればその地から他所へ持ってゆく物資を積み込むという物資の移動が必須の条件である。狭い地域では、隣の集落の魚屋が行商にくるのも交易の一種である。そしてその魚屋は何処かから魚を仕入れている。その「何処」があるところは、まさに何処なのか。人々が必要とする地域よりは遠い所である。しかるに概して、より遠くからくる物資ほど多くの価値を認めることが多い。魚屋の儲け分(仕入れ値と売値との差額)に加えて運搬にかかる費用を負担してでも欲しいのでなければ商売にならない。

さて、以上を踏まえて、港という交易の立地について考えてみよう。大量の物資をできるだけ安く運ぶものとしての船は、大きな川であれば内陸にも航行できる。合衆国でなぜ運河が沢山造られたのか。川と川、あるいは湖とつなぐためである。道路だと、人が歩いて、あるいは馬で、また馬車で物資を運べるが、その量たるや微々たるものである。そして移動に使うエネルギーも相当なものである。時間はどうか。現代の高速道路はいざ知らず、船が速い。そして船に荷を積み込み終えさえすれば、あとは同行する場合の荷主は荷を陸揚げする地点、港までぬくぬくとしておられる。もちろん、船を動かすのに必要なエネルギーのコストは考えなければならないし、蒸気船が発明された頃では、ボイラーの爆発と船の炎上という破滅的なことが生じないとも限らないことも念頭におかなければならない。ただ、後者は、徐々に改善されてきた。

次に河口。河口から海へ出れば、途轍もなく遠い幾つもの箇所、広い世界に物資を運んでゆける。私が第3章第1節(1)で毛皮交易の史実に関する記述を引用したウォルフも次のように述べている。

「ヨーロッパの商人たちは、他の大陸の商人たちよりは、ロケーションと技術とにおいて優位を享受していた。ヨーロッパは海に近い［港に適する地形の海岸が多い］ということのお陰で、早い段階で川と海とにおける船積みの成長ができた。水運だと陸上輸送より低いエネルギーコストになるだけでなく、ローカルな通商と地域横断的な通商を統合し、また、大陸を横切るキャラバンによる取り引きに負担を強いた重い保全費用を免れた」(ウォルフ前掲 *EUROPE and*…, 八五頁)。

ただし、海上輸送のためには港で物資を積み込まなければならない。そこで、遠くの土地に運ぶ価値があるものがその地にあるか、これが問題である。けれども、その河口まで、内陸から川で、港を出る船が向かう遠い所ではもてはやされるに違いない物資を運んでくる別の交易人がいれば済む。その運搬の役割を、川船だけでなく馬車に求めてもいい。普通の道とは異なる鉄道だったらなお良い。要は、港までの運搬のコストがどのようなものかと、移動させる物資の価値の大きさとの比較の問題である。もちろん外洋を進む船にも、燃料コストの問題はあるし、海難事故という大きなリスクも計算しなければならないが。

ところで、同じ船が、到着地点で価値あると認められているものを陸揚げし、帰路は空でというのではなく、帰ってゆく港（根拠地）近辺にはないもので価値を当地の人々が見いだすものを積み込んで行けることが望ましいのは当然である。しかし、そのような物資が、陸揚げの後に出航する地域で見つかるものだろうか。そうとは限らない。ではどうするか。その港に集積できる物資の中で根拠地とは異なる第三の地域では欲しがられるものを買い込み、積み込んで、その第三の地域近くの港に向かえばいい。そしてその第三の港で、自分たちが帰る根拠地の港近辺で必要とされているものを集め、積み込むことができれば万々歳というわけだ。いわゆる三角貿易である。一七九〇年にボストンの商人は、世界一周の航海から三年振りに帰った船長ロバート・グレーから、毛皮は中国の広東の珠江の市場では高く売れるとの情報を得て、船で運んだ布地、衣類、銅、鉄をコロンビア川［これはグレーが発見した川で、自分の船コロンビア号から採った命名］で、当地の商人がアメリカ北西のインディアンから手に入れた毛皮と交換し、その毛皮を積み込んで広東で売り、陶器、茶、織物を積んで喜望峰回りで帰国するという大がかりな三角貿易を始めた（PC二七〇〜二七一頁）。

それから最後に、富もしくは財の入手仕方の⑥技術開発という方法が力を増してくることがあり、こうして今日の米国の原型ができた。この⑥については重要なことがあるので、次項⑵で考察することにする。

ところで、このようなことがみられた時代の流れの中で、大地に富を求めたプランターたち、古くからの裕福な農場主やケイジャンはどうなったか。北部に地盤を持つ政治家たちと、大地によってではなく富を得る方法に習熟している北部の都市の実業家たちによって基盤を崩されてゆく。土地を手放すよう追い込まれた人たちのことは述べた。そのとき、北部のエリートたちの代弁者となる、北部からやってくる一攫千金を夢みるカーペットバッガー（蔑称）の一部のことも考えねばならない。彼らはカーペットバッグ（安物の旅行鞄）に全財産を詰めて続々南部にやってきたが、彼らの中には解放奴隷を支援する任務を帯びて派遣されてきた人たち、州議会議員、国会議員になったりする人もかなりいて、こちらは新しい支配者のごとく振る舞った。

そして翻るに、次のような状況が南北戦争以前からあった。

「多くのプランターたちは前借りで暮らさざるを得ない。関税で保護された北部の船主、保険業者、実業家たちは、彼らの商品やサービスの定価を水増ししたあとで、高い利息で私たちに信用売りをしている。合衆国の輸出の四分の三を供給する南部は北部を富ましている。北部の実業家たちは輸出入のコントロールを手中にしている。そして私たちの産物の八〇パーセントがニューヨークを通過してヨーロッパへ向かう」（L一四六頁）。

そして戦後、関税の他に、政府は戦費を取り戻すために南部ではさまざまなものに税を課した。一部は北部と南部で半々金額ということだったが、人口の差は歴然としているので、実体は南部に過酷であった。南北戦争が終わった一八六五年の税は次のようなものだ。所有する土地一エーカー当たり〇・五セント、標準的農場で五千ドルの不動産税、百十ドルの黒人労働者税、売却される綿花一梱当たり〇・五セントの取引税、収穫の利益の一五〜二〇パーセントの所得税、軍事税、堤防、道路、運河の維持のための地方税。

関税は外国との競争で国内の産業に有利になるように決めるという場合でも、どの産業のためかということがあるし、国内でのさまざまな税はその制度の作り方で或る産業を利し別の産業には打撃となるという性格を持つ。そしてそれは巡りめぐって個々人にも関係する。それから、所得税や消費税のようなものは直接に個々人に関係するが、その設計によって公平不公平は出てくる。まして酒税やガソリン税のたぐいだと、お酒を飲むか飲まないか、車を多用するか、車を運転することはないか等で税が個々人に与える影響は変わる。その他さまざまな特例が設けられるのはしばしばである。

一八四八年にデンマーク政府が、飢饉に襲われて飢えた人々を救済するため、関税をかけずに穀物の自由な輸入を許可したのは、税制のあるべき姿だろうが、これがけっこう難しい。

そこで、一八一九年の合衆国最高裁判所のジョン・マーシャルの言葉を紹介しよう。彼は、第二アメリカ合衆国銀行ボルティモア支店にメリーランド州が課税したことに対して支店長のマカロックが州を被告として起こした裁判、いわゆる〈マカロック対メリーランド州事件〉の判決の際に述べたものである。

「課税する力は破壊する力である」（PC三〇七頁）。

もしメリーランド州が勝っていたら第二銀行は多額の税でつぶれ、合衆国は財政危機に陥ったと思われる。税の力はかくも強いということであり、その際、課税の権限を持つのは何か、という最初の問題がある。日本でも、国と地方自体とそれぞれが何かに対する課税の権限を持っているが、後者に関しては国が概ねコントロールできるようになっている。さまざまな事柄について州の権限が強い合衆国とは事情が違う。カナダも連邦制を採っていて州が管轄する範囲は広いが、合衆国のような問題は滅多に生じない。なお、例のジャクソン大統領は後にこの第二銀行の存続を認可しなかった。その結果、彼の〈ペット銀行〉と呼ばれるさまざまな金融機関に金が移動した。

ところで、南北戦争後に南部の州に課せられた税に戻れば、重税の負担の他に、一八六五年一月、戦時インフレで、南部連合の紙幣の価値は百ドルが一ドル七十セントに下落する一方、連邦発効のグリーンバック紙幣の価値は四六セントにまで下がるという事態に見舞われた。けれども、グリーンバック紙幣は時間はかかったが一八七八年末までには額面価値を取り戻したのに、南部連合の通貨は無価値となったのである（PC四〇〇頁）。こうして南部は、新しい政治の有りようと、北部流の仕方で生まれる富の追求という経済の論理とに屈し、そのことで古い文化は打ち負かされたのである。

⑵技術――希望と不安と――

技術を使ってさまざまなものの生産を効率化し、利益を増加させることは、南部プランターたちも採用した。そのとき、技術開発者が多大な利益を得るということも多かった。プランターたちは、一七九二年にイーライ・ホイットニーが発明した革命的綿繰機、一日に黒人奴隷が種を取り除ける綿は一ポンドだったのが五〇ポンドになるという機械は当然のこと（ただしホッジェン・ホームズがそれをちょっとだけ改良した機械を出し、彼はホームズとの裁判でほぼ破産状態に、けれども部品交換ができるマスケット銃を軍に納めることで財を得たし、ホイットニーは時計にも部品交換のアイデアを持ち込み、そのアイデアに従ったイーライ・テリーの時計は農民たちの必需品になった――PC二七三、二八一、二八七、二九七頁等、およびL一三六頁）、鋼鉄の刃つきの近代的な鋤、ペルー産の人造窒素肥料、骨や石膏の粉末という肥料などの綿花畠の生産性を高めるものも取り入れた。ただ、綿花の収穫量を多くする鋤以下の品々は南北戦争後には高騰した。先にはワットの蒸気機関について述べた。家庭用ではミシンの発明があったが、アメリカではその発明を盗用して財産を築いた人もいた。一八四三年にボストンのエリ・ハウが発明したハウ・ミシンの特許が一八四六年におりるが、特許をあからさまに侵害したのである（PC三五二頁）。新しい技術で生産性を高めること、そしてそれによって儲けることができるなら何でも有り、という気風があったらしい。とは言え他方、先立って一八三二年にニューヨークのウォルター・ハントがミシンを発明していたのだが、彼は特許を申請しなかった。（ハウは、ハントのミシンことは知らなかった。）そしてハントの娘は、機械のために貧しい縫子たちの仕事を奪ってはいけないと、ミシンによるコルセットの製造事業をすることを拒否、こういうこともあった（PC三二六頁）。なお、最初の実用的ミシンはフランスのティモニエによって一八二九年に開発されていたが、ミシン八〇台は、生活手段を失うのではないかと恐れる仕立屋たちにそそのかされた暴徒によって破壊された（PC三二〇頁）。最も成功したのは一八六三年に発明家シンガーがクラークと設立したシンガー・ミシンである。クラークの考案で、一台原価四〇ドル程度だったと思われるミシンを一〇〇ドルで売るが、月額五ドルの月賦販売で顧客がついた（PC三九五頁）。それから購買者から古いミシンの下取りを初めて行ったのもシンガー社。このとき一四の支社に実地宣伝係として美しい娘を配する。一年で売り上げは三倍増（PC三七六頁）。また、シンガー社はハントと特許問題で長く争っていて、ハントに一八五八年になって五万ドルを支払う約束をしたがハントは翌年に死亡し、受け取らずじまいだったのだから（PC三七九～三八〇頁）、技術の盗用まがいのことはいろんなところで行われていたということではないか。アメリカ人のミシンはフランスのティモニエが初めて発明したミシンの盗用だとの記述がドニュジエールにあるが、真偽はともかく、何かの発明品を真似することはしょっちゅうあっただろうとの想像はそう間違っていないと思われる。

さて、現代である。人々の生活に役立つための技術かどうかはおいて、富に結びつくことを第一に考える新しい技術の開発に邁進するビジネスと、そのたぐいの技術を売り込んで需要を喚起するビジネス（たとえばモニター上で楽しむゲーム、VR）とが手を組んでいる。それらの技術を応用したものは凄まじい広告攻勢で人々にそれまではなかった欲望までも焚きつけ煽る。そしてもちろん、それらのビジネスが要求する労働に借り出される人々も多くなっている。

ところで私は、この手の技術はまさに本来大地に根ざしてこそあり得る人間の生き方まで左右しかねないこと、しかもそのような流れを人がコントロールできないこと、これを怖れ、ここにも無力を覚える。確かに既にもう随分と前から人々は都市に根づく仕方を覚えた。だが、人は未だ大地や川に生活の支えがあることを理解しているし、時に農村や山や海へ出かける。

また、今日もはや、仮に野生の兎を捕まえたとして、それを食べるための肉にしたり、衣類のために毛皮を取ったりする術をほとんどの人は持たないだろう。そして、自動運転の車で、万一のときは人が介入して事故を防ぐというような説明をよく聞くが、そのような車が普及する頃、人はもう車を制禦する技術を持ち合わせていないに違いない。私たちの体を使っての能力は退化しているようにも思える。他方ではスポーツなどで、一流の人々は絶えず先人たちの記録を破っているけれども（スポーツその他の技を競う世界では、過去の記録を保存し、比べるという呆れるほどの執念がある）。しかし少なくとも、大地を移動するということ、食べるということ、服を着るということなどは実際上の体験である。それに対して、モニター上の映像等を中心に相手にする経験とは何だろうか。体はどの程度に参加するのだろうか。

このような状況に対し、希望の事柄として、現在のテクノロジーの世界では、望めば誰もが意見や欲求を発信でき、その結果、うまくゆけばそれらが集合して力を持って世の有り方を動かしてゆく可能性、これを指摘する人は多いだろう。環境問題、差別や格差の問題その他に人々の関心が向き、世の中が少しずつ変わってゆく、その変わらせることに自分が参与しているという実感が人に生まれるのかも知れない。しかもデモなどよりハードルが低く、それでいて実効性を持つ手段があるというわけだ。だが、この動きに関して私は僅かな希望を懐きつつ、声の大きさとか声の集まりとは何だろうと、相変わらず危惧を持つ。不安がある。

結び

以上、第二部では、三つの地域の歴史と、それぞれの歴史の流れの中で暮らしたさまざまな人々の営みを見た。第一部で述べた「歴史を知ることによって知りたい事柄」を歴史の細部において確認したつもりだが、振り返って特に幾つかの確認内容を挙げて、少し注釈を加える。私が懐く「歴史を知ることに伴う無力感」の所以も改めて分かるだろうし、それから、これからの歴史がどう動くのか不安も述べることになろう。

(1)政治というものが人々の暮らしの枠組みを作っていることの確認。扱った三つの地域で、幾つもの戦争があったが、その多くは現代に続く政治形態である国家の間のものであった。アメリカやインドその他での植民地戦争は、植民地を有する国家間の戦争であり、また、植民地とは関係ない王位継承を巡るなどの戦争が飛び火したという場合もあった。ケベックの陥落と英領カナダの成立をもたらした戦争も英仏という国家間の戦争である。

では、イギリスの植民地が独立するときの戦争、ハイチが独立するために戦ったこと、それから合衆国における南北戦争はどう捉えればよいのか。二つの独立のための戦争は、独立を達成した側はその後に政治的体制を整えたと言うべきか。(ブシャールが「新集合体」という概念を持ち出したのはこのことを言うのだろう。そして独立後の合衆国は今度は国家としてイギリスやスペインと戦うのである。)アメリカのイギリス植民地の場合だと幾つもの地域があったが、それらそれぞれが独立以前にいわば都市国家その他のような仕方で国家体制を整えていたわけではなく、だからボストンなどに住む人々の商業的体制が中核となって戦争を進め得たのだろう。そして王党派の人々の存在は一つに纏まった集合体があったわけではないことを物語る。ただ、王党派の存在は他方で、母国を離れても母国の政治体制のもとで物事を考える人々がいたという解釈を誘う。

次に合衆国における南北戦争では、一つの政治形態である州が連合してできた二つのものが主体となった。けれども注63で見たように、個人の一人ひとりが南軍と北軍とのどちらにつくかを決める、そのようなこともあった。

ただ、如何に戦争が多いとは言え、政治の本分は戦争にあるのでは決してない。私が強調したいのは、政治というものは或る集団内部に一つの秩序をもたらし、その他、道路建設とか住みよい環境の整備などをなすためのものだということである。そして対外的には、他の国家ないし集団(たとえばテロ組織)との間で利害の対立その他が生じる場合には外交によって解決を目指すというのが本来の政治の有り方である。その解決が実際には一方の他方に対する抑圧のような内容を含むことが多いにせよ、解決は一時的なものでしかないことを弁え、更により良い解決へと進む、そういうステップを踏む、これも政治の本領である。

しかるに、一般庶民はいつでも政治体制の枠内で暮らす(その枠組みの一部あるいはほとんどが望ましくないと判断する人々も暮らさざるを得ない)としても、政治に携わるわけではなく、日常生活では政治のことを忘れている、あるいは関心がない。そのことを難じるわけにはゆかない。

⑵そして、その時々の政治の有りようによって翻弄されようと、人は懸命に自分の生活を営むものなのだ、という当たり前のことを私は確認したかった。そして、概して人々は世代をつなぐことを望み、子どもを産み、育てた。アカディアで入植者たちが先住民と結婚したことや、ケベックでもアメリカ植民地、それから合衆国になっても、その地で暮らす男たちが出身国からの女性がやってくることを待ち望んだこと、また合衆国内部で、妻を求むという広告の発信がしょっちゅうなされたことは、その現われだ。そして、政治に携わることも、或る種の知識人のように或る政治体制を構想したりすることもない大多数の人々、庶民は、自分の血縁によって生じる集団、また身近な人々との関係の中で暮らすゆえにその関係が紡ぐ人の集まり（こちらはその暮らしが続く限りでは認め得るし、人がその集まりから離れた土地で暮らすようになっても、その人にとっては大きな集まりは解消されるにしても、親しい人との付き合いは続くだろう）、これら二つの集団こそ念頭におく集団であった。政治が決める大きな集団ではない。

なお、自分の子どもに関して、子どもに労働力を期待したり、あるいは自分が生き抜くために子どもを売ったりするようなことだってあるとしても、子どもが生まれるのは当然だという思いの方はあっただろう。ところが今日、子どもを望まない人々も増えているし、そうではないのに結婚ができないので子どもを授かるのは論外だという人々も多い。これはやはり今日の社会の有り方が招いていることだ。（結婚し、子どもが欲しくても生まれないというのは別問題である。）

⑶ところで、「子どもに労働力を……」と私が述べたことは児童観にも関わる。一例として注33で紹介しているアニタの『絵で読む……』を参照。なお、トレガーの大年表によれば、一七八〇年時点で「パリで生

まれた二万一〇〇〇人の子どものうち、一万七〇〇〇人は田舎に送られて乳母に育てられるほか、三〇〇〇人が乳児施設に入れられ、七〇〇人が自宅で乳母に育てられ、僅かの人だけが、世間の物笑いになるのをよそに母親が母乳で育てる」(PC二六〇頁)と。また、一八〇九年に、ロバート・オーエンは、自分たちの綿紡工場で一〇歳以下の児童の就業をやめさせ、保育所、学校、運動場、講堂などを建てようと共同経営者たちに提案するが、拒否された。彼らは、自分たちは利益を上げるために経営しているので子どもの教育には一切関係ないと学校建設に反対した。オーエンは、法外な儲けではなく投下資本に対するほどほどの利益が得られるなら共同で事業をやろうというグループを見つけるために奔走した(PC二九三頁)。そして現在の子どもの状況を考えると、歴史の流れには子どもたちに関することでは明らかに進歩が認められる。

ところで児童観だけでなく一般に人間観(決してすべての人々に当て嵌まる人間観ではなく、人々を差別することも含む人間観)とか、宗教をも含むイデオロギーが人々の振る舞いを決めることも、一部でしかないが見た。(宗教をイデオロギーと言うことに反発を覚える人は多いに違いないが、宗教は一つの意味体系とそれに大きな価値を見いだすゆえの或る実践であるゆえ、この意味体系の方を捉えてイデオロギーの一つと私は考える。)この人間観は、政治が束ねて作り出す集団とは性格が違う或る種の集団を互いに異なるものとして幾つも成立させることに注意したい。これら宗教によって成立した各種グループの他、先住民というグループ、奴隷というグループ、諸々の移民を移住してきた順序や出身国によって異なるものとして分類することでできる各種集団、そして民族意識による民族集団、これらの異なりは多くの場合に軋轢を生んできた。(出身国を言うときの「国」とは政治によって生まれる国のことだが、或る出身国によって区別される人々は多くの場合には言語を共有し、共通の文化——たとえば料理——を持つ人々と重なる。しかし共通の文化というのは元来は民族集団に関して認めることであろう。)

⑷それから私は、人の暮らしに関して、特に衣食住と、子どもの誕生につながる性生活のうちに人の具体的生活の有りようを見ようとした。しかるに、その中で何処に住まうのかということに関して、大地（や海）に生きる人々と都市に生きる人々との対比をも見ようとした。そして私は、私たち人間は大地を不可欠なものとして生きているのだということを改めて確認したく思った。

⑸とは言え、人は移動する。私が最初に見たのは、探検家や或る種の交易人の移動だった。それから新しい土地に定住するための移動。この移動を植民地の形成として理解するのは、移民の出身国、国という政治から見た場合の、それも或る目的を持ったかのように移動を見るときの話で、移動した人々の方はさまざまな理由で見たこともない新天地に向かったのである。その理由の中に政治的迫害から逃れるなどのことがあったとしても、である。ただ、奴隷や囚人が無理に向かわされた、送り込まれたことに関しては、向かわせた側の方の有りようを見なければならないのは当然である。

ともあれ、誰もが移動するのではないけれども、人は移動するものだということを認めないわけにはゆかない。が、移動の目的はさまざまだ。だが、人が住まうというのは移動とは別のことである。この当然のことは押さえるべきである。

⑹そこで、⑷の事柄に戻って改めて考えるに、その住まいが都市の中であろうと、従って人工環境が強く迫り出している中で暮らすとしても、繰り返すが、人は本来、大地から離れては生きてゆけない存在だという当たり前のことを私は敢えて言いたい。人は食べることを成り立たせなければならぬという大前提を有している。けれども、大地と都市空間との異なりということとの関係で人の移動を考えると、現実には、前者、農漁村から別の農漁村へという場合もあるが、農漁村から都市への移動の方が、そして都市から別の都市へ

の移動が多く、逆方向の都市から農漁村への移動は少ない。都市の方に各種サービスを始め、さまざまな種類の仕事があるからだろう。他の理由として、ここで例を挙げなくても人は知っているように、都市だけが提供する事柄の魅力というものもある。だが、この問題は本書では措くしかない。

　しかるに、人間では暮らし方自体が文化であるということで言えば、個々の農漁村それぞれの文化と都市文化というものがあり、それは優劣や魅力の多寡の問題ではない。けれども、大地から離れてゆく文化は痩せ細ってゆくか、奇妙なもの、体を持って生きる人間の有り方からすれば奇態なものになるのではないか。

⑺人の移動が問題になるとき、移動手段のことも考えねばならない。私は多くの事例を挙げた。それは人の移動だけでなく物質の移動に関するものでもあった。そして諸々の事例では、移動の容易さと、それゆえの大量の移動というものを可能にするということが望まれたのであるが、移動の速さも重要なことであった。しかるに、物資の移動は交易に関わる。

⑻移動手段が次々に現われたということは新しい技術の誕生によって可能であった。そして一般に、人間が工夫して手に入れてきた沢山の技術というものによって次々に新しい生活様式が現われてきた。しかるに、それらの技術を私たちはどう評価すべきかという一般的な問題がある。第5章第4節⑵で私は、技術の評価という問題が、現今の或る種の技術において顕わになってきているのではないかと述べた。が、同章第4節⑴で、二つの鉄道が結ばれたときの情景を伝えた電信機という、当時新しかった技術に言及したことに関連し、ここで、移動ということとの関連で一つ述べたい。

　情報を言うことは情報の移動を言うことである。そして情報の移動は人や物質の移動に伴うものであったが（人と言葉を交わすことによるだけでなく、物を見たり用いたりすることでも人はさまざまな情報を得ることができる）、現代では大量の情報が物質の伴いのない仕方で人々に向けられて発信されている。しかも、情報とは価値あるものだという前提で流れ、かつ消費されて価値を失ってゆくものという位置づけだと思われる。こういう今日の状況をどう考えるべきか、これは大きな問題である。紙に記された言葉も、その紙とは別の物資や人の移動無しで移動してくるが、文字が読める人々に非常に役立った（だから印刷術の発明は一つの大きな歴史の流れを作りだした）が、その情報量は決して多くはなかった。だが今日、凄まじい量の情報が、音と映像、しかも動く映像という姿に担わされ、不特定多数の人々に向けて流される。現今の一大産業を成立させている広告はターゲットを絞りたいと望んではいるが。映像が含む情報は解釈によって内容が変わるという曖昧さを持つ一方でインパクトを持つことは多い。情報の量とスピードに関して言えば、消化不良となるが、それでかまわない、ただ流行の話題に自分もついてゆきたい、ゆかないと拙いと思うゆえに情報に接するが、所詮その情報は今限りのものであって不都合はない、そういう受け止め方があるのではないか。そして、偽の情報という、しょっちゅう話題になることがある。また、大量の情報の独占、その情報の統計的処理によって或る新しい情報が取り出され、その情報が特定の集団によって利用されるという、問題を孕んでいるという状況もある。

⑼多くの場合に進歩と見なされる技術を、果たして常に進歩と考えてよいものか、という問題がある。この評価という事柄は史実そのこととは別の事柄である。ところで、政治の有り方に関しても諸々の技術の関与がある。このことを踏まえて言うに、カナダにおける権利革命は優れた仕方で（言い換えれば或る工夫、技術によって）作られた制度として実現した。その諸制度が生み出されたことに私は進歩を認める。

そして、制度を作り出すのは政治の事柄ではあるが、それに先立って、人権のような人々の新しい考え方、やはりイデオロギーの一つとして考えてよいものにも、私は希望を持っている。かつては戦争での死者はおよそ二〇万人というふうに数えられていたものが、今日では三二一七人というふうに一桁まで数えられる。これは、個々人の死はどうでもよく、集団としてこれこれの程度の損失があったという発想のもとでの数え方から、一人ひとりの生命に、そしてその人の日々の生活や他の人々との交流等に思いを馳せる数え方への変換だと私は考えている。個々人が身近な人々と協力して暮らしを少しでもよくしようとしてきた変わらない営みは、今日では、政治が何が何でも一つに纏めようとしてできる国家のような集団の中でなされるほかないし、また自分が属する民族集団からくる圧力のようなものを受けもするのだが、それら集団の枠を払って人々一人ひとりの有り方を尊重しようとする傾向、これは確かに増してきていると思われ、私はこのことを高く評価する。ただ、願わくば、この政治に先立つ或る考え、「人権」や「人道」などの言葉が象徴するような考えが、人を翻弄することもある政治が作り出す諸制度にも反映されてくるように(ないし或る政治体制の集団では或る程度は反映されてきたと)思えるとき、私は歴史は進歩の歩みでもある(あった)と言うことができると思う。だが、それは希望の事柄でしかないという面もある。他方、技術に関して述べた不安というものも拭いきれないでいる。

注・参考文献

はしがき

1　建て前としてはハマスの指導者と戦闘員から成る集団である、――しかしイスラエル国家は、自分の軍事行動によって、その集団に属する人々以外の人々、ガザ地区の一般市民が、死亡したり負傷したりすることを容認している。

2　実際には、政治に携わる仕事に就いていなくてネタニヤフの遣り方を支持していない人々（甲）もいるようだが、その声はかき消されている。そのかき消されていることをよいことにネタニヤフは「国民は団結している」と考えて自分の保身のためにも利用している気がする。そしてアメリカ政府の意志をネタニヤフに伝えるブリンケン米国国務長官の声さえネタニヤフには効き目がないように思える。けれどもその内に、イスラエル国内でネタニヤフを支持していない人々、またもっと思慮深いイスラエル国内の政治家もネタニヤフ批判を始め、イスラエル国家の平和な存立のためには不可欠のパレスチナ人の国との共存のためになすべきことを模索するに違いない。

　政治とは本来は各国内で働くものであり、対外的には外交という形でその力を発揮するものなのである。だからカール・シュミットの有名なテーゼ、「敵を定め結束することにおいて顕わになるのが政治的なものである」という考え［シュミット『政治的なものの概念』田中浩他訳、未来社一九七〇年、原著初出一九二七年、出版一九三二年］は退けねばならない。シュミットは、政治的なものが出現する集団の危機の一つの例となり得るものでしかないもの、敵がいるということを唯一の契機として位置づけるという間違いに陥っている。なお、国家主権のような政治的主権とは、国家の構成員となる人々が国家に主権を委ねることで生まれ、それゆえに構成員たる国民は必然的に一つに纏まるという考えは、シュミットが批判する欧米の民主主義的政治理論にもみられる。しかしこの考えにも、政治的なものによって一つに纏められた集団の中で人々が二つに分かれざるを得ないということを見逃しがちである点で単純に従うわけにはゆかない。一つに纏まっているというのは国家の運営者側からみてのことで、国家に組み込まれている諸個人からすれば、ばらばらの集団が幾つもあるし、何より個人は個人でしかない。国民の政治参加という概念は有効で大切にしなければならないのではあるが、そこに幻想を懐くわけにはゆかない。また、国家に属する人々が二つに別れるという問題は単なる官僚制が引き連れてくるものでもない。

それで、国家の外なる集団との関係では、政治は外交という仕方で働くものであるべきで、だからブリンケンと米国、その他の諸国および国連等の国際機関がその或るべき姿で努力していること、これは高く評価しなければならない。

一方、米国やカタール等の国家、そして国連という国際機関、あるいはハマスという政治的集団をも含めて、それらに属する政治家たちが戦争終結あるいは他の戦争への拡大の抑止へと努力している事態を知るにつけ、政治に携わる者ではない私は、歴史を知ることの無力感を覚える。甲の人々は当然にユダヤ人の歴史とイスラエル建国の歴史は知っているに違いないし、イスラエルとパレスチナとの共存に心を砕いたラビン元首相が暗殺されたことも知っている可能性は高い。彼らを含め、イスラエル国民が当然にイスラエル政府の立場に全面的に賛成し結束するとは限らないのである。だが賛成しない彼らも今のところ無力感を覚えているだろう。そしてブリンケンは優れた政治家としてイスラエルとパレスチナ、ガザ地区、ハマスなどの歴史を熟知しているだろう。しかも合衆国の代表という立場にある。ただ、その彼でさえ、今回のことでは或る力の限界を、少なくとも現段階では強く感じさせられているだろう。

3 注1で述べた集団に属する人々。

4 序でながら、戦場に送り込まれるのは制度に従う側の人たちだ。政治において上層部に属する人々が戦闘に参加することは決してない。せいぜい戦地で兵を賞賛したり、励ましたり、また兵に謝意を述べたり勲章を与えたりするくらいだ。それも外部へメッセージを与えるためということも多い。ただ、彼らがいなくなっても、制度が残り、それを戦地ではないところで運用する人々が残るなら、差しあたり国家という形態の集団は存続する。けれども制度が雲散霧消すれば国家は崩壊する。代わって、かなりの無秩序が現われる。とは言え、人は各自何とか生きようとするだろう。そして、人々の誰もが目先の我が利益だけを求めて行動するならともかく、心ある人々が少しずつ秩序を再建し、その秩序のお陰で将来のより良い生活を望むことができると希望を持つであろう。

5 もちろん、外国で暮らしているユダヤ系の人々もイスラエルという国家を是認しているだろうが、その多くは外国籍を持っているので、イスラエル国家の内部構造に組み込まれてはいない。

6 「制度に人々が従うようにさせるために・或る特定の制度に従う人々という集団」、つまり、たとえば行政に携わる人々や警察の仕事をする人々なども生じざるを得ないが、こちらの集団に属する人々も、集団としては前者の側に組み込まれないわけにはゆかない。ゆえに、大きく分けたときの前者の集団に属することになる——そしてこの集団の中では諸々の権限の配分が行われる——。そのことは、これらの人々は国内で政府批判のデモが強いものになるとき、そのデモに参加する人々を取り締まる側として動員されるということに現われる。取り締まるたぐいの行動を、個人の考えや個人の資格でなすわけではない。

序

7　基礎は、本文で述べるように、人々は既に流通している語とその用法を学んでゆくということにあるが、詳しくは語の種類ごとで考えなければならない。まず、物的なものを指す語の場合、人は他の人とともに、物的なものが位置するのと同じ空間に位置するものだから、語が何を指すかについては互いに確認できる。そして文章が空間的なものを想い浮かべさせるたぐいのものである場合、その想い浮かべは想像の働きによるのだが、その空間配置に関する部分については一致しやすい。概念語の場合、その意味は議論によって確定しようと努力すべきこととなる。しかるに、どの場合でも、さまざまな語は他の諸々の語とさまざまな位置関係にあるのであり、人はその位置関係をあれこれの語の意味に取り込んでゆくことで、人が或る語で理解する意味は概ね似通ってくる。もちろん、人それぞれの意味世界はこのような方向で変化してゆくとしても人に固有のものである。けれども、人は言葉の遣り取りを通じてそれぞれの意味把握を確認しようとすることができるのだから、人がそれぞれに理解する語の意味内容は概ね分かることができる。もちろん、その意味内容にはずれがあるし、分かったと思うことには勘違いもある。けれども、それで済んでゆくのがほとんどだという現実がある。これらのことについては私の『想像のさまざま――意味世界を開く』(東信堂二〇二二年)第4、5、7章を参照。特に、感情を表現する言葉に関しては、『感情と意味世界』(東信堂二〇一六年)を参照。

第1章

8　或る地域における丘などの地形や荘園や耕区などの呼び名(だから特定の場所の地名ではないことが多いが)を歴史解釈に活用しているのはマルク・ブロックだ。呼び名がどの言語のものかで、その言語を持ちいる人々が元々の居住地からその地域にも来たことが分かるというわけである。また、フランスとイタリアの村の名の大部分は人名から成っており、その人名がケルト人、ローマ人、ゲルマン人のものであるとどういう人が住みついたかが分かるという。『フランス農村史の基本性格』(河野健二・飯沼次郎訳、創文社一九五九年、六三～八〇頁、一一六～一一七頁、原著一九三一年、「基本」とニュアンスが少し異なる'originaux'という形容詞が用いられている)。

9 前掲『フランス農村史の……』。

10 (『フランス・ルネサンスの文明――人間と社会の四つのイメージ』(二宮敬訳、筑摩書房一九九六年、一二六頁、原著 *Les principaux aspects d'une civilization: La première Renaissance française; quatre prise de vue*, 1925)。翻訳書の表題と原著表題とに大きな違いがある場合には原著表題も記す。以下同じ。なお［］内で記す部分は私による補足等。これも以下同じ。

11 『歴史論』(原剛訳、ミネルヴァ書房二〇〇一年、原著一九九七年)。一九七二年から九六年までの講演や論文を集めたものなので発表時の書誌を記す。頁を記した最初の三つは、「歴史の内と外で」ブタペストの中部ヨーロッパ大学の一九九三〜四年の開講講義の記録。

12 『歴史論』三九六頁、「アイデンティティの歴史だけでは不十分」『ディオゲネス』誌一九九四年。第一、第二の限界の紹介は省く。

13 同書一九三頁、「党派性」『シャルル・モラゼ記念論文集』一九七九年。

14 同書三九二〜三九三頁、「アイデンティティの…」。なお同書八〜九頁で、次のように書いている。

「最近、ヒンドゥー教の熱狂信者がアヨーディヤーにあるモスクを破壊した。その表向きの理由は、そのモスクが回教国ムガールの征服者バーブルによって、こともあろうにラーマ神生誕の聖地に建てられるということだった。歴史研究の仲間でインドの大学にいる私の友人たちが、(i)一九世紀まで、アヨーディヤーがラーマの生誕の地であると言った人は誰もいなかった、(ii)モスクはバーブルの時代に建てられたものではない、ということを示す研究を発表した。この研究によって、その事件を起こさせたヒンドゥー政党に何か影響が見られるとよかったのだが、それはなかった。しかし少なくとも私の友人たちは、現在と将来に宗教的に不寛容な宣伝にさらされる人のために、歴史家としての義務を果たしたのである。私たちは見習うべきである」(「歴史の内と外で」)。

これはブタペストの中部ヨーロッパ大学の一九九三〜九四年次の新学年開講講義で、翌年、『ニュー・ヨーク・レヴュー・オヴ・ブックス』六二〜六五頁に「歴史への新たな脅威」という標題で掲載された。なお、熱狂的ヒンドゥー信者で虚偽の主張をしているのは、私が調べたところ「ヒンズー至上主義団RSS」である。インドの現在のモディ首相もRSSの出身者である。そして、来たる二〇二四年には新たに建てられているラーマ寺院が開院することになっている。そして、これは来年の選挙に向けた一大キャンペーンでもある。

15 『歴史のための闘い』(長谷川輝夫訳、平凡社一九九五年、八二頁、原著一九五三年)。以下、引用文のあとに頁と、論文集であるゆえ最初の公刊年等を示す。「嵐に抗して――新しい『年報（アナール）』のマニフェスト」『年報（アナール）』一九四六年。

16 同書七三頁、「嵐に抗して」。

17 同書、順に一九一頁、一九二頁、「新しい歴史に向かって」『形而上学・倫理学評論』一九四九年。

18 同書二七～二八頁、「歴史と歴史家の反省――1892～1933」、コレージュ・ド・フランス開講講演。

19 マキァヴェ（ッ）リ『ディスコルシ――「ローマ史」論』永井三明訳、筑摩書房二〇一一年、二三頁、原著一五一三～一五一六？年。

20 一六八一年、ジャン・マピヨンの『古文書学』の出版が歴史家に文書資料の批判を義務づけたとされている。佐藤真一は『ヨーロッパ史学史――探求の軌跡』（知泉書館、二〇〇九年）の中で、ブロックの「一六八一年、『古文書学』の出版されたこの年は、人間精神の歴史において確かに画期的な年である、文書資料の批判が決定的に創始されたのである」という文章を引きながら、マピヨンの仕事を紹介している（一八二～二〇二頁）。

21 図像記述や墓碑銘、遊戯や服装などに注目してヨーロッパにおける「子ども」観の変化を論じたフィリップ・アリエスについて、中世史家のペルヌーは次のように述べている。

「私法の歴史的考察をなおざりにして、成文法と慣習法を隔てている溝に充分な配慮はなされなかった場合には往々そこから無理解が生じることとなる。この二つは全く異なった世界を構成しているのである。一例を挙げれば、もう三〇年も前のことだが、子どもや家族の歴史に関する或る歴史学者――後にたいそう高名な歴史家になられたが――の研究がある。彼はその研究を細密画や版画やさまざまな挿絵などといった実に興味深い資料をもとに行ったのであるが、法制史からみた判断が完全に欠落していたのである。一六世紀以降であれば膨大な量の図像による表現から真実に近い結論を引き出すことも可能であったとしても、画像に描かれた家族と言えば聖家族を示し、人物は聖者伝のそれでしかなかった封建時代においては彼の考察ははなはだ的を射ないものとならざるを得なかった。彼が何ゆえに慣習法令集の家族に関する条項を参照するだけの配慮を怠ったのかは悔やまれる。そうしておれば、封建時代のフランスでは少なくとも庶民の家庭に関するかぎり、たとえば成人年齢は女の子は一二歳で、男の子は一四歳であった、ということが容易に理解できたはずなのである」（レジーヌ・ペルヌー、レイモン・ドラトゥーシュ、ジャン・ギャンベル『産業の根源と未来――中世ヨーロッパからの発信』農文協一九九五年、四四頁、原著 *Le Moyen Age pour*

Quoi faire?, 1986)。

22 因みに、歴史に学ぶというのとは違うが、歴史を利用する点では同じである、へえと思うような例を描いた文学の小品がある。「時は一九八三年、［ラトビアから来た］新参の移民であり政治的な難民でもあるロシア系ユダヤ人の私たちを支援することは、なおも社会の大義だ、私たちは、みずからの歴史を利用することができる」ということを信じてマッサージ治療院を開設する男と家族の話だ。デイヴィッド・ベズモーズギス「マッサージ療法士ロマン・バーマン」小竹由美子訳(堀江敏幸編『記憶に残っていること』新潮社二〇〇八年、七頁。原著は二〇〇四年の短編集『ナタリー』に収録。

23 前掲『歴史の・・』四一頁、「歴史を生きる――歴史家入門」高等師範学校講演一九四一年。

24 塚田富治は『カメレオン精神の誕生――徳の政治からマキァヴェリズムへ』(平凡社、一九九一年)で、シェイクスピアの時代のイギリスで「政治」の意味の転換が起きたことを示すのを主題にしている。が、その前後のいずれの意味内容の政治であっても、以下に私が述べる事柄は当て嵌まる。

25 「人の社会の秩序をつくるもの」(東京大学大学院人文社会系研究科哲学研究室『論集』18、二〇〇〇年)、『価値・意味・秩序――もう一つの哲学概論：哲学が考えるべきこと』(東信堂二〇一四年)に第5章として収録。

26 注33で紹介する二つの文献、ショルシュ『絵でよむ子どもの社会史』とハリスン『こどもの歴史』とを参照。

27 だが、暴力団のような小さな集団で、或る行為をなした人物に頭目が集団から出てゆけと命じるとき、そしてその命令を部下を通じて問題の人物に伝えるとき、そこにヒエラルキーや命令系統が見られるのではあるが、この集団を政治的集団と考えるのは適切ではないだろう。集団内に制度を定める側と制度に従う側との二つに分かれたグループがあるのではないし、ずっと以前からの遣り方を破るダイナミズムを持つのが政治的なものだからである。頭目は決まった掟に従っているに過ぎず、その掟は制度ではなく、慣習に近いものである。ただ、掟は厳格で、その点では慣習とは幾分か異なる。慣習が集団内の人々の有り方を律する場合、慣習から外れた振る舞いをする人も、困った奴だとか、ものが分からない人間だと思っても大目にみるということはあり、その集団から排除することまではしない。慣習には或る緩やかさがある。

28 ただ、部族間の戦いだけでなく連携とか交渉もあり、これら連携や交渉はいわゆる外交のようなもので、外交は他集団との関係構築では最も望ましい政治的な事柄である。ただ、興味深いことに、外交を司る集団の長は、己の集団内部で政治的指導者ないし権力者として存在しているのではないと思う。資料として以下のものを挙げる。ジャネット・ウォラック『砂漠の女王』(内田優香訳、ソニー・マガジンズ二〇〇六年、原著一九六六年、翻訳書には「イラク建国の母ガートルード・ベルの生涯」という副題が付されている。）なお、これは伝記であるが、注33で幾つか言及する歴史書の一つとして読むこともできないわけではない。けれども注33では、或る時期の歴史が垣間見え、主人公に関係する人々の活き活きした暮らしが分かる場合でも、自伝を含む伝記の類は挙げない。激動の時代のことであっても短い時期のことでしかないからである。

29　「社会」については私の『生きること、そして哲学すること』（東信堂二〇二二年）第5章を参照。また、本書よりは五ヶ月ほど先に漸く出版された伊多波宗周（むねちか）氏の著作『社会秩序とその変化についての哲学』（東信堂二〇二三年）は、社会を画期的な仕方で捉えている。

30　すべて東信堂による出版だが、文の構造や文章の描く力などについては、私の『想像のさまざま』（二〇二二年）第4章、第5章。また言葉のさまざまな性格については『言葉の力』（二〇〇五年）。言葉の誕生に関しては『音の経験――言葉はどのようにして可能となるのか』（二〇〇六年）。一般には原初的なものとして考えられていると思われる感情が実は言葉とともにある意味を介して生じるということについては『感情と意味世界』（二〇一六年）。極簡便には前掲『生きること、そして哲学すること』を参照。それから、言葉を主題とした三つの編共著『言葉の働く場所』（二〇〇八年）、『言葉は社会を動かすか』（二〇〇九年）、『言葉の歓び・哀しみ』（二〇一一年）も参考になろう。

31　前掲『生きること、そして哲学すること』第2章第2節を参照。

32　この部分はマキァヴェリが自分の関心として述べたものを挙げている。

33　歴史家の著作で、或る期間の歴史の変化がどのようにして生じたのかを、普通の人々の暮らしが分かるような仕方で書かれているものを幾つか手持ちの書物の中から探してみた。

最初に二三頁で紹介したように「歴史の対象は人間だ」と言うゆえに期待したフェーヴル。（因みに、歴史は社会史だと彼が言うことと、歴史の対象は人間だということとは、どうつながっているのか。人間は集団の中で生きるものだということからくる。とは言え「社会」の概念をどう捉えるか、概して思索家たちは成功していないように私には思える。フェーヴルも似たようなことを言う。「〈社会〉が、時代とともにさまざまな意味に使われたため、しまいにはほとんど何も意味しなくなってしまった」（前掲『歴史の……』四〇頁、「歴史を生きる・・」）。が、社会の概念が曖昧な理由は彼が言う事情ゆえのものではない。曖昧な社会の概念を用いるゆえにさまざまな使い方が可能だったのである。そして、フェーヴルがその言にも拘わらず社会という概念を前面に出すとき、彼がきちんとした概念を提出しているとは思えない。しかるに注29で挙げた伊多波宗周『社会秩序とその変化についての哲学』は、社会の有りようをきちんと押さえている。）

実際フェーヴルは前掲『フランス・ルネサンス・・』の中の一六世紀の一般貴族の台所の様子と、其処で領主とその妻、農夫その他が食事する場面を描いている箇所と続く記述(三四〜三九頁)、それから日曜や祝日毎に教会に集まる人々を描いた箇所(一九三〜二〇一頁)では期待に応えてくれる。ただし、それだけ。しかも最初の部分に関しては歴史がどういうわけで動いてゆくかの説明は欠いている。ただ、この描写部分は「時代の中の人間――ルネサンス期のフランス人」という第一章にあるのだが、その際に彼が指摘している、この時代の「誰も彼もが旅に出た(六〇頁)」ということがあとの三つの章で扱われる事柄における変化、歴史の動きを促すのだという見解を読み取ることはできる。だがその程度でしかない。私が求める歴史叙述は叶えることは極めて難しい要望のように思える。しかもフェーヴルはこの僅かな叙述をするためにも、強い熱意と膨大な時間を使ったに違いない。先立つ歴史書や文書を鵜呑みにせず、史実を史実として掘り起こした上で、このような書き方を或る時代の或る社会の人々についてだけでなく、他の時代、他の社会についても描き、しかもそれらの移りゆきがどのようにして生まれたかを論ずることはどの歴史研究者にもできはしない。

次にブロックの場合はどうか。前掲『フランス農村史の・・』では、人々よりも森や農地の様子など、それから、ところどころでさまざまな職種の人々と彼らが使う道具を言うことで何となく想い浮かべさせる仕方でのみ、人々の暮らしを想像させる。そして彼の『西欧中世の自然経済と貨幣経済』(森本芳樹訳、創文社、一九八二年、一九三三年と六三年の二つの論文を収録)は、書名、論文表題からは期待できないのに、引用されている幾つかの資料(三三〜五〇頁)が、人々の幾つかの事柄における具体的な様子を窺わせる。

同じヨーロッパ中世史では、レジーヌ・ペルヌー『中世を生き抜く女たち』(福本秀子訳、白水社一九九七年、原著 *La femme au temps des Cathédrales*, 1980)が優れていて、模範的である。彼女はフェーヴルよりずっと詳しく、家の造り、用具等も含めた台所の様子を描き、更に具体的な料理とその仕方、食器や食べ方も紹介し、その他、家具、衣類、寝具、赤子のために必要なもの、農夫の道具、女性の仕事用品、入浴、健康と衛生、美容について、それから当然ながら貧しい人々と裕福な人たちとの衣服等や仕草の違い、また都市と農村、修道院での生活の様子なども記している(九七〜一二九頁)。そして当時(封建時代)の男女間の関係、結婚や子どもの養育等に関する考え方も紹介する。詩、風俗を描いた古い資料の写真も掲載されて、具体的イメージが湧く。それから歴史の動きとしては、以上に描かれた生活が生じた理由を、①奴隷制の廃止によって推進された農村における科学技術の発展と、②彼女がその進展仕方を幾つも追う、キリスト教の伝導に力を入れた女性たち――歴史に名を留める人たちで庶民ではない人が多くなるのは仕方ない――が、修道院活動も通じて政治的にも力を得ていったことに求める。そして、その後の変化については、特に時を経て逆に女権反対の流れが展開してゆく理由を次のように記す。大学が知識のみならず宗教についても正当性を主張するようになり、またアリストテレスの学説やローマ法が復活して影響を及ぼしたのだと。模範的なこのような叙述が他の地域、他の時代に関してもなされるとよいと思わせる。

ヨーロッパの少しあとの時代に関しては、スティーヴン・オズメント『市長の娘』(庄司宏子訳、白水社二〇〇一年、原著一九九六年)。これは一六世紀前半の南ドイツの重要都市シュヴェービッシュ・ハルの最有力者で度々市長となったヘルマン・ビュシュラーの娘アナの恋愛沙汰とアナが父親を相手に何度も裁判を起こすに至る過程並びに敗れてゆく様子を描きながら、当時の世の中の有り方を映し出すだけでなく、どのよう変革がどういうわけで起きたかも述べてゆく歴史書である。著者は、ヘルマンを主人公にした小説に言及し、その中に見いだされる〈アナ〉は、史実の女性とは異なっている」(二五三頁)と歴史家の観点から述べている。人々の生活がどのようなものであったかは、当時の制度、幾つものしきたり、人々の共通の考え、ないし感じ方(特に男女それぞれの立場と権利、男女関係についての考え方ないし感じ方)等の説明で間接的に窺えるほか、具体的に描く箇所も少しある。男女関係ではパーティでの心得(「男の子が果物をさしだしてくれても、受け取ってはいけません。男の子が隣に座ったときには……」(四八頁)。衣裳と装身具(「都市に住む男はフェルト帽をかぶったし、休日にはそれに羽根飾りをつけ(白いバンドの縁飾りのある黒い山高帽が好まれていた)［中略］女たちは毛皮帽をかぶり、形は好みで選ぶことができた……」(三〇頁)。料理としては豪華な晩餐の場合ではあるがメニュー(一九八頁)。ハルの東北東の都市ニュルンベルク市についてだが、視察に訪れた英国人の叙述による通りの様子(「五百二十八の舗装された通りや小路があり……通りはいつも清潔に保たれ汚物の堆積がない……家に庭や裏庭があったとしても……人はただ一匹の子豚しか・・それも生後半年ほどの間だけ育てる」(一四六頁)。この英国人は次の述懐をしている。「もし通りを歩いていて財布や指輪や腕輪などを落としたとしても、必ず戻ってくる。ロンドンでもそうだったらどんなによいことだろう」(一四七頁)。

更にずっと後の時代に関してでは、松田祐子『主婦になったブルジョワ女性たち――100年前の新聞・雑誌から読み解く』(大阪大学出版会二〇〇九年)は、ビジュアルを含めた豊富な資料に基づくゆえに興味深いが、歴史の動きに関しての理由づけは弱い。

出色なのは、エイザ・ブリッグズの『イングランド社会史』(今井宏他訳、筑摩書房二〇〇四年、原著初版一九八三年、アップデイト版一九九四年)である。先史時代から現代まで、歴史の移り変わり方が述べられていて、さまざまに異なる人々の暮らしも窺える。図版も豊富である。

同じく社会史を表題に掲げているものとして、ハルトムート・ケルブレ『ヨーロッパ社会史――1945年から現在まで』(金子公彦他訳、日本経済新聞社二〇一〇年、原著二〇〇七年)がある。これはヨーロッパ全体を視野に収めているが、時代としては一九四五年以降しか扱ってないという難点がある。また、個々の人の姿よりは沢山のさまざまな事象の概観が行っていて、これは前者の点では残念で、後者の面からは興味深い。

それから、アメリカの社会学者で美術史家でもあるアニタ・ショルシュの著作『絵でよむ子どもの社会史――ヨーロッパとアメリカ・中世から近代へ』(北本正章訳、新曜社一九九二年、原著表題と出版年 *IMAGES OF CHILDHOOD: An Illustrated Social History*, 1979)。一六世紀から一九世紀までを扱っている。子どもについて書くということは子どもたちを扱う大人たちをも描かなければならないので、この書からは人々全般の暮らしについて、特にその心の有り方について知ることができる。表題にある通り、沢山の絵、挿絵、写真などが紹介されているのも、とても役立つ。この書では、人々の世界観、人間観に関して如何にキリスト教の影響が大きかったかを改めて痛感させられる。その影響の強さは、宗教改革のあとでも、その有り方は違ってくるとしても同じである。そして私はつねづね、さまざまな書物で、いわば狂信的な説教者、あるいは時に戦略的に人を煽る説教者が力を持って人々を或る方向に誘導する様が描かれているのを読むと、そういうものかと、やりきれない気持ちになるし、その誘導によって人々が畏れを懐いたり、特に或る種類の人々の価値を低いものと考えたり、更には攻撃的になったりするとき、(他の幾つかの宗教をも含めた)宗教が持つ業の深さに暗い思いを禁じ得ないでいるが、この書でも宗教の強い力を感じさせられた。

次に、同じような著作として非常に興味深く、人々の暮らしについて、その変遷を含めて沢山のことを知ることができるのは、モリー・ハリスン『こどもの歴史』(藤森和子訳、法政大学出版局一九九六年、原著 *CHILDREN IN HISTORY*, 1959)。中世から一九世紀まで。沢山のイラストが、シェイラ・マギュイールの協力で掲載されている。ただ、世紀ごとに暮らしのさまざまな場面での様子を知ることができるが、その変化がどのようなわけで生まれたのかについての論述は弱いというか、時代が進むに連れて、まずは上流階級で生活が豊かになっていったという前提で書かれている。

それから、これらの書に幾分か趣きが似た著作として、しかも肝心の日本の歴史を扱っているものとして、樹下龍児

『おもしろ図像で楽しむ　近代日本の小学校教科書』(中央公論新社二〇一一年)がある。ただ、明治期の文明開化に焦点が置かれているので、扱っている期間は短い。けれども、新しい知識を子どもたちはどのようにして教えられたのかのほか、当時の人々の暮らしの変化を見ることができる。変化の理由の方はまさに文明開化、日本が鎖国政策をやめたということに尽きていると思われる。

日本の現代にも直につながる時代に関わる本格的歴史書として『村と土地の社会史——若干の事例による通時的考察』(岩本由輝著、刀水書房一九八九年)には、その書名ゆえに期待したが、事件を追うことに力を入れ、人々の日常生活の具体的イメージを提出し損なっている。

橋本明子『日本の長い戦後——敗戦の記憶・トラウマはどのように語り継がれているか』(山岡由美訳、みすず書房二〇一七年、原著 *THE LONG DEFEAT: Cultural Trauma, Memory, and Identity in Japan*, 2015)。これは社会学者の著作で、短い期間のことではあるが、個人史、家族史、新聞投書、歴史漫画などを資料とし、人々の日常生活の有りようを重視しつつその変遷も追跡すると謳っている。ただ、日本の一九四五年の敗戦を人々がどのように受け止めたかに絞ってのものであるゆえに、人々の暮らしの具体相とその変化を浮き彫りにするには至っていない。

このように、特定のテーマのもとで書かれている歴史書は、長い時代にわたって扱うもの、短期のもの等さまざまに、外国に関しては沢山あり、日本の歴史書も少しは知っているが、ここでわざわざ紹介するのは不要だろう。

最後に、さまざまな日本の地域での或る時代の或る人々の生活を描くに、日記や帳簿、寺の過去帳を資料とするなどの試みがあり、とりわけ著者の同時代もしくは一昔前のことの場合、聞き書きによるものも、あるいは自分で自分が生きた時代や子供時代の生活の様子が後世に伝わるようにと具体的に描いているものは大量にある。その上、沢山の挿絵付きのものもある。ただ、そのような生活仕方がどのようにして生まれたのかの叙述を欠いている場合がほとんどだ。歴史学的意識を持たないゆえだろう。

こういうわけで、或る時代以降多く出現した、人々の日常生活を描くたぐいの文学作品の人物造形にも私は頼っている。ただ、史実に基づく部分に対する信頼性はどの程度かという問題が残る。本書では信頼性があると判断しているものを利用する。もちろん、第二部で扱う地域の或る時代に関してだ。

34　都市の始まりは、河川が合流する地点や港のような交易の場としてか、各種職人の仕事場として、それから広域的な政治の中枢がある場所としての、どれかであったのだろう。ただ最初二つの場合でも人の集まりが大きくなると政治的なものが生まれないわけにはゆかない。

ところでイバン・イリイチは「中世ヨーロッパ都市は他のすべての都市の存在形態から区別される」と言う。一つには「王の城壁に守られながら〈ヨーロッパの始まり〉の時期の商人たちと職人たちが、新たな共同生活を始めるために兄弟の契りを結んだ、すなわち都市の始まりだ」と述べ、この「社会契約という市民法的形態」の重要性を指摘しつつ、他方で、初期キリスト教の兄弟姉妹（とみなされた信徒たち）がとりかわすキスと共同の食事による祝祭的平和、「壊れやすく、逃げ去りやすい平和と安全の形式」すなわち（暴力がないという意味での平和ではない）祝祭的平和があると言う。（以上、「〈平和〉の贈りもの――ヨーロッパ都市の起源として［の］コンスピラチオ」桜井直文訳、『環 vol. 17』（藤原書店二〇〇四年、七六～八二頁）を順不同で抜粋しつつ要約）。この祝祭に関しては私はよく分からないまま、或る甘い発想があるのではないかと疑うが、紹介しておく。

なお、時代が進むと人々が多く集まって暮らすと必ずやあれこれの仕事（特にサービス）が生まれるので、人々は都市に生活の場を求めると私は思うし、工業の隆盛においては多数の人々の集まりは必然的に生まれた。そして現代、ほとんどの都市は経済の論理で出来上がっている。

35 領主の農地で働く者となることも自由を得る方法だという指摘もある。たとえばレイモン・ドラトゥーシュは次のように指摘している。

「領主は領土に〈入植〉を行うのに懸命である。領主は需用者の立場にあるので、彼の提案する約款は普通通用しているものに比べるとずっと入植者に有利なものになっている。入植者は以前の社会的身分がどんなものであったにせよ、過去とは全く関係なく定住約款で定められた条件を享受することができる。入植には自由になれるという要素も含まれているのである」（ペルヌー、ドラトゥーシュ、他『産業の根源と未来』）。

特に「末子相続制（ケヴェーズ）」に加入する契約を結ぶと、永代地代五スーとニワトリ一羽を納め、幾つかの制限つきの賦役に服することを約すると、家屋と庭用の用地と彼が一日で耕せる広さの農地の用益権を得ることとなる。この分け前のほかに彼が投資した建造物や田畑が彼個人の所有物となる。そのほかにも共用農地や移動耕作地を小麦二〇束に対して三束の物納年貢と引き換えに使用することができる。その権利は他所に行ってしまうとすべて失われるが、土地にとどまっていれば、権利は死後、末子だけに譲渡可能で、末子は年老いた両親の面倒をみなければならない（一二一頁）。

なお、末子とは男性であるが、「結婚、しかも安定した結婚が幾ら高くつこうと農民にとっては必要条件である。独身者はたとい家族の一員であったとしても、作男としての補助的な役割しか果たせない。配偶者を失った夫や妻が、土地や子どものために農民として生き続けたい場合には再婚は必須となる。長男がかなりの年齢で、下の子どもたちが幼い場合には寡夫は家族の全員が成年に達するまで長男を自らの協力者とする」(一〇九頁)。

ところで、以上のような決まりはすべて慣習なのだが、マルク・ブロックはヨーロッパ中世における慣習の重要性を指摘しながら、およそ次のように述べている。

「〈慣習〉は口頭のものでしかなく、人間の記憶を当てにしている。だが、人間の記憶は著しく不完全で、融通のきく手段である。慣習観念の結果は何かというと、それは生活をおしとどめるどころか、前例を次第に権利に変えることにより、数多くの権力の濫用や、多くの怠慢を正当化した。［中略］慣習の作用の主要な結果の一つは、保有地の住民がいかなる法的なカテゴリーに属するにせよ、実際上は保有地をほとんど一様に世襲化したことであった。領主たちは、この動きに反対するなんらの理由を持たなかった」前掲『フランス農村史』一一〇頁)。

これはドラトゥーシュが述べていることに一致している。けれどもブロックは「慣習は明らかに純然たる領主的恣意にとって有利なものであった」と付け加える。特に領主は裁判権を持っていたことが領主の支配を強めた。なお、ドラトゥーシュは、自分の描きは中世を好意的に見すぎているが、それは、「われわれの意図は欠点を上げることではなく、その発展を遂げさせた積極的要因を強調することにある」(二五一頁)のだからだと断っている。

36　音楽に関しては合衆国における互いに関連がある二つの例だけを挙げる。一つ目は、黒人の扮装による歌と踊りの入ったミュージカル「ジム・クロー」。これは一八三二年にミンストレル・ショーの先駆者トマス・ダートマス・ライスがケンタッキーで行ったもの(PC三二七頁)。「ジム・クロー」とは年老いた不具の黒人の名前で、上演ではその身振りや歌を真似る。二〇回のアンコールを受けたという。そして一八四三年に、ダニエル・ディケイター・エメットが率いる「バージニア・ミンストレル」がニューヨークで初めて完全なミンストレル・ショーを上演。ミンストレル・ショーはアメリカの生活と密接に結びついたアメリカ娯楽の一つになった(PC三四六頁)。歌い手は「焼かれたコルク」という渾名で呼ばれた(L二六一頁)。というのも、このコルクを顔に塗って黒くして黒人に見せかけたからである。なお、「ジム・クロー法」と称する黒人を差別する法律の最初のものが一八七五年にテネシー州議会で成立。一八八〇年に連邦巡回裁判所は、この法は憲法違反であるとする。

二つ目はフォスターの諸作品。彼の「草競馬」はミンストレル・ショーで大ヒットして国内のショーを行う各座が彼の歌を求めた。「懐かしきケンタッキーの我が家」はクリスティ・ミンストレルに一五ドル足らずで売られたもの。そしてフォスターは「オールド・ブラック・ジョー」のように黒人を笑いものにするのではなく、黒人に寄り添う歌をつくった。「おおスザンナ」については注61を参照。

なお、本書で扱った時代のアメリカのかなりの数の歌について、長田暁二『世界と日本の愛唱歌・抒情歌事典』(ヤマハミュージックメディア二〇一五年)に誕生の経緯等の解説がある。本書に関係あることでは「線路の仕事(線路は続くよいつまでも)」、毛皮取り引き商人の恋歌であったらしい「ジェナンドー」など。また、本書では取り上げることができなかった各種行事だが、黒人たちの葬儀の習慣、墓地に送るパレードの際には静かな曲を演奏し、埋葬が終わった瞬間から一変して陽気で軽快な曲に変わるということを私は、「聖者が町へやってくる」が、このジャズ・フューネラルで演奏されてから知られるようになったという解説によって初めて知った。

37 スコット・オデール『小川は川へ、川は海へ』(柳井薫訳、小峰書店一九九七年、原著一九八六年、七~八頁)。なお取り引きが成立したあと、合衆国の土地は二倍以上に。そのときジェファーソンはルイジアナの西の端が何処なのか分かっていなかった。そこでミシシッピー川の航行権を確保し、西方発展を国家使命と考えたゆえ、ルイス(後のルイジアナ準州知事)とクラーク(後のイリノイ州準知事、探険記を書いた)に、セントルイスから太平洋への道を探る探険を命じた。セントルイスはミシシッピー川西岸、ミズーリ川合流地点の直ぐ下流、一七六四年にフランスの毛皮商人ピエール・ラクレード・リグエスが取引所を開設した場所である。オデールのこの書は、クラークの日誌(探検記)等を踏まえて、ガイド兼通訳として同行のショショーニ・インディアンの少女サカジャウィアを中心にこの探険過程を描いたものである。

第3章

38 参考として、フィクションではあるが、エリオット・アーノルド『白いタカ』(瀬田貞二訳、岩波書店一九五八年、原著一九五五年)。

39 フランス人が町をつくるときにはまず町の真ん中に杭(ポール)を建てることから始まる(レジーヌ・ペルヌー、ジョルジュ・ペルヌー『フランス中世歴史散歩』(福本秀子訳、白水社二〇一〇年、一六六頁、原著一九八二年)」ゆえの名前だと思われる。杭の代わりに簡単な石(ピエール)を建てる場合は町の名称はピエール・シーズとかピエール=アシズとかとなる。

40　この様子は全くのフィクションではあるが、アントニー・マイエ『荷車のペラジー――失われた故郷への旅』(大矢タカヤス訳、彩流社二〇一〇年、原著一九七九年)に描かれている。

41　この物語『エヴァンジェリン』は一八四七年の作品。翻訳は大矢氏の著作の第一部として収められている。

42　このことに関連し、「政教分離ができていない国」では一層そうだ、とする考え方があるが、それは間違いだ。このかぎ括弧内の表現は、政治と宗教とを分離している国を分析の道具として或る種の国に関して言うのであって、けれども、その国では政治と宗教とは不可分なのだから、分離できていないという批評も、政治に及ぼす宗教の力が強いという見方も的外れとなる。一方、政治と宗教とを分離している国で宗教が政治に広く大きな影響を及ぼしている国とそうでもない国とを言うことができる。後者では、或る事柄に関しての影響だけが問題となることもある。

分離するとはどのようなことかに関しては、私の『音の経験――言葉はどのようにして可能となるのか』(東信堂二〇〇六年)の第10章で、言語の単位音とは何かを論じる中で考察している。「傘(かさ)」は二音から成る語で、「か」まで口にしてやめることができるし、また、ひっくり返すこともでき、すると「坂(さか)」という別の、やはり二音の語になる。だから、「かさ」はkという子音、aという母音が二つ、sという子音の四音から成ると聞かされると人はびっくりする。この四つの音をひっくり返すとどのような音になるのだろう。そして話を「祭政一致」や「政教分離」という概念にまで広げて考察している。また、『生きること、そして哲学すること』(東信堂二〇二二年)では、「政治学」や「経済学」という学問名と哲学との関係を考察する中で、やはり「祭政一致」などの概念も考察している。

第4章

43　なお、英国領土としては、同じくユトレヒト条約でフランスから割譲されたニューファンドランドがある。ただ、こちらは荒涼としているゆえに人々の入植が進まなかった。そしてフランスは、この地沿岸での干魚の製造権を得ていた。またフランスは、英国からケープ・ブレトン島を譲渡されていて、此処に要塞を建設する。この島はのちにスコットランドの農地改革で追放されたハイランド住民の移住先となる。

それから、こちらはまた英国の関係だが、一六七〇年に毛皮交易のために英国から特許を得て設立された「ハドソン湾会社」の領有になる北西の途轍もなく広いハドソン湾岸からスペリオル湖北西にいたる広大な地域があった。この領有は外交的にはやはり一七一三年のユトレヒト条約で認められた。この地と、ケベックからオンタリオ湖とを結ぶ線との間には、ローレンシア台地という盾状地があって、それが英仏どちらの人々にとっても入植地を広げるに当たっての障害とみなされていた。現在は鉱物資源が発見されるし、交通も整備されて、風光明媚であるゆえに観光客にも人気だという。

44 マイケル・イグナティエフ『ライツ・レヴォリューション』(八八頁)。なお、この書物は、一般聴衆を対象としてラジオ放送した二〇〇〇年度の「マッセイ講義」のために書かれた。翻訳は「ですます調」になっているが、このことを考慮しているのだろう。

45 これは、合衆国とイギリスとの一八一二年戦争の余波として生じたことだと思われる。

46 なお、ブシャールは、「ダラム卿の目には、海の向こうのフランス人にあらゆる点で劣っていても、カナダ人は間違いなくフランス人であった」(一〇九頁)と、「ケベック［ローワー・カナダ］人」ではなく「カナダ人」と言い、かつ、この語を強調して述べているが、趣旨がよく分からない。ダラム卿はアッパー・カナダの方には強い関心を懐かなかったということだろうか。

47 一八〇七年一月の英国枢密院令は、ナポレオンとの戦いの関係で、アメリカなど中立国の船団とフランスとその同盟国との貿易を禁じた。同年一二月に、アメリカ貿易制限の撤回を強制するために、ジェファーソン大統領は、出航停止法に署名、あらゆる船舶がアメリカの港から外国に向けて出航することを禁ずる。ただし、アメリカの余剰農産物の外国向け販売が不可能となり、船主や南部の綿花栽培者と煙草栽培者は抗議、次いで一八〇九年にワシントンでイギリス公使が枢密院令を破棄するとマディソン大統領に通告し、一二〇〇隻の船がイギリスに向かうも、ロンドンは公使の越権行為だと主張し、貿易は再び中断、そして一八〇七年の枢密院令が一八一二年の六月一六日に撤回されたことを知らぬまま、その六月にアメリカはイギリスに宣戦布告、同月一八日に一八一二年戦争＝第二次英米戦争が始まった。主戦場はフロリダ近くと合衆国とカナダとの国境近くトロント。合衆国軍はデトロイトからカナダに侵入した。合衆国北部は戦争に賛成せず、西部と南部は好戦的、カナダ獲得を夢みたらしいが戦争はずっとイギリス優位だった。ただ、ルイジアナに関係することだが、一八一五年のヘント条約で一八一二年戦争は終結したのだが、二週間後、その事実を知らずイギリスと合衆国とはニューオーリンズの戦いに突入。合衆国軍は、フランスの海賊で密貿易に従事するジャン・ラフィットの助力で町を防衛。この戦いでは一八一二年戦争が始まって以来の合衆国の大勝利であった。

48 ブシャールの話はあちこちに飛び、そのときどきのトピックで同時代でも互いに政治的見解やその他さまざまな事柄の評価仕方でも立場が異なる知識人たち、更には異なる年代の知識人たちのさまざまな考えと、それら多種の考えそれぞれの影響と思われるものをも紹介する。だから、その紹介を通じて、私が求める普通の人々の暮らしが、ケベックの歴史の流れにおいてどのような点では余り変わらず、どのような部分で変わっていったかを、一望的につかもうとするのは極めて困難である。人々の生活がどのようなものであったかは、それに対して知識人たちがどのような態度を取ったかの記述を通じて垣間見ることができる程度だし、また彼らが人々の生活に関して懐いた幻想との対比という仕方でところどころで記述されていることによって知ることができるくらいでしかない。なお、彼は文化人の動向を追うのに熱中する余り、ケベックの制度的な事柄の歴史をきちんと押さえることには興味を示さない。こちらの歴史は読者は承知しているはずだという前提のもとで論述しているように思える。

49　「鍋釜叩き」は中世に端を発し、フランスで盛んで、現代でも続けられているようだということを、本書の原稿を読んでコメントをいただいた方々の中のお一人、田中恭平氏（東京大学大学院生）に教えてもらった。氏は次のサイトを紹介してくださった。https://www.afpbb.com/articles/-/3461413。

50　とは言え、注40で挙げた小説『荷車のペラジー』の庶民である登場人物たちは、自分たちの祖先の過去について厳密な史実とは異なる表象を持ったとしても、そのことで不都合なことをしたというわけではあるまい。歴史家とは違うのだから。けれども知識人なら歴史をきちんと点検すべきではないのか。

51　原豊司訳、彩流社二〇一一年、原題*Odd Jobs*。著者はイギリス系で、作品も英語で書いているし、舞台はカナダ西部のアルバータ州。なお、この作品の翻訳者によれば、この演劇は日本で『こんにちは、おばあちゃん』あるいは『フィップス夫人の選択』という改題でも上演されたという。

52　なぜアイルランドの人々が多いのか。人は直ぐにアイルランドにおけるジャガイモ飢饉のことを考えるだろう。実際、一八四五年から五二年にかけてのジャガイモの病気で、ジャガイモを主食としていた人々は、何とか食べることのできる地へと流れた。その多くはアメリカへ渡ったがカナダへ行った人々もいる。（因みに一八五〇年のニューヨーク州の人口は七〇万人、そのうち二〇パーセントは外国生まれで、その大半はアイルランド人（PC二六二頁）。けれどももう一つ、ジャガ芋飢饉より前のことも見落としてはならない。北アメリカ大陸に渡ったアイルランド人はこの時期よりずっと早くからいた。

アイルランドでは英国国教会を支えるために十分の一税が、カトリックである彼らに課され（PC三二四頁）、一八三一年に暴動が起きたくらいで、常に悲惨な暮らしを強いられていたからである。そこで彼らのうち或る者はカトリックの人々も少なからず住んでいるカナダへ移住した。それから、イギリス議会が一八二八年に制定の穀物法を廃止し、輸入穀物にかけられている関税を引き下げ、まもなく撤廃になると、イギリス市場に穀物を供給していたアイルランド（実際には地主）の恵まれた立場が失われた。そこでアイルランドの、大半が不在地主である大土地所有者は小麦の栽培から牛の飼育に切り替え、所有地を牧草地として使用するために小作人を追い出したのである（PC三五二頁）。なお、小麦を栽培していたのに自分たちはジャガイモしか食べられないというアイルランド人が置かれた状況も考えねばなるまい。他方、土地所有者は労せずしてアイルランドから富を奪ったのである。これは第2章第1節(2)で述べた富の入手の仕方の一つに他ならない。また余談だが、ウィスキーの方がパンより安いという価格の矛盾があり、酒に溺れる人も多かったという。

更に一八三八年、イギリスは一八三四年の自国で成立させた救貧法をアイルランドにも適用し、だが救貧院での労働は極めて不快なものであり、それが移民を促した（PC三三六頁）。一八四二年に六万人、一八四八年には二〇万人に膨れあがる。貧困者は渡航費用として一人三ポンドないし五ポンド（一五ドルないし二五ドル）を支払うが、彼らが乗る小型の帆船は大半が検査も取り締まりも受けず、その多くは航海に適さない。乗客は食糧を持参するが、無風状態で航海が長引く場合にはしばしば食物が不足するようになる（PC三五五頁）。

因みに、食料としてのジャガ芋の生産はけっこう新しかった。一五三〇年にスペインのケサダがキトで原住民が食べるジャガ芋を発見。一五四〇年、教皇パウル三世に届けられたものを教皇から与えられたフランス人は観賞用の植物として自分の国に伝えた。時代が変わって、一六六三年にはイギリス王立協会は飢饉の場合の備荒作物としてジャガ芋の栽培を進め（PC一九七頁）、一七四四年には、プロイセンのフリードリッヒ二世は小作農に無料でジャガ芋の種を配布。植えることを嫌がる小作農たちに、従わないと耳と鼻を削ぎ落とすとの勅令（PC二三五頁）。重要な食料となったことを示すエピソードだ。なお、ロシアで一九世紀半ばに人口が急増したのはジャガイモを食用としたからという。

なお、アイルランドで最初にジャガ芋が不作になったのは一七三九年だが、この頃は大半の人々の主食ではなかったので悲惨な影響は出なかった。けれどもアイルランドの小作人は穀類を栽培し牛を飼育するが、自分たちは次第に食事の中心としてジャガ芋に依存するようになる。小作人たちは収穫率の高い品種のものばかりを選び、その結果、ジャガ芋の苗の遺伝子が作り出す性質が狭まり、うかつなことに真菌による病気、フィトフトラ・インフェスタンスへの抵抗力がほとんどない苗を作り出してしまった。ジャガ芋の不作はアイルランド西部で一八二二年に生じ、その後一八三一年、三五年、三六年もかなりの不作に見舞われ、四〇年代半ばに悲惨な大凶作となる(PC二二二および三一一頁)。ところで一八四六年の飢饉のとき、イギリスの保守派は、「飢饉をもたらしたのは神であり、アイルランド人に食糧を与えると貿易が麻痺する」と語ったという。ただ、個人的に援助計画を立てるイギリス人、一〇〇万ドル集めて救援船を仕立てたアメリカ人もいた。けれども計画は方法を誤り、アイルランドに船が着いたあと、内陸の飢饉地帯に運ぶ馬も馬車もなく、パンを作るオーブンもなければパン屋もいない状態で、少なくとも五〇万人が飢餓もしくは飢餓と関係ある腸チフスで死亡した(PC三五〇〜三五一頁)。

53　真田桂子訳、彩流社一九九八年、原著 *Ces enfants de ma vie*, 1977.

54　一九四五年に発表の小説。私は読んでいないが、『わが心の子らよ』の訳者、真田桂子によれば、「モントリオールを舞台に、急激な近代化の波と大戦前後の不穏な空気の中で段々と疎外されていく人々を写実的に描いた社会派の小説」(二四九頁)ということだ。やはり真田氏によれば、ロワはジャーナリストとして活躍しルポルタージュを手がけたが、その中に「カナダの人々」と題された一連の記事があり、東欧系やユダヤ系などさまざまな出自の移民について取材したというので、私が推測するに——言外で真田氏もそのように語っているのかも知れないが——それらも、自分自身が子ども時代に見聞きしたこと、それから「移民の入植の手助けをする移民局に勤務していた父親」から聞いた「しばしば困難な状況におかれていた移民に纏わる多くの逸話」(二四八頁)とともに、本書の素材にしたのだろう。この作品は一九四七年にフランスのフェミナ賞をカナダ人としては初めて受賞。その英語版はやはり一九四七年にカナダ総督賞とカナダ王立協会のローン・ピアス賞を受賞。七五万部以上売れたという。

55　初めてフランス系のカナダ首相となったのは一八九六年のウィルフリッド・ローリエで、彼はその後一五年以上も首相を務めた(PC四九五頁)。

56　これは、一九八二年憲法をケベック州は認めていないことを指しているのだと思う。

57　因みに、フィンランドではフィンランド語とスウェーデン語との二つが国語として認められているが、これもフィンランドが政治的に一つの纏まりを得てゆく過程で生じた。正式な国名そのものがフィンランド語では'Suomi'であり、'Finland'というのはスウェーデン語である。現在のフィンランドは一一〇〇年頃までは幾つかの地域に分かれていて一つの纏まりができてはいなかった。が、スウェーデンがフィンランド南西部のスオミ、スウェーデン語ではFinlandと呼ばれていた地域を領土とし、次いで内陸部のハメ(Häme)などへと領土を拡大してゆく過程で一つの纏まりが形成され、その纏まり全体を意味する語として、元は南西部だけを指す言葉である「スオミ」と「フィンランド」とが用いられるようになったわけである。このような経過ゆえに、この一つに纏まり始めた地域では、スウェーデン語を話す人々とフィンランド語を話す人々とが混在することになった。そしてその後、スウェーデンがロシアとの戦争に敗れ、フィンランドをロシアに譲り渡すと、その地はロシアの大公国となり大幅な自治を認められた。このような経過からは、政治が或る地域を一つに纏めるものだということがよく見える。そして大公国の場合、一つの独立国ではなく自治を認められたものに過ぎないとしてもその地理的範囲が政治的にはっきりと確定されたゆえに、纏まりもしっかりしたものになった。そして更にロシアが革命によってソビエト連邦となる際、一九一九年一二月にフィンランドは独立したのだが、フィンランドは大公国の地理的纏まりを引き継いだわけである。そして、やはり、この一つの国家の成り立ちに参与した人々、フィンランド、スオミという地域を故郷ないし祖国と考える人々には二通り、異なる言語を使用する人々がいたという現実があって、それゆえに二つの言語を国語として認めないわけにはゆかないのである。

58 クロード・ジェルマン「カナダの言語状況について」西山教行訳、『言語政策』第9号、二〇一二年。

第5章

59 ドナ・ジョー・ナポリ『マルベリーボーイズ』(相山夏奏訳、偕成社二〇〇九年、*THE KING OF MULBERRY STREET*, 2005)。パトロネージ制で米国に向かうイタリア人はニューヨークから入るのが普通だった。

60 一八四七〜一八六〇年にニューヨーク港から上陸した移民は約二五〇万人、そのうち一〇〇万人以上がアイルランド人(PC三五五頁)。

61 一八四八年、カリフォルニアの川で金を発見。一八五三年までに三〇万人以上押し寄せる(そのとき大流行したのがフォスターの、アラバマからルイジアナに向かうという歌詞の「おおスザンナ」、二〇数種の楽譜が出版された)。ただし、六年後には九〇パーセントがいなくなる。定住した人々がカリフォルニア人で、彼らは雑貨店、材木やレンガ屋、鉄工所、新聞社、銀行を始めたり、教師や農夫になり、そして、鉱夫たちによる環境破壊がなされたにも拘わらず、元々肥沃な土地だったカリフォルニアでは農業関連産業が発展し、人口密度も高い豊かな地域になった。

なお、カリフォルニアでの金の発見のあおりで、合衆国の物価は高騰、一九四九年に労働者は高い賃金を要求してストライキに突入するも、賃金の上昇は生活費の上昇に追いつかない(PC三五七頁)。

62 一八四八年のフランス二月革命がヨーロッパ各地に飛び火したあとで、自由主義運動が失敗に終わり、労働組合活動などのゆえ東プロイセンでお尋ね者になっている教師など、アメリカに渡ったドイツ人二〇〇万人。多くはウィスコンシンに移住。ドイツ系ユダヤ人はニューヨーク、ボストン、シンシナティ、フィラデルフィアほか南部の都市へ。

63 とは言え、教育によって社会階層を上昇する人たちも以前からいた。解放以前の一九世紀初め頃から既にニューオーリンズには、四分の一白人の血が混じっていて［クワドルーン――八分の一の血が混じっている場合にはオクトルーン］、裕福な両親のお陰でパリに留学し、詩や芝居を書いてアレクサンドル・デュマの友人となったヴィクター・セジュールなどのエリートたち、また宝石細工師、音楽教師、洋服や、画家、更に奴隷商人まで存在していた。なお、セジュールは男性であるが、男性の場合、フランスに行って教育を受け、フランスの国籍を取ってそちらで暮らすのが一般的だった。

一方、女性の方はどうか。以下はリチャード・ペック『ミシシッピーがくれたもの』(東京創元社二〇〇六年、一八四頁、原著 *The River Between Us*, 2003) でみることができることを記す。この作品の中心は、南北戦争が始まった一八六一年にクワドルーンの姉妹がミシシッピー川の東岸のイリノイ州の小さな町、船が戦争のせいでこれ以上は北上することができないとして停まってしまったグランドタワーという町、セントルイスの南のこの町で下船したという第2章から始まる。ただし、姉妹は町の人々にとっては素性が知れない謎の人物でしかないという設定である。注意すべきだが、川の東側のイリノイ州は自由州で、対岸のミズーリ州は奴隷州である。ミズーリ州は奴隷州だったが、一八二〇年に自由州であるメイン州が合衆国に加わるというバランスのもと、合衆国の州として認められていた。

因みに、イリノイ州は自由州であるゆえに其処に住まう人々は当然に北軍の味方かというとそうとは限らない。舞台となっている小さな町なのに、仕事も同じで仲もよかった二人の一方は早々と南軍に入隊し、もう一人は遅れて北軍に加わる。

さて、姉妹は、グランドタワーの町の人々からすると初めて見るような素晴らしい服をまとい、宝石の飾りもつけ、恐ろしいくらいに裕福で(お金を持つとともに、しょっちゅう母親から物資が送られてくる)、また振る舞いは都会的で優雅であった。以下に、その姉妹がクワドルーンであることが分かったあと、妹の方のデルフィーンが二人に部屋を貸していた家の娘ティリーに説明する箇所を紹介する。

「白人の男性は自分を選んだ［黒人］女性のために、高級住宅が並ぶような通りに――たとえばチャーターズ通りみたいなところに――立派な家を買うわ。そして二人の間に娘が生まれたら、娘は母親に育てられて、やがて、白人の紳士と未来を築くのよ。資産家とね。私たちは、こういうのをプラサージュと呼んでいるわ。〈品位ある取り決め〉ということよ」(一八四頁)。

〈取り決め〉はもちろん結婚ではない。ルイ一四世治下のフランスが一六八五年に制定した'Code Noir'というものには、黒人は白人と結婚できないという条項があった。また一八六五年のことだが、そのときルイジアナを領有していたスペインが定めた、Code Noirを修正した法律は「ティニョン法」と呼ばれ、黒人の社会的権利とその制限(黒人は公職に就けないなど)を定めた。けれども、黒人の自由民というものを認めていたのである。'gens de couleur'もしくは'gens de couleur libres'と呼ばれ、奴隷の扱いは受けない。なお、ティニョンについては直ぐに説明する。

さて、デルフィーンが語ったような生き方は、南北戦争後は南部の社会は滅びて、もはやできないだろうとの予想のもと、母親によって姉妹は北部に向かわされたのだった。妹の方は肌色が白く、北部では白人と見分けがつかないに違いなく、白人として暮らせるという幸せを母親は願った。だから北部のどの町でもよかったのである。実際、北部の人々はデルフィーンが黒人であるなど誰も思わなかった。ただ、イリノイ川がミシシッピー川に合流する町では、ニューオーリンズに住んでいたことがある女性によって黒人の血が混じっていることが分かってしまい、非常に侮蔑的な態度を取られる。しかし、それはさておき、デルフィーンはグランドタワーの町に戻り、ティリーの双子の片割れで男であるノアと一緒に暮らし、子どもも儲ける。ただ、デルフィーンは頑なに結婚という形式を取ることは拒んだ。

他方、姉のカリンダの方は肌色が濃く、ティニョンを巻いていて、町の人々は、色が白い方の女性の奴隷ではないかと想像した。ティニョンというのは、裕福な自由民である混血女性が頭部に巻くバンダナのようなものである。(恐らく、これを付けることが義務づけられていたと、また北部の人々はティニョンのことをよくは知らないと、私は読んだ。)そのカリンダは、作品の終盤で、自分の能力で人生を切り開くために旅立った、と語られる。

最後に、もう一つ、自分たちが黒人であることを見破られたあとにデルフィーンがティリーに語った言葉を紹介しよう。

「あの人たちは、私たちを憎んでいるの。アイルランド人たちよ。母国で飢えに苦しみ、生きるためにこの国に移住してきて、安い賃金で働いている。その上、黄熱病にかかって死んでしまう。だけど、私たちはアイルランド人が来る前からいたわ。私たちはニューオーリンズの泥にしっかり根を張って暮らしている。私たち黒人がその市を動かしてるのよ。私たちがいるから、あの市はほかのどの何処とも違うの。あの土地に人が住むようになった最初の頃から、私たちは彼処にいた。あの連中は、私たちが安楽な暮らし、上品な暮らしをしているからと、軽蔑する。黒人も自由に暮らせるということが、理解できないのよ」(一八三頁)。

64　因みに、ケベックについてみた第4章では触れなかったが、ほぼ同じ頃の一八三一年にケベックを訪れた若きアレクシス・ド・トックヴィル、『アメリカの民主主義』という著作で有名になったトックヴィルは、其処に古きフランスの特徴を見いだして驚き、「一世紀前のフランスが、現世代を教化するためにミイラのように保存されている」と書き記したそうである(前掲ブシャール『ケベックの……』一〇九頁)。この引用文はトックヴィルの父親への八月一四日付けの手紙の中にあるそうである。また、ルイジアナ在住のフランス系の人々の思いにおける「いつまでも」という予想は外れたが、他方ケベックでは、少なくともフランス語使用ということのうちに潜むフランス文化は現代まで残り続けている。

65　「女性の地位の変遷を大まかに辿ることができる。古代をゼロとして座標を始めると、西洋世界では七世紀には曲線は最高位に達し、一時的にせよ衰退を伴うカロリンガ時代を過ぎると再び曲線は一二世紀にはその頂点に達し、一四世紀を迎えるとやや下降線を描き出し、一九世紀初にナポレオン法典の出現とともに指数ゼロに戻ってしまう」(前掲『産業の根源と未来』五九頁)。次の段落の反奴隷船についてはピーター・カーター『反どれい船』(犬飼和雄訳、ぬぷん、一九八三年、原著*The Sentinels*, 1980)は参考になる。

66　フランス語の存続を目指す動きがありはした。一八七六年に「アテネ・ルイジアネ」という組織が結成され、それはフランス語の継承、メンバーの文学、芸術、科学における労作を互いに公けにし、相互に援助することを目的とした(FR四四四頁)。けれども、このような組織を必要とするということ自体が、フランス語が英語に取って代わられていくという現実を示している。いや、何といっても、この組織のメンバーはいわゆる知識人たちであり、しかもその人たちの組織における活動は、日常生活から離れたものだろう。彼女ら／彼らが家族や隣人と会話するとき、あるいは買い物するときに、フランス語を使うのではあるまい。なお、この組織は、一九七八年の時点ではガリ・マニア会長のもとで活動を続けていたという(同頁脚注)。

67　第5章第2節(3)で述べたように、既に一八三〇年に、ジャクソン大統領が「インディアン移民法」に署名し、インディアン全体はミシシッピー川以西へ移住することと決められていたが(PC三二二頁)、リンカーンの措置はこの以西の土地に住まうインディアンに対するものである。

68　彼らはミシシッピー移民会社と契約している点では奴隷とは違うが、労働条件は酷いものだった。セントラルの鉄道工事監督者チャールズ・クロッカーは、シエラネバダ山脈をどう越えるか、トンネルを掘る労働者の不足に直面し、中国人を雇うことを考えついた。「試験的に五〇人雇った。使ってみたら優秀だったので、すかさず数百人雇った。一八六六年のピーク時には中国人労働者数は一万人に達し、労働力の九五パーセントを占めるまでになっている。これが、カリフォルニア州の中国人社会の起源である。鉄道の完成後も多数の中国人労働者がアメリカに留まり、幾つもの地方都市にチャイナタウンをつくることになる」(『世界鉄道史』二〇七頁)。しかし、ウォルマーの言うことは不正確だと思われる。というのも、一八四八年にカリフォルニアで金が発見され、ゴールドラッシュが始まると、中国人も約五万人が金採掘を目指してやってきていたからである。彼らは、移民を死罪として禁じた中国の法律を犯して、〈中国六社〉と呼ばれる移民代理店から、鶴嘴、シャベルなどの道具類を買うのに必要な資金を前借りして来た。しかも一八五二年にカリフォルニアの知事は、引き続き合衆国に流入する中国人の移民を奨励するために、無償の土地の払い下げを要求したのである。知事は言う、「中国人は最近市民となった人々の中で最も相応しい」(PC三六八頁)と。因みに、ゴールドラッシュのとき、サン・フランシスコの住民の四分の三が一攫千金を夢みて金鉱へと駆けつけたという(PC三五七頁)。

一方、「ユニオン」の方ではアイルランド人労働者が圧倒的に多かった。アイルランド人労働者にはイギリスで鉄道建設の経験がある者もいた。あとは南北戦争の退役兵。彼らの仕事の様子をウォルマーは次のように描いている。

> 線路が西に伸びていくにつれて、なにもかもがごっそり一緒に移動していった。移動先では仮設の会社町——或る訪問者は〈車輪つき地獄〉と呼んでいる——が作られた。酒場も売春宿もあり、鉄道会社所有の物価の高い店があり、もちろん労働者の宿舎もあったが、大抵はテントか粗末な掘っ立て小屋だった。工事現場も時々危険なことはあるが、こういう町の方が労働者にとってはずっと危険な場所だったに違いない。銃撃戦や酒場の乱闘が日常茶飯事で、それも西部劇そこのけの荒っぽさだった(二一一頁)。

なお、大陸内部で働くのに、なぜニューオーリンズか。未だアメリカへの入り口だったからである。ミシシッピー川を遡ってゆくのは人と物資の移動の最適なルートであった——そこで河川に頼れない地域(そして中途で山や渓谷が邪魔をする地域)間の移動手段として西部での鉄道敷設が望まれた——。「クーリーたちは〈セントラル・パシフィック〉のために、ミシシッピー川とミズーリ川を経て、何千本もの枕木を敷くために［鉄道建設の現場に］向かった」（FR二七六頁）。この箇所で、著者はセントラルとユニオンとを取り違えて町の名等を記しているので正した。

中国で満州族（清朝）に対する反乱に起因する混乱の結果、広東省と福建省とを去ってアメリカへ渡る中国人の数はとても増えた。人口が多いのに農地は少なく、海に開かれて港は多くあったからである。アメリカで働いて故郷の家族に立派な家を建てさせたり学校に寄附したりする者が帰国すると「黄金の国へ渡った」と英雄扱いだったこともあるという。けれども現実は特にトンネル掘りで酷使されていたのであった。クーリーたちが労働の余りの酷さゆえストライキを試みても食べ物を減らされ、過酷な労働に戻るしかなかった。

資材を大量に東部から鉄道建設のためにカリフォルニアまで運ぶには、パナマ地峡まで船で、其処からパナマ運河建設の前、一八四九年に着工し一八五五年に完成した鉄道を用い、太平洋側まで運んで、また船で西海岸に行くという方法が取られた。（因みにこの着工の年、ゴールドラッシュで金探しに東部からカリフォルニアに向かう人々を乗せた船は、ニューヨークから南アメリカ南端のホーン岬を回ってサン・フランシスコに到着していた。）この鉄道建設にはアイルランド人労働者も駆り出されたが、英国で鉄道建設の経験がある者も、赤道地帯という環境の中でバタバタと死んでいったという。また、このときも

　中国人八〇〇名が船で連れてこられ、ほとんど奴隷に等しい条件でこき使われた。年季奉公で雇った建設業者は、月に受け取る二五ドルのうちごく一部しか中国人には支払わなかった。更に、全員が阿片中毒だったのに阿片吸引を許さなかった。それに、アイルランド人労働者に憎まれ、重度の抑鬱状態に陥り、奇怪な集団自殺を図るようになった。［中略］四五〇人もの中国人が死んで、現場監督は生き残った中国人を集め、ジャマイカの中国人居住地に送り込んだ（『世界鉄道史』一九七頁）。

何より、一年中暑い、六月から二月まで続く豪雨、野生動物の出没、粘つく泥という環境で体が疲弊しているところに、コレラ、赤痢、天然痘、その他欧米では知られていない伝染病でアイルランド人もどんどん死んでいった。

ところでニューオーリンズに話を戻せば、其処では夏に度々黄熱病が流行し人の命を奪っていった。一八七八年には約四五〇〇人、メキシコ湾に臨む諸州とテネシー州全体だと一四〇〇〇人（PC四四〇頁）。キューバ医師カルロスファン・フィ

ンレーが蚊が黄熱病を広めると示唆する論文を発表したのが一八八二年（ＰＣ四四九頁）。一九〇〇年になってアメリカの公衆衛生委員会がフィンレーの考えを立証、熱帯縞蚊が媒介することを突き止めた（ＰＣ五一二頁）。それから、ニューオーリンズのことで言えば、この都市と付近一帯を悩ましたのはもう一つあった。ハリケーンである。

あとがき

本書を著す切っ掛けは、私が編集委員の一人である哲学の年刊誌『ひとおもい』6号の特集として「歴史」の企画が決まったことにある。私も歴史に関して短いエッセイを書こうと思っていたが、この企画を以前から温めておられた伊多波宗周（むねちか）氏（京都外国語大学教授）が、勤務先の大学での行政的業務が激務で、論稿を寄せることを断念せざるを得ないということになり、私はエッセイではなく論稿を書くことに変更したのだった。が、『ひとおもい』はずっと赤字で、6号はスリム化して経費を削減すると同時に定価を求めやすい二〇〇〇円以下にしようという方針にしたゆえ、割り当ての字数は一万二千字ほどであった。二〇二三年の春から断続的に書き始めて、八月の初めには一応の体裁を整えたが、どう工夫してもその倍の分量はあり、更に、推敲してゆくうちには三倍の分量にもなるのではないかという見込みになり、これは『ひとおもい』に掲載するには不適切であることが明らかだった。連載は7号あるいは8号さえもの紙面の一部を予めこの論稿のために確保することになり、それでは他の方々の論稿その他のための紙面が減ってしまう。また、私としても、論稿の続きを一年後、更にその後また一年後に読んでもらうというのは考えものだと思った。そこで、いっそ論稿を充実させて単行本にする方がよいと考え、それが東信堂社長の下田勝司氏のご好意で実現したわけである。

なお、『ひとおもい』とは、「人を想い　ひとおもいに熱く　ひとつの思いを」ということを籠めた、編集委員の一人である木田直人氏（東京都立大学教授）の発案による命名の哲学誌である。哲学者たちや哲学史に関する研究論文ではなく、各自が重要だと考える主題についてじっくり考察して書く論稿を中心に発表する雑誌である。その他、エッセイ（或る主題で特集を組むことが多い）やインタビュー、また若い人たちの哲学小論文コンクール優秀作品を紹介するなどのコーナーも設けている。試みとして二〇二四年五月末日発行見込みの6号からは薄くなるが――本誌が多くの人々に知られ、買い求められて赤字でなくなれば、また分厚いものに復活させる可能性もある――、是非とも、読者の皆さんの応援をお願い致したく、この場を借りて紹介することをお赦しいただきたい。

さて、本書の原稿を、お名前は記さないが数人の方々に読んでいただき有益なコメントをいただいた。それから校正の段階で、出版社の方から特に「はしがき」と、「序」の一部の分かりにくい箇所についてご質問やご要望をいただき、それらを踏まえて大きく書き直した。また、全体にわたって、本文の或るものは注に回す方がいいのではないかなどのご提案をいただき、それに従うことで読みやすくなったと思う。皆さんに深く感謝している。

著者紹介

松永澄夫（まつなが　すみお）
1947年、熊本生まれ。東京大学名誉教授。哲学年刊誌『ひとおもい』編集委員。

【著書・単著】

［哲学書］
『日常性の哲学』講談社2023年
『生きること、そして哲学すること』東信堂2022年
『食を料理する―哲学的考察―』増補版　東信堂2020年
『感情と意味世界』東信堂2016年
『経験のエレメント――体の感覚と物象の知覚・質と空間規定――』東信堂2015年
『価値・意味・秩序――もう一つの哲学概論：哲学が考えるべきこと』東信堂2014年
『哲学史を読む　Ⅰ』『同　Ⅱ』東信堂2008年
『音の経験――言葉はどのようにして可能となるのか――』東信堂2006年
『言葉の力』東信堂2005年
『食を料理する―哲学的考察―』東信堂2003年　この本の第12章の中の文章は高校教科書『国語総合』（数研出版）に掲載。
『知覚する私・理解する私』勁草書房1993年

［文芸書・挿絵付き児童書］
『戯曲　母をなくして』東信堂2021年
『或る青春』東信堂2020年
『幸運の蹄鉄――時代――』東信堂2019年
『めんどりクウちゃんの大そうどう』文芸社2019年
『二つの季節』春風社2018年
『風の想い――奈津――』春風社2013年

【編著・共著】

『哲学すること――松永澄夫への異議と答弁』中央公論新社2017年（監修・共著）
『哲学の立ち位置　哲学への誘（いざな）い―新しい形を求めて　Ⅰ』東信堂2010年（編著）、以下五巻
『言葉の働く場所』東信堂2008年（編著）、以下シリーズ三点
『哲学の歴史』中央公論新社、2007～2008年（編集委員：12巻、責任編集：第6巻、インタビュー：別巻）
『環境――安全という価値は・・・・』東信堂2005年（編著）、以下シリーズ三点。
『フランス哲学・思想事典』弘文堂1999年（共編著）
『文化としての二〇世紀』東京大学出版会1997年（共著）
『死』岩波書店1991年（共著）
『テキストブック西洋哲学史』有斐閣1984年（共著）
『行為の構造』勁草書房1983年（共著）
など、編著・共著は多数

哲学の目で歴史を読む――歴史を知ることの無力感、それでも歴史を通じて知りたいこと――

2024年7月10日　　初　版第1刷発行　　〔検印省略〕
定価はカバーに表示してあります。

著者©松永澄夫／発行者 下田勝司　　印刷・製本／中央精版印刷

東京都文京区向丘1-20-6　　郵便振替00110-6-37828
〒113-0023　TEL 03-3818-5521　FAX 03-3818-5514
発行所　株式会社 東信堂
Published by TOSHINDO PUBLISHING CO., LTD.
1-20-6, Mukougaoka, Bunkyo-ku, Tokyo, 113-0023, Japan
E-mail : tk203444@fsinet.or.jp　　http://www.toshindo-pub.com

ISBN978-4-7989-1892-1　C3010

東信堂

生きること、そして哲学すること	松永澄夫	二六〇〇円
想像のさまざま—意味世界を開く	松永澄夫	七六〇〇円
感情と意味世界	松永澄夫	二八〇〇円
経験のエレメント—体の感覚と物象の知覚・質と空間規定	松永澄夫	四六〇〇円
価値・意味・秩序—もう一つの哲学概論：哲学が考えるべきこと	松永澄夫	三九〇〇円
哲学史を読むⅠ・Ⅱ	松永澄夫	各三八〇〇円
ひとおもい　創刊号〜6号	木田直人・鈴木泉 乗立雄輝・松永澄夫　編集	各二五〇〇円 4号二七〇〇円
戯曲　母をなくして	松永澄夫	一八〇〇円
或る青春	松永澄夫	一八〇〇円
幸運の蹄鉄—時代	松永澄夫	二〇〇〇円
社会秩序とその変化についての哲学	伊多波宗周	二七〇〇円
メンデルスゾーンの形而上学—また一つの哲学史	藤井良彦	四二〇〇円
概念と個別性—スピノザ哲学研究	朝倉友海	四六四〇円
〈現われ〉とその秩序—メーヌ・ド・ビラン研究	村松正隆	三八〇〇円
省みることの哲学—ジャン・ナベール研究	越門勝彦	三二〇〇円
ミシェル・フーコー—批判的実証主義と主体性の哲学	手塚博	三二〇〇円

〔哲学への誘い—新しい形を求めて　全5巻〕

哲学の立ち位置	松永澄夫・鈴木泉　編	三二〇〇円
哲学の振る舞い	松永澄夫・村瀬鋼　編	三二〇〇円
社会の中の哲学	松永澄夫・高橋克也　編	三二〇〇円
世界経験の枠組み	松永澄夫・伊佐敷隆弘　編	三二〇〇円
自己	松永澄夫・浅田淳一　編	三二〇〇円

食を料理する—哲学的考察〔増補版〕	松永澄夫	二八〇〇円
言葉の力〔音の経験・言葉の力第Ⅰ部〕	松永澄夫	二五〇〇円
音の経験〔音の経験・言葉の力第Ⅱ部〕—言葉はどのようにして可能となるのか	松永澄夫	二八〇〇円
言葉は社会を動かすか	松永澄夫編	二三〇〇円
言葉の働く場所	松永澄夫編	二三〇〇円
言葉の歓び・哀しみ	松永澄夫編	二三〇〇円
環境　安全という価値は…	松永澄夫編	二〇〇〇円
環境　設計の思想	松永澄夫編	二三〇〇円
環境　文化と政策	松永澄夫編	二三〇〇円

※定価：表示価格（本体）＋税

〒113-0023　東京都文京区向丘1-20-6　TEL 03-3818-5521　FAX03-3818-5514
Email tk203444@fsinet.or.jp　URL:http://www.toshindo-pub.com/

東信堂

東信堂ブックレット

①迫りくる危機『日本型福祉国家』の崩壊 ―北海道辺境の小規模自治体から見る	北島 滋	一〇〇〇円
②教育学って何だろう ―受け身を捨てて自律する	福田誠治	一〇〇〇円
③北欧の学校教育とWell-being ―PISAが語る子どもたちの幸せ感	福田誠治	一〇〇〇円
④CEFR（セファール）って何だ ―インクルーシブな語学教育	福田誠治	九〇〇円
⑤戦後日本の大学教育の回顧と展望 ―自分史と重ねて	絹川正吉	一〇〇〇円
⑥教養と大学スタッフ ―豊かな大学の未来を	絹川正吉	一〇〇〇円
⑦「障害者」は私たちにとって「やっかいもの」なのか ―根強く残る排除の実態	野村恭代	一〇〇〇円

「居住福祉資源」の思想―生活空間原論序説	早川和男	二九〇〇円
人は住むためにいかに闘ってきたか ―〔新装版〕欧米住宅物語	早川和男	二〇〇〇円
居住困窮の創出過程と居住福祉	岡本祥浩	五四〇〇円

〔居住福祉叢書〕

居住福祉産業への挑戦	鈴木静雄 神野武美 編	一四〇〇円
ひと・いのち・地域をつなぐ―社会福祉法人きらくえんの軌跡	市川禮子	一八〇〇円
居住福祉の諸相	岡本祥浩 野口定久 編著	二〇〇〇円
住宅団地 記憶と再生―ドイツと日本を歩く	多和田栄治	二三〇〇円
検証 公団居住60年―〈居住は権利〉公共住宅を守るたたかい	多和田栄治	二八〇〇円
「地域の価値」をつくる―倉敷・水島の公害から環境再生へ	石田正也 監修 除本理史 林美帆 編著	一八〇〇円

※定価：表示価格（本体）＋税

〒113-0023 東京都文京区向丘1-20-6 TEL 03-3818-5521 FAX03-3818-5514
Email tk203444@fsinet.or.jp URL:http://www.toshindo-pub.com/